中国乡村社会大调查 CRSS 项目系列成果
China Rural Social Survey

民族地区中国式现代化调查研究丛书　何　明　主编

生态资源多重赋能与县域协同发展

基于云南云龙县乡村振兴实践调研

朱明　飞扬　苏晗　等 著

Multiple Empowerment of Ecological Resources and Synergistic Development of Counties

Based on the Practical Research of Rural Revitalization
in Yunlong County, Yunnan Province

社会科学文献出版社
SOCIAL SCIENCES ACADEMIC PRESS (CHINA)

中国乡村社会大调查(CRSS)云南样本县分布图

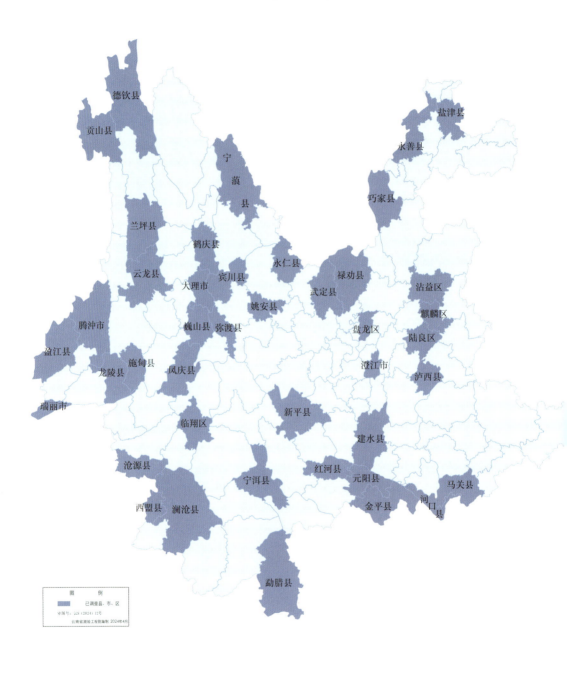

图例
已调查县、市、区

审图号：云S (2024) 12号
云南省测绘工程院编制 2024年4月

中国乡村社会大调查学术指导委员会

"民族地区中国式现代化调查研究丛书"
编委会名单

总　序

　　中国近代的现代化进程，如果把发轫追溯到 1840 年鸦片战争催生的国民警醒，已有一百多年的历史。从近百年中国乡村研究的学术史看，我国学界很早就清醒地认识到，中国走向现代化的最大难题是乡村发展。在这一进程中，通过社会调查来深入了解现代化背景下中国乡村发展的道路和难题，一直是中国社会学、民族学、人类学的学科使命。事实上，自 20 世纪我国著名社会学家陶孟和首倡实地社会调查以来，几代学人通过开展乡村社会调查，对中国乡村社会的发展进程进行了长时间、跨地域的动态记录与分析。这已经成为中国社会学、民族学、人类学"从实求知"、认识国情和改造社会的重要组成部分。

　　云南大学作为中国社会学、民族学和人类学的起源地之一，为丰富中国社会的乡村调查传统做出了持续性的贡献。80 多年前，国难当头之际，以吴文藻、费孝通为代表的一批富有学术报国情怀的青年学者，对云南乡村社会展开了实地调研，取得了丰硕的学术成果，留下了"报国情怀、社会担当、扎根田野、自由讨论、团队精神、传承创新"的"魁阁精神"。中华人民共和国成立之后，云南大学全面参与了民族识别和民族大调查的工作，推动云南各民族融入中华民族大家庭的进程，积累了大量民族志资料。21 世纪初，云南大学又组织开展了覆盖全国 55 个少数民族的"中国民族村寨调查"，真实书写了中国少数民族半个世纪的发展历程及文化变迁。

　　党的二十大报告强调，"全面建设社会主义现代化国家，最艰巨最繁重的任务仍然在乡村"。"仍然在乡村"的认识，一方面是指，在我国人多地少的基本国情下，振兴乡村成为一个难题由来已久；另一方面也是指，乡村振兴的问题至今还没有得到根本解决，城乡发展的差距仍然较大，农业、农村和农民发展的"三农"问题仍然是中国实现现代化的艰巨任务。所以说，在我国经济社会发展的新阶段，调查乡村、认识乡村、发展乡村、振兴乡村，仍是推进中国式现代化的重中之重。

2022 年，为了服务国家"全面推进乡村振兴"和"铸牢中华民族共同体意识"的大局，落实中央《关于在全党大兴调查研究的工作方案》的文件精神，赓续魁阁先辈学术报国之志，云南大学又启动和实施了"中国乡村社会大调查"（CRSS）这一"双一流"建设重大项目。

本次云南大学推动的"中国乡村社会大调查"项目是针对云南省乡村居民的大规模综合社会调查。该调查以县域研究为视角，通过概率抽样的方式，围绕"产业振兴、人才振兴、文化振兴、生态振兴、组织振兴"以及铸牢中华民族共同体意识等主题对云南省 42 个样本区县进行了定量和定性相结合的调查。该调查以云南大学为主体，联合中国社会科学院、北京大学、复旦大学、华东师范大学、上海大学、西南大学、贵州省社会科学院、贵州财经大学、云南师范大学、玉溪师范学院、昭通学院等 15 家高校和研究机构，组成了 875 名师生参与的 42 个调查组，深入云南省 42 个区县的 348 个行政村、696 个自然村进行问卷调查和田野访谈工作。调查团队最终行程 7 万余公里，收集了 348 份目标村居问卷和 9048 份目标个人问卷，访谈地方相关部门成员、村干部和村民累计近千次。

在实际组织过程中，本次调查采用了"以项目为驱动、以问题为导向、以专家为引领"的政学研协同方式，不仅建立了省校之间的紧密合作关系，还设立了由我和云南大学原党委书记林文勋教授担任主任的学术指导委员会。委员均为来自北京大学、清华大学、中国社会科学院等高校和研究机构的社会学家、民族学家和人类学家，直接参与了调查方案设计、专题研讨以及预调研工作，充分保障了调查支持体系的运行。中国社会学会原秘书长谢寿光，卸任社会科学文献出版社社长后，受聘为云南大学特聘教授，以其多年组织全国性社会调查的经验，作为本次调查执行领导小组的负责人，具体组织实施了调查和成果出版工作。此外，为了便利后续的跟踪调查，更好地将学校小课堂延伸到社会大课堂、更好地服务于地方发展，本次调查还创建了面向国内外的永久性调查基地，并在此基础上全面推进全域调查基地建设、全面打造师生学习共同体，这一点在以往大型社会调查中是不多见的。

本次调查在方法设计方面也有一些值得关注的特色。首先，过去的许多大型社会调查以量化问卷调查为主，但这次调查着重强调了混合方法在大型调查中的应用，特别是质性田野调查和社会工作服务如何与量化问卷调查相结合。其次，这次调查非常重视实验设计在大型调查中的应用，对抽样过程中的匹配实验、问卷工具中的调查实验和社会工作实践中的干预实验都进行了有针对性的设计，这在国内的社会调查中是一个值得关注的方向。再次，与很多以往调查不同，本次调查的专题数据库建设与调查同步进行，从而能够及时地存储和整合调查中收集到的各种数据，包括但不限于问卷调查数据、田野访谈录音、官方数据、政策文件、实践案例、地理信息、照片、视频、村志等多种文本和非文本数据，提高了数据的共享程度、丰富程度和可视化程度。最后，本次调查在专题数据库建设过程中，开创性地引入了以 ChatGPT 为代表的人工智能技术，并开发研制了"数据分析与文本生成系统"（DATGS），在智能混合分析和智能文本生成方面进行了深入探索，这无疑有助于充分挖掘数据潜力。

本次调查的成果定名为"民族地区中国式现代化调查研究丛书"，这定名全面地体现了本次调查的特色与价值，也体现了云南大学百年来在乡村社会调查中的优良传统，标志着云南大学乡村社会调查传统的赓续进入一个新的阶段。丛书约有 50 种，包括调查总报告、若干专题研究报告以及42 部县域视角下的针对所调查区县的专门研究。作为一项庞大而系统的学术探索，本丛书聚焦于民族地区乡村社会的多个层面，翔实而深入地记录和分析了当代中国民族地区在迈向现代化的进程中所经历的变迁和挑战，描述和揭示了这一进程的真实面貌和内在逻辑，同时也为相关战略、政策的制定和实施提供了科学依据和理论支持。

本丛书研究成果的陆续推出，将有助于我们更加全面而深入地理解我国民族地区乡村社会转型和发展的多样性和复杂性，为民族学和社会学的发展注入新活力、新思想。期待本丛书成为推动中国社会学和民族学发展一个重要里程碑。

李晓林

2023 年 10 月 31 日于北京

前　言

　　云南省在抗战时期成为社会人类学研究的重要中心。在这个特殊时期会集了一批知名社会学、人类学家在云南省呈贡魁星阁（简称"魁阁"）开展了云南民族和文化的研究。现如今魁阁已不再是地名的简称，其已经成为一种精神文化深深影响着社会学学科的发展。为了赓续"魁阁精神"，此次的中国乡村社会大调查（云南）旨在认识中国乡村社会和中国式现代化进程，将社会学、民族学融入乡村振兴战略中，探究打赢脱贫攻坚战之后，云南省衔接乡村振兴工作进展情况。大调查以县域研究为视角，围绕乡村产业、人才、文化、生态和组织全面振兴结合多种调查模式来开展。地处大理白族自治州的云龙县作为省级帮扶县之一，是此次大调查 129 个县区分层抽样后的样本县之一。云龙县属于山区地形，拥有高山峡谷相间的破碎复杂地貌形态，山区面积占全县面积的 90% 以上，而且县内海拔跨度极大，无法通过扩大规模来进行相关产业发展。但是云龙县水系丰富，森林覆盖率、绿化率高，由于地理差异，物产品种丰富，文化多样，具有较大发展潜力。

　　本调查采取定量和定性相结合的方法，先后运用了半结构化访谈法、问卷调查法和非参与式观察法。本书阐述了云龙县通过生态资源赋能乡村振兴协同县域发展的路径，主要包括以下内容。

　　绪论明确生态资源多重赋能的内涵和赋能乡村振兴的路径，阐述县域协同发展的内涵，介绍此次调查的研究方法、实施方案等内容。

　　第一章为"云龙县经济社会发展概况"，介绍了云龙县发展历史和行政架构，厘清其产业结构和具体产业发展状况。

　　第二章为"云龙县乡村振兴基本现状及成效"，围绕五大振兴来阐述云龙县乡村振兴发展现状和特点。

第三章为"绿色云龙建设的可持续发展",从生态保护入手,介绍云龙独特生态优势、生态产业化发展潜能及协同发展。

第四章为"绿色生态赋能县域产业协同发展",从产业入手,介绍高原立体生态农业发展现状,阐述云龙县绿色能源网布局如何助力产业发展提升经济收入,并形成农文旅融合发展的良好态势。

第五章为"生态优势下云龙民族文化的传承与延续",从文化入手,将云龙县的乡村文化振兴工作路径分为特色民族文化的保护与传承、铸牢中华民族共同体意识工作的建设与维护和生态文旅产业的培育与反哺三个模块,描述云龙县在各模块的具体做法,并在此基础上构建云龙县乡村文化振兴工作协同驱动与持续发展的路径模型。

第六章为"云龙县乡村振兴特色发展中的典型案例分析",选择了五个典型案例,从产业、文化、生态入手,展现云龙县乡村振兴发展特点和成效。

朱明、飞扬、苏晗负责全书撰写,叶琴琴、陈燕、王依淳参与本书部分章节撰写工作。

在此要感谢云龙县政府及其相关职能部门、各企业对此次调研工作的大力支持,为本书的撰写提供了重要的参考资料和数据,还要感谢所有参与调研的对象和受访者,提供最真实的一手资料,让此次调研得以圆满完成。

目　录

绪　论

一　生态资源多重赋能的内涵与传导机制

（一）生态资源多重赋能的内涵

"生态资源"是指一切被生物和人类的生存、繁衍和发展所利用的物质、能量、信息、时间和空间，是人类生存和发展的基础①。"赋能"即赋予能力，可以将其理解成为行动主体实现目标提供一种新的方法、路径和可能性②。在乡村振兴的背景下，"生态资源多重赋能"不能被简单地看作利用生态资源赋予县域发展的能力，而是要在不破坏生态系统平衡的前提下，充分利用自然资源环境和生态系统，通过资源间相互作用和转化，实现产业、文化、生态、人才、组织等多方面的增量发展和效益提升。

在产业方面。首先，生态资源为各行各业提供了重要的基础条件，农业、工业、制造业和旅游业等的发展都依赖于生态资源，优质的土地和水源是农作物生长的必要条件，工业生产过程中必不可少的原材料也是生态资源，风景优美的自然环境、独特的生物多样性和保护完好的生态景观是吸引游客的重要因素；其次，生态资源的多样性和发展的可持续性为产业发展提供了更多创新机会，在拥有丰富自然生态资源的背景下，企业和创业者可以从多个角度探索和利用生态系统中各类资源；最后，良好的生态环境也是各种产业能够持续健康发展的重要保障，生态环境质量和生态资

---

① 陈辉民：《生态资源贫瘠化：内涵、形成机制和政策的经济逻辑》，《贵州社会科学》2015年第5期。
② 关婷、薛澜、赵静：《技术赋能的治理创新：基于中国环境领域的实践案例》，《中国行政管理》2019年第4期。

源保护状况会直接影响其发展的竞争力和上限。

在文化方面。首先，乡村地区的自然环境、传统建筑、农耕技术与习俗等都是乡村文化传承的重要载体，通过保护生态环境并开展与生态环境相关的文化活动，可以促进乡村文化的传承和发展，增强居民对乡村文化的认同感和自豪感。其次，独特的自然景观和自然生态系统不仅为人们提供了观赏、游憩、休闲等文化活动的场所，同时也成为文化创意产业发展的重要源泉。与此同时，自然景观、生态旅游区等以其独特的自然环境和生态景观吸引了大量游客，不仅推动经济发展，还能促进旅游及相关文化产业的繁荣。

在生态方面。第一，生态资源是支撑生态系统运行和维持生物多样性的基础。生态资源包括陆地、水域、大气等自然环境要素，以及其中的各种植物、动物等生命形式，这些资源相互作用和相互依赖，构成了一个复杂的生态网，维系着整个生态系统的平衡和稳定。第二，合理开发和利用生态资源，尊重生态系统的自然规律，能够推动经济可持续发展，实现经济发展与环境保护的良性循环。第三，优质的生态环境能提升人居环境质量，这有利于居住者的身心健康，提升他们对居住地的满意度，增强地域吸引力。此外，良好的生态环境也能吸引更多游客和投资者，为地方经济发展带来新的动力。

在人才方面。首先，完整的产业生态链可以为各类人才提供多元化的就业机会，产业生态链不同环节相互衔接、相互依存，形成有机的整体，各类人才可以根据自己的兴趣和特长，找到适合自己的就业机会；其次，良好的生态资源可以为人才提供宜居环境，成为吸引和留住人才的重要因素之一；最后，良好的生态环境可以为人才提供丰富多样的娱乐休闲场所，满足其对于休闲娱乐的需求，使其对一个地区更加的留恋。

（二）云龙县生态资源多重赋能乡村振兴的传导机制

生态资源并不单指生物资源，其包括有形的山水林田湖草等自然资源，也包括野生动植物等生物性资源，还包括森林景观、农田景观、水文景观等自然景观资源，以及无形的环境资源和生态文化资源等。其具有丰富的内涵和外延，在经济、政治、社会和文化等方面均有重要的现实基础，可以从产业、文化、生态、人才、组织五个方面赋能乡村振兴（见图0-1）。

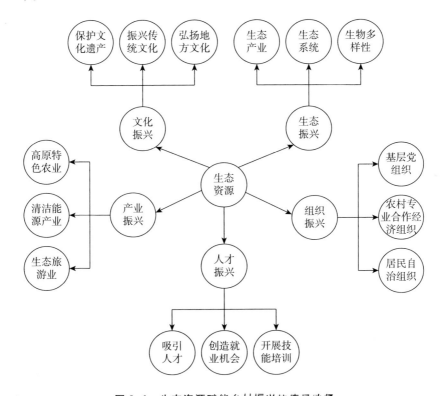

图 0-1　生态资源赋能乡村振兴的传导路径

第一，生态资源赋能产业振兴。云龙县优越的自然条件为农业发展奠定了基础。首先，云龙县土地面积广阔、土壤类型丰富、气候立体多样且空气、水源与土壤洁净无污染，适宜多种农作物的生长和家禽的养殖，宜发展高原特色农业，如种植麦地湾梨、云龙茶、烤烟、泡核桃以及养殖黑山羊、矮脚鸡和黑猪等。其次，云龙县地质地貌特殊，地处横断山南端滇西澜沧江纵谷区，怒山山脉、云岭支脉和澜沧江、沘江由北向南纵贯全境，怒江绕西部边境而过，风能、太阳能、水能等资源丰富，以水电、风电、光伏发电为重点的清洁能源产业得以发展，目前已建成功果桥水电站、清水朗山风电场、新松坡光伏电站等。最后，云龙县自然风景优美，高山、湖泊、森林、草甸等自然资源和古村、古桥、古道等人文景观应有尽有，独一无二的天然"太极图"、十里飘香的万亩梨园、历史沉淀后的茶马古道吸引各地的游客观赏游玩，生态旅游业发展呈现一片欣欣向荣的景象。

第二，生态资源赋能文化振兴。自然生态系统与文化遗产具有一定的相互依存性。首先，物质文化遗产如古建筑、历史遗址、传统村落等，依赖于周边的自然生态环境维持原有的风貌和特色，因此保护生态环境和生态资源也是保存物质文化遗产的重要手段，云龙县内有宝丰古镇、诺邓古村等传统村镇，以及万寿宫、玉皇阁、三崇庙等古建筑，上述物质文化遗产依赖于人们对周围生态系统的保护。其次，生态旅游是一种以可持续发展为理念的旅游形式，将生态旅游的模式融入文旅产业中有助于传承和弘扬地方文化，增强当地居民的文化自豪感，同时也带动相关文化产业的发展。最后，生态农业有助于传承和振兴传统农耕文化，同时提供健康环保的农产品供应链，《云龙县志》中提到，"云龙以茶产之奇而奇，云龙茶奇绝在于茶韵"，这反映了云龙茶文化源远流长，而云龙茶之所以令人称赞不已，与其独特的有机种植模式密切相关。

第三，生态资源赋能生态振兴。近年来云龙积极推进天然林保护、退耕还林、森林生态补偿等生态工程，生态系统持续稳定，地质灾害鲜有发生，滇金丝猴、云南木莲、漾濞槭等珍稀物种在云龙境内不断地被发现①。

第四，生态资源赋能人才振兴。首先，舒适的自然环境可以提高人们的幸福感，从而吸引优秀的人才前来生活和工作。例如，N民宿的主人曾是一名背包客，足迹遍布全国每一个省份，始终没有找到自己心仪的地方，但是他来到诺邓后便再也不想走了，诺邓吸引他的除了宁静，还有众多独特的明清古建筑②。其次，丰富的生态资源可以促进各种创业机会的产生。云龙团结彝族乡（以下简称"团结乡"）生猪养殖现代循环农业生态园项

---

① 王利绚、刘文波：《大理这十年 | 云龙：生态持续向好！两个森林修复案例入选COP15全球案例》，https://www.sohu.com/a/600661791_121106902。

② 毛廷沛等：《【新春走基层】新诺邓人雷子的诗意生活》，http://www.yunlong.yn.cn/c/2023-01-31/654650.shtml。

目不仅可辐射带动周边生猪养殖业的发展，还能带动区域经济以及种植、运输、商贸服务等行业的发展，让群众实现就地就近就业①。最后，生态产业涉及环境保护、资源利用和可持续发展等多个领域，需要具备相关领域的专业知识和技能的人才。云龙县通过手把手、面对面的教学，常态化开展肉牛养殖、大棚蔬菜栽培、烹饪技巧、彝绣等实用技能培训，充分调动了参训人员的积极性和主动性，让农村劳动力切实掌握生产技术和就业技能，原先云龙县人民因为没有一技之长，认为只有外出务工才能赚钱，但是现在政府给他们提供实用技能培训，等于给了他们在家乡发展的机会，这种培训为云龙培养和留住了人才②。

第五，生态资源赋能组织振兴。首先，通过开展生态环境保护宣传教育活动，引导广大农民积极参与到生态环境保护中来，能够加强基层党组织的组织建设，提升基层党组织的凝聚力和影响力。例如植树节到来时，云龙县各部门和各乡镇均会开展义务植树活动，参与人员表示，此类活动能进一步提升大家的环境保护意识，也能广泛凝聚起建设生态文明的共识，有了这样的凝聚力，基层党组织在各个方面的工作都能更好地开展③。其次，丰富的生态资源为农村专业合作经济组织带来更多的收入和发展机会，云龙县大栗树村海拔高差大，拥有独特的立体气候，形成了高中低三带立体产业发展格局，通过"党支部＋合作社＋农户"发展模式，统一种苗、管理和采摘，以规模种植带动散户种植发展，有效提高产业发展规模效益④。最后，生态资源需要合理配置，这使得村民自治组织发展能更好地发挥其独特的作用。长新乡永香村以前常会因为用水而发生纠纷，为了解决这一难题，村民们自发成立了水利村委会，建立了村民自治管水制度，加强对

---

① 《云南省云龙县打造生猪养殖现代循环农业生态园》，https://www.xcfz.org.cn/bbs/show-22760.html。

② 梁秋利等：《【奋进新征程 建功新时代】诺邓镇：技能培训助推乡村振兴"加速跑"》，https://mp.weixin.qq.com/s/UPR_804FsrYHOL9xp_kEbA。

③ 杨学禹：《云龙："3·12"义务植树忙》，https://mp.weixin.qq.com/s/gp31fDDoEHohp0mv-yHCX1Q。

④ 字伟亮：《宝丰乡大栗树村：打造立体产业 秀出新"丰"景》，http://www.yun-long.yn.cn/c/2023-08-16/659581.shtml。

水资源的管理和调配，如今用水纠纷已解决①。在这一过程中，村民自治组织这一制度也得到了完善与发展。

二 县域协同发展的内涵与路径

（一）县域协同发展的内涵

县域经济是以县为核心、以镇为纽带、以村为基础的区域经济模式②。县域经济协同发展是指在县域范围内实现协调发展，并与县域外实现共生，这种发展模式具有内在性、整体性和综合性的特点，即通过县域内各方面力量的有机组合，实现县域内外的经济、社会、科技和环境的可持续发展。良性竞争与紧密合作是县域经济协同发展的核心，通过优势互补、整体联动的方式，形成高度和谐的协调发展格局③。综上，"县域协同发展"是指以县域经济发展为核心，整合全县各地区的资源要素，加强各地区之间的合作与互动，通过资源优化配置、合作创新、基础设施建设、人才流动的协同发展模式，实现经济、社会、生态、公共服务的协同发展，促进全县综合实力的整体提升。

其中经济协同发展要求各个乡镇、街道和村庄之间进行紧密的合作，以共同推动产业发展。通过整合产业链、价值链和供应链，实现资源的优化配置和产业的支撑融合，最终达到提高整体经济效益的目的，这种协同发展模式能够促进各个地区之间的优势互补，形成更完整的产业生态系统，提高资源利用效率，增强区域经济的竞争力。

社会协同发展是一个多方合作的过程，需要各个基层单位之间加强社会服务协作，共同建立健全的社会保障体系，以提高居民的生活质量和幸福感，促进社会公平与和谐，推动社会的稳定和经济的良性互动。

---

① 旷宏飞：《云龙长新乡以"六大行动"搭建乡村治理"大舞台"》，https://www.dalidaily.com/content/2023-06/09/content_48963.html。

② 郭爱君、毛锦凰：《新时代中国县域经济发展略论》，《兰州大学学报》（社会科学版）2018年第4期。

③ 鞠雷、李宇兵：《基于循环经济理论的我国县域经济协同发展研究》，《山东大学学报》（哲学社会科学版）2009年第4期。

生态协同发展是指通过整合各个地区的生态资源，共同保护生态环境，推动绿色发展和可持续发展，从而实现生态保护与经济发展之间的良性循环，在这个过程中，各方需要紧密合作，形成一种跨界协作的模式，在不破坏生态的情况下发展经济，同时以经济发展支持生态保护。

公共服务协同发展指的是不同部门、不同领域、不同地域之间，在公共服务提供与管理过程中，相互协同、共同协作的发展模式。公共服务协同发展的重点在于优化资源配置和提高服务质量。这意味着在教育、医疗、交通、文化等领域需要实现资源共享，以提高公共服务的水平，促进各地区居民平等地享受到基本的公共服务，从而实现社会的全面进步。

（二）云龙县以县域经济为核心的县域协同发展

县域经济是县域协同发展的核心，县域经济发展能带动社会、生态、公共服务的协同发展，其具体表现如下。

第一，县域经济发展是社会稳定的基础。经济发展能够提高政府的财政收入，从而建立更完善的社会保障体系，增强社会的稳定性。2022 年末，云龙县参加城镇职工基本养老保险人数 16960 人，同比增长 3.6%。参加城乡居民基本养老保险人数 126175 人，同比下降 0.3%。职工医疗保险参保人数 11525 人，同比增长 2.9%，城乡居民医保参保人数 183046 人，同比下降 2.0%。参加失业保险人数 6851 人，同比增长 0.8%。参加工伤保险人数 10551 人，同比增长 8 6%。城镇居民最低生活保障人数 18269 人，保障支出 648.2 万元；农村居民最低生活保障人数 360175 人，保障支出 7256.0 万元①。

第二，县域经济支持是确保生态保护工作顺利进行的重要前提。在实施生态保护工作的过程中，需要投入大量的资源和资金，而县域经济的发展和壮大可以提供更多的财力支持，用于生态环境的保护、治理和修复。云龙县森林覆盖率高达 70.74%，活立木蓄积达 3046.12 万立方米，占大理白族自治州的 1/3；记录有陆生脊椎动物 381 种，占云南省全省的 26.6%。

---

① 云龙县统计局：《云龙县 2022 年国民经济和社会发展统计公报》，http://www.ylx.gov.cn/ylxrmzf/c106971/202304/924d794f25bf4a12889eaf8514c54244.shtml。

此外，云龙县厚植生态优势，深入开展生态保护修复，累计完成生态项目投资 8834.8 万元，实施天然林保护工程森林管护 496 万亩，聘用 370 名村级护林员和 1700 名生态护林员全面实行森林资源网格化管理①。

第三，县域经济增长可提高公共服务的水平和可及性。随着经济增长，县域内的财政收入增加，政府有更多的资金投入公共服务领域，以满足居民的需求。以沿江路改造提升项目为例，由于车流、人流都很大，加之年久失修，道路损毁严重，给广大市民带来了诸多不便。为了彻底解决这一问题，县交通运输局投入资金 500 多万元，对县城沿江路、蟠龙桥等进行全面改造提升。如今沿江路边上的县城综合农贸市场，拥堵现象早已不见。而这只是云龙县加大项目资金投入力度，扎实开展基础设施建设的一个缩影②。

三　云龙县乡村社会调查研究方法、实施方案及样本村概况

（一）数据来源

本次访谈对象主要为县级干部和村级干部，县级干部包括云龙县农业农村局、人力资源和社会保障局、文化和旅游局、民族宗教事务局、生态环境局、乡村振兴局、发展和改革局，云龙县委组织部和云龙县人民政府的工作人员。村级干部则包括胜利村、宝丰村、福利村、检槽村、天池村和诺邓村的村干部。

本次调查涉及样本村情况如下。

胜利村在脱贫攻坚时期被列为国家级贫困村，属于山区③，位于关坪乡东北部，距乡政府所在地 23 公里，最高海拔 3400 米，是典型的高山、冷

---

① 赵正琳、杨艳玲：《生物多样性保护的云龙实践》，https://www.dali.gov.cn/dlrmzf/c101533/202311/fd363782414841d7ae9457da0fab1719.shtml。

② 《云龙：完善市政基础设施 加快美丽县城建设》，http://www.ylx.gov.cn/ylxrmzf/c102527/202012/507757546f1c4292b44bd2fe87f0547a.shtml。

③ 根据 2022 年云南大学中国乡村社会大调查（云南）村居问卷调查数据，由调查小组统计整理得到。

凉、贫困村。多年来交通不便，基础设施落后①（图 0-2 为调查小组自摄胜利村内道路）。胜利村面积 49.6 平方公里，居住有白族、汉族、彝族等多个民族，辖区内共有 12 个自然村，19 个村民小组（其中彝族组于 2019 年12 月集体搬迁至福堂集中安置点）②。

图 0-2　胜利村内道路

资料来源：调查小组自摄。

宝丰村在脱贫攻坚时期被列为非贫困村，属于山区③，位于云龙县城南端，与宝丰乡人民政府相邻，东面与东山村相连，南边与南新村接壤，北连县城。辖区内共有 22 个自然村，22 个村民小组。宝丰村面积 29.8 平方公里，居住有白族、汉族、彝族、傈僳族、傣族、阿昌族、纳西族等 13 个民族④。

①　李娱瑜：《【脱贫攻坚】胜利村的"医疗队"》，https://mp.weixin.qq.com/s/O6iUAWP8n-ALahrhLncV-8A。

②　数据来源于《胜利村基本情况》，材料由云龙县政府提供。

③　根据 2022 年云南大学中国乡村社会大调查（云南）村居问卷调查数据，由调查小组统计整理得到。

④　数据来源于《宝丰村概况》，材料由云龙县政府提供。

宝丰村是宝丰古镇的主体,于 2012 年 12 月被评为第一批"中国传统村落",2019 年被评为中国少数民族特色村寨、云南省少数民族特色村寨,2021 年被评为州级"美丽乡村"①。宝丰村属于历史文化名村,云南大学(原东陆大学)校长董泽先生的故居(见图 0-3)坐落在此,是云龙县现存规模最大的清代白族民居院落,距今已有 100 多年的历史。

图 0-3 位于宝丰村的董泽故居内部

资料来源:调查小组自摄。

福利村在脱贫攻坚时期被列为省级以下的贫困村,地理位置上属于高寒山区②,位于宝丰乡东部,面积 63.6 平方公里,最高海拔 2982 米,最低海拔 1860 米。全村共有 25 个自然村,13 个村民小组,主要种植经济林果、烤烟、贡菜、工业辣椒、魔芋等农作物③。玉兔山位于宝丰乡福利村约 9 公

---

① 苏巧、梅颖:《物华天宝 丰满乡愁——宝丰村》,https://www.weibo.com/ttarticle/p/show?id=2309404924617012937163。

② 根据 2022 年云南大学中国乡村社会大调查(云南)村居问卷调查数据,由调查小组统计整理得到。

③ 数据来源于《福利村情况》,材料由云龙县政府提供。

里处，主山顶上建造有玉皇阁，传说中的仙人打歌场（力格高发源地）也在这里。在玉兔山山顶游客可以观看到美丽的日出霞光（见图0-4）。

图 0-4　玉兔山日出
资料来源：选取自"云龙关注"微信公众号。

检槽村在脱贫攻坚时期被列为非贫困村，属于山区[1]。全村面积45平方公里，共16个自然村，23个村民小组，属于典型农业村，主要农作物有水稻、苞谷、大麦，经济林果有核桃、梨等。外出务工、运输、种植、养殖是全村农民主要经济收入来源[2]。检槽村隶属云龙县检槽乡，是检槽乡政府所在地，检槽乡稻田（见图0-5）于2014年被农业部评定为"中国最美稻田景观"[3]。

---

[1]　根据2022年云南大学中国乡村社会大调查（云南）村居问卷调查数据，由调查小组统计整理得到。
[2]　数据来源于《检槽村民委员会基本情况》，材料由云龙县政府提供。
[3]　李少军：《【闲情】云龙检槽：中国最美稻田景观》，https://www.sohu.com/a/197264506_750248。

图 0-5 检槽稻田景观

资料来源：选取自"云龙关注"微信公众号。

　　天池村在脱贫攻坚时期被列为非贫困村，属于山区[①]，位于云龙县境中部，诺邓镇西北部。全村面积 12.45 平方公里，辖 12 个自然村，12 个村民小组。全村以海尾河为界，分为东西两片区，河东片区以种植麦地湾梨为主，河西片区以种植泡核桃为主。地处世界奇观云龙太极图（见图 0-6）和天池国家自然保护区连接线内[②]。

　　诺邓村在脱贫攻坚时期被列为国家级贫困村，属于山区[③]，位于云龙县西北部。全村面积 32 平方公里，下辖 18 个自然村 25 个村民小组。白族为主要世居民族，白族人口占总人口的 98.82%[④]。诺邓千年白族村旅游景点位于村内（见图 0-7）。

———————————

[①] 根据 2022 年云南大学中国乡村社会大调查（云南）村居问卷调查数据，由调查小组统计整理得到。

[②] 数据来源于《天池村基本情况》，材料由云龙县政府提供。

[③] 根据 2022 年云南大学中国乡村社会大调查（云南）村居问卷调查，由调查小组统计整理得到。

[④] 数据来源于《诺邓村基本资料》，材料由云龙县政府提供。

图 0-6　云龙太极图

资料来源：调查小组自摄。

图 0-7　诺邓古村

资料来源：选取自"云龙关注"微信公众号。

本次调查总样本人数为 156 人，其基本情况如表 0-1 所示。

表 0-1 样本基本信息

单位：人，%

类别	指标	人数	比例
性别	男	83	53.2
	女	73	46.8
民族	汉族	4	2.6
	白族	151	96.8
	傈僳族	1	0.6
受教育程度	未上学	8	5.1
	小学（含扫盲班）	64	41.0
	初中	59	37.8
	高中	9	5.8
	中专/职高/技校	7	4.5
	大专	4	2.6
	本科及以上	5	3.2
政治面貌	群众	138	88.5
	民主党派人士	0	0
	共产党员	18	11.5
婚姻状况	未婚	10	6.4
	已婚	140	89.7
	离婚	2	1.3
	丧偶	4	2.6
是否脱贫户	是	56	35.9
	否	100	64.1

资料来源：根据 2022 年云南大学中国乡村社会大调查（云南）个人问卷调查数据，由调查小组统计整理得到。

（二）数据获取

本次调查采取定量和定性相结合的方法，运用了半结构化访谈法、问卷调查法和非参与式观察法。

半结构化访谈法是研究者在事先准备好的主题和问题的基础上进行面

对面的访谈，以确保主题的一致性和关注点的覆盖，为了保持灵活性和深入性，研究者可以根据受访者的回答提出更深入的问题；问卷调查法是一种用于收集大量信息的研究方法，通过设计并分发问卷，收集受访者的基本情况、观点、行为和特征等数据；非参与式观察法中，研究者通常是一个外部观察者，尽量不干扰被观察场景的自然状态，观察者可以通过直接观察，比如观察人们的行为、交流或者其他可观察的现象，也可以通过间接观察来获得研究数据。

首先于 2022 年 11 月 27 日至 2022 年 12 月 20 日对相关干部人员进行半结构化访谈，在征得受访者同意后对谈话进行录音获取，单次访谈时间为两小时左右。

其次于 2023 年 1 月 30 日至 2023 年 2 月 5 日发放问卷。问卷包括村居问卷和个人问卷，村居问卷由村干部进行填写，个人问卷由当地村民进行填写。问卷由调研小组成员以平板电脑面访的方式对村干部和村民进行调查，此次面访利用了 CAPI 系统，该系统能够随机抽取样本以便调查小组成员快速锁定个人。人员名单载入系统后，系统会在每个样本村的两个自然村随机抽取 13 户（共 26 户）作为调查样本。最终抽取胜利村、宝丰村、福利村、检槽村、天池村和诺邓村 6 个村落的 156 位村民以及 6 位村干部，收回问卷 162 份（有效问卷 156 份）。面访问卷调查数据收集完成后，研究小组根据受访者的回答进行统计分析。

研究小组在正式入户时采取教师搭配学生、研究生搭配本科生的分组方式，并且每组由一位本村干部陪同，帮助本研究团队说明来历，与受访者建立信任关系。此外，为了能够方便和准确地收集数据，研究小组还通过为每一位受访村民准备礼物（牙膏和香皂）的方式建立彼此之间的关系。具体的入户时间如下。

2023 年 1 月 30 日，于检槽村走访 26 户；2023 年 1 月 31 日，于胜利村，走访 26 户；2023 年 2 月 1 日，于福利村走访 26 户；2023 年 2 月 2 日，于宝丰村走访 26 户；2023 年 2 月 3 日，于天池村走访 26 户；2023 年 2 月 4 日至 2023 年 2 月 5 日，于诺邓村走访 26 户。

为了保证数据获取的信度与效度，首先在样本选择阶段采取多阶段混合抽样方式。通过参考云南省"七普"资料、云南省乡村振兴局"巩固拓展脱贫攻坚成果子系统"的数据以及各地方政府部门提供的自然村和人口花名册等资料，在区县、行政村、自然村、家庭户、入户五个阶段都进行了随机抽样，以确保样本能够有效代表总体，保证外部效度。其次在数据收集过程中全程录音并同步上传系统交由后台管理者审阅，保证数据的真实性和有效性，确保内部效度。

最后于2023年2月6日至2023年2月8日进行相关产业调研。2023年2月6日，前往Q肉制品公司、R生猪养殖场、D生态农业发展有限公司、新松坡光伏发电站、Q农业科技有限公司和N食品科技有限公司；2023年2月7日，前往R牧业公司、清水朗山风电站、D养殖小区和佬倵茶厂；2023年2月8日，前往功果桥水电站、汤涧村（移民村）肉牛养殖个体户、吹吹腔文化艺术博物馆（国家级博物馆）。

同时调查组还通过观察日志记录数据。写观察日志是一种记录和反思的方式，旨在帮助调研人员收集和整理重要信息并形成有价值的见解，从而提高调研的质量和价值。调查小组每人每天都会写一篇观察日志，记录自己在调研期间（2022年11月27日至12月20日和2023年1月30日至2月8日）的所见所思所想，观察内容包括（村民、村干部）言谈举止、生活环境、调研期间村民举办的仪式活动以及相关企业发展情况。

（三）数据分析

访谈数据通过转录后最终得17份有效访谈文本，共计417571字；156份有效调查问卷；69份云龙县相关部门内部资料；60份田野笔记。

研究者通过对问卷数据的描述性统计分析获得其整体分布、中心趋势和变异程度等方面的信息，形成对数据的直观感知和初步认识。

通过对访谈数据、观察日志、云龙县提供的内部材料等文本进行内容分析，挖掘其中有关云龙县乡村振兴工作方法与路径的信息，并辅之以问卷调查的量化数据，最终构建云龙县乡村振兴工作中生态、产业与文化模块的模型框架。

第一章　云龙县经济社会发展概况

第一节　云龙县发展历史及行政区划概述

一　发展历史

云龙县历史悠久，距今已有两千多年的发展历史。其发展历史大致可分为三个阶段。

第一阶段是古代时期。以西汉建县为始，西汉元封二年（前109年）设比苏县，属益州郡，辖境东至沘江流域，西至今缅甸境内恩梅开江一带，范围包括今云龙境内沘江以西部分及今怒江州大部分地区。东汉永平十二年（69年）起至西晋，比苏县属永昌郡。西晋永嘉五年（311年）从永昌郡中分出比苏县，设置西河郡，梁末比苏废县。唐武德四年（621年）至唐麟德元年（664年）称尹州。宋（大理）属胜乡郡，称"云龙赕"。宋代后期云龙的辖境开始缩小，今属兰坪的大部分地区从云龙赕中划出。元代至元十四年（1277年）今属怒江州的碧江福贡、贡山县一带从云龙甸中划出。至元二十六年（1289年）设置云龙甸军民总管府并防送千户所。明洪武十七年（1384年）改为云龙州，直至清末时期。万历四十二年（1614年）将沘江以东地区（原为洱源县所辖）归并云龙。乾隆十二年（1747年）秤戛乱后，将老窝、六库、漕涧划归云龙州。乾隆十八年（1753年），将云龙管辖的片马、渔洞诸寨（今泸水西部边境之片古岗）划归保山。

第二阶段是近现代时期。民国元年（1912年），境内东南部属箭里的黄蜂、白腊箭划归漾县。民国2年（1913年）改云龙州为云龙县，属腾越道。

同年，老窝、六库两土司地划归泸水行政委员区。民国 18 年（1929 年）改县公署为县政府，直属省。民国 22 年（1933 年），老窝从泸水设治局划出，归回云龙管辖。

第三阶段是新中国成立后，仍称云龙县。1950 年云龙县属大理专区。1951 年将云龙县第六行政村第七自然村之花椒树、立庄登等 18 个小村划归洱源县。1952 年将永平县属瓦草河村划归云龙县。1955 年将云龙县所属第五区漕涧划归至泸水县，同年将漕涧地区归回云龙。1956 年云龙县属大理白族自治州，同年将河东乡的芷拉拉、皮匠房、庄房、三星厂、白地、撒哥密、罗里密、铁房等自然村划归漾濞县。1958 年撤销云龙县并入永平县，保山县所属岔花乡划归永平县云龙片。1960 年永平县云龙片长新公社新罗地区划归剑川县。1961 年恢复云龙县建制，仍属大理白族自治州，此后一直沿用至今。1978 年老窝公社划归泸水县，全县总面积 4400.95 平方公里，至今未改变①。

受地理、历史、自然、经济等条件制约，云龙县曾是大理白族自治州贫困面最大、贫困程度最深的县，是大理白族自治州脱贫攻坚的主战场。1984 年云龙县被列为省级贫困县，1994 年被列为国家级贫困县，2001 年被确定为国家扶贫开发工作重点县，2012 年被列入滇西连片特困地区县，2014 年被列为云南省贫困县和连片特困地区县②。即使如此，云龙也在不断取得新的成绩。2018 年，云龙被列为电子商务进农村综合示范县③。2020 年被省政府批准退出贫困县④。2022 年被列为云南省"一县一业"（中药材产业）特色县⑤。

---

① 云南省云龙县志编纂委员会编纂《云龙县志》，农业出版社，1992。

② 《云龙：奋力决战决胜脱贫攻坚》，https：//www.yn.gov.cn/ztgg/jjdytpgjz/xwjj/202005/t20200509_203592.html。

③ 商务部市场体系建设司：《2018 年电子商务进农村综合示范县名单》，https：//www.mofcom.gov.cn/tjsj/ywtjxxhz/qcltsj/art/2018/art_ 4d252367fba047418b36965508c1cbe4.html。

④ 杨静：《云南宣布 31 个贫困县脱贫摘帽》，https：//www.gov.cn/xinwen/2020-05/17/content_5512419.htm。

⑤ 《云南省打造"绿色食品牌"工作领导小组办公室关于公布 2022 年度云南省"一县一业"示范创建县和特色县名单的通知》，https：//nync.yn.gov.cn/html/2022/zuixinwenjian_ 0406/385509.html。

2023 年被列入云南省传统村落集中连片保护利用示范名单[①]，并且入选乡村建设评价样本县名单[②]。

二　行政区划

云龙县位于大理白族自治州西北部，总面积 4400.95 平方公里。全县辖诺邓、功果桥、漕涧、白石 4 个镇和宝丰、关坪、团结、长新、检槽、苗尾、民建 7 个乡；有 85 个村民委员会和 3 个社区，1807 个自然村 1452 个村民小组 45 个居民小组。根据《云龙县 2022 统计年鉴》，云龙县拥有汉族、蒙古族、回族、藏族、苗族、彝族、壮族、布依族、满族、侗族、瑶族、白族、土家族、哈尼族、傣族、黎族、傈僳族、佤族、畲族、拉祜族、水族、纳西族、景颇族、土族、达斡尔族、仫佬族、羌族、布朗族、毛南族、仡佬族、阿昌族、普米族、怒族、德昂族、独龙族。其中人数大于 10000 人的民族仅有汉族、白族、彝族和傈僳族；人数小于 100 人的民族有蒙古族、藏族、壮族、布依族、满族、侗族、瑶族、土家族、哈尼族、黎族、佤族、畲族、拉祜族、水族、纳西族、景颇族、土族、达斡尔族、仫佬族、羌族、布朗族、毛南族、仡佬族、普米族、德昂族、独龙族。[③]

（一）诺邓镇

诺邓镇因境内有首批"中国景观村落"、云南十大旅游古镇之一的诺邓村而得名。总面积为 235.05 平方公里。位于县境中部，东连关坪乡、南接宝丰乡、西邻功果桥镇、北接检槽乡和长新乡，是全县政治、文化、商贸、信息中心。2020 年，全镇辖青松、和平、象麓、诺邓、杏林、天池、龙飞、永安 8 个村民委员会和石门社区、果郎社区、福堂社区（云龙县新增易地扶贫搬迁

---

① 云南省住房和城乡建设厅：《2023 年云南省传统村落集中连片保护利用示范名单的公示》，https://zfcxjst.yn.gov.cn/gongzuodongtai2/gongshigonggao4/288902.html。

② 《住房和城乡建设部关于开展 2023 年乡村建设评价工作的通知》，https://www.mohurd.gov.cn/gongkai/zhengce/zhengcefilelib/202305/20230523_772331.html。

③ 云龙县统计局：《云龙县 2022 统计年鉴》，http://www.ylx.gov.cn/ylxrmzf/c106971/202312/e562cc068dc24b4bb3b79eab5a032e26.shtml。

安置点）3 个居民委员会，共 154 个村民小组，93 个自然村。境内居住有彝族、白族、哈尼族、壮族、傣族、苗族、傈僳族、回族、纳西族、景颇族、瑶族、阿昌族、蒙古族、布依族、普米族、土家族、汉族等民族①。

（二）功果桥镇

功果桥镇曾称旧州镇，后因境内有功果桥电站而得名。位于云龙县西南部，分布于澜沧江中游段东西两岸，总面积为 465.3 平方公里，东连宝丰乡，南与保山市瓦窑乡相连，西与漕涧镇毗邻，北与苗尾傈僳族乡交界。2020 年，全镇辖海沧、山西、旧州、新山、功果、下坞、汤邓、汤涧、核桃坪、金和、民主 11 个村民委员会和崇沧社区，192 个村民小组。居住着汉族、白族、傈僳族、回族、彝族和苗族等 18 个民族②。

（三）漕涧镇

漕涧镇因驻地东有漕河，西有涧水而得名。总面积为 513.58 平方公里。漕涧镇位于云龙县西南部，东与功果桥镇相连，南与保山市隆阳区瓦窑镇接壤，西与保山市隆阳区瓦房乡、瓦马乡相邻，北与怒江州泸水市老窝镇以打虎等沟为界。2020 年，全镇辖漕涧、仁山、仁德、大坪、新胜、铁厂、鹿山 7 个村民委员会，165 个自然村，203 个村民小组。境内居住有白族、汉族、彝族、苗族、阿昌族等民族③。

（四）白石镇

白石镇因镇人民政府驻地在白石村而得名。总面积 321 平方公里。位于县境北端，东连剑川县，北通兰坪县，西靠检槽乡，南接长新乡。2020 年，全镇辖云顶、云头、顺荡等 7 个村民委员会，116 个自然村，93 个村民小组。境内居住有白族、傈僳族、彝族、汉族、普米族、苗族、壮族、傣族等 18 个民族④。

① 云龙县地方志编纂委员会办公室编《云龙年鉴》，云南民族出版社，2021。
② 云龙县地方志编纂委员会办公室编《云龙年鉴》，云南民族出版社，2021。
③ 云龙县地方志编纂委员会办公室编《云龙年鉴》，云南民族出版社，2021。
④ 云龙县地方志编纂委员会办公室编《云龙年鉴》，云南民族出版社，2021。

（五）宝丰乡

宝丰乡因驻地曾有盐井，被认为宝藏丰富而得名。总面积 474.74 平方公里。位于云龙县城的南部，地处沘江下游，东与关坪、团结毗邻，南与永平接壤，西与功果桥相连，北靠诺邓镇。2020 年，全乡辖宝丰、庄坪、金麦、东山、福利、南新、大栗树 7 个村民委员会，140 个村民小组，2 个居民小组。境内居住有汉族、白族、彝族、傣族、傈僳族、阿昌族、苗族、回族等 22 个民族[①]。

（六）关坪乡

关坪乡因明洪武年间（1368～1398 年）箭杆场土巡检在今乡政府驻地关坪村一带设有关卡，地势较平，故称"关平"，亦作"关坪"。总面积 268 平方公里。位于县境东部，关坪河上游，东交洱源县西山乡，西接宝丰乡和诺邓镇，南连团结乡，北靠长新乡。2020 年，全乡辖关坪、自新、新荣、胜利、高明 5 个村民委员会，98 个自然村，119 个村民小组。居住有白族、汉族、彝族、傈僳族等民族[②]。

（七）团结彝族乡

团结彝族乡因驻地居住有 3 个世居民族，取多民族聚居、各民族大团结之意，故名团结。总面积 306 平方公里。位于云龙县城东部，关坪河流域。东靠洱源县西山乡，南与富恒乡毗邻，西壤永平县北斗乡和云龙县宝丰乡，北接云龙县关坪乡。2020 年，全乡辖新宅、团结、河南、河东、丰收 5 个村民委员会，92 个自然村和 106 村民小组。居住着汉族、白族、傣族、苗族、傈僳族、拉祜族、阿昌族、回族、蒙古族、土家族、彝族、壮族等 12 个民族[③]。

（八）长新乡

长新乡因乡人民政府驻地长春坡连接新松、新和、新塘几地，故名长

---

① 云龙县地方志编纂委员会办公室编《云龙年鉴》，云南民族出版社，2021。
② 云龙县地方志编纂委员会办公室编《云龙年鉴》，云南民族出版社，2021。
③ 云龙县地方志编纂委员会办公室编《云龙年鉴》，云南民族出版社，2021。

新。总面积463.68平方公里。位于云龙县境东北部，是著名的"吹吹腔文化艺术之乡"。东与洱源县乔后镇接壤，南和关坪乡、诺邓镇相连，西与检槽乡毗邻，北与白石镇和剑川县象图乡交界。全乡辖长春、新塘、松炼、新和、包罗、新松、佳局、丰云、丰华、丰胜、豆寺、永香等12个村民委员会，119个自然村，149个村民小组。境内居住有白族、彝族、傈僳族等13个民族①。

（九）检槽乡

检槽乡因过去灌溉田地时需用木槽从远处引水，引水用的木槽当地称为"检槽"，检槽尽头在此地，故得名检槽头，汉译时简化为"检槽"。总面积414.77平方公里。位于云龙县境北部，东连长新乡、白石镇，南接诺邓镇，西交表村乡，北靠怒江州兰坪。2020年，全乡辖检槽、哨上、清朗、文兴、师井、炼登、大工厂、清文、三合9个村民委员会，139个自然村，143个村民小组。主要居住着白族、汉族、傈僳族、彝族等12个民族②。

（十）苗尾傈僳族乡

苗尾傈僳族乡（以下简称"苗尾乡"）因澜沧江上的苗尾水电站而得名。总面积662.13平方公里，居全州110个乡镇之首。地处云龙县境西北部，东连检槽乡、诺邓镇，南接功果桥镇，西邻泸水，北靠兰坪。2020年，全乡辖苗尾村、水井村、早阳村、松坪村、表村村、茂盛村、科立村、天灯村8个村民委员会，84个自然村，135个村民小组。居住有汉族、白族、傈僳族、彝族和怒族等25个民族③。

（十一）民建乡

民建乡因由原民族乡和建设乡合并而得名。总面积214.7平方公里。位于云龙县西部，东与漕涧镇接壤，南与保山瓦马乡相连，西临怒江。全乡辖坡脚、布麻、只嘎、边江、岔花5个村民委员会，79个自然村，70个村

① 云龙县地方志编纂委员会办公室编《云龙年鉴》，云南民族出版社，2021。
② 云龙县地方志编纂委员会办公室编《云龙年鉴》，云南民族出版社，2021。
③ 云龙县地方志编纂委员会办公室编《云龙年鉴》，云南民族出版社，2021。

民小组。境内居住有白族、汉族、苗族、彝族、傈僳族等 13 个民族①。

第二节　云龙县产业结构和经济发展概况

一　云龙县产业结构概况

产业结构，也称国民经济的部门结构，是指产业构成和各产业部门在国民经济中所占的比重及其相互联系和比例关系。我国三次产业的划分是：第一产业指农业（包括种植业、林业、畜牧业、渔业）；第二产业指工业（包括采矿业，制造业，电力、热力、燃气及水的生产和供应业）和建筑业；第三产业指除第一、第二产业以外的其他行业，也称为服务业②。

改革开放以来，云龙县的产业结构发生明显变化：从单一发展到多元发展，从农业发展到农业与工业、商贸旅游文化服务业共同发展。根据云龙县统计局最新公开数据，2022 年全县生产总值 77.23 亿元，其中第一产业增加值 18.42 亿元、第二产业增加值 29.20 亿元、第三产业增加值 29.61 亿元；三次产业结构比为 23.9∶37.8∶38.3③。

云龙县第一产业发展迅速。根据《云龙县 2022 年国民经济和社会发展统计公报》，从 2015 年到 2022 年云龙的第一产业增加值从 7.38 亿元增加到了 18.43 亿元，增长趋势明显。农林牧渔的总产值从 2015 年的 21.67 亿元增加到 2022 年的 40.34 亿元，也是呈现增长趋势，说明云龙县第一产业发展迅速且效益明显。云龙县乡村振兴局相关负责人 X1 指出："我们的产业发展就是以种植业和养殖业为主。养殖业上重点以肉牛、奶牛、生猪养殖为主，种植业上以烤烟、茶叶、核桃种植为主。"④ 云龙县的地理环境优越，适宜种植业和畜牧业的发展，所以种植业和畜牧业产值远远高于林业和渔

---

① 云龙县地方志编纂委员会办公室编《云龙年鉴》，云南民族出版社，2021。
② 田静：《卢龙县产业结构现状、存在问题及对策建议》，《统计与管理》2018 年第 7 期。
③ 云龙县统计局：《云龙县 2022 年国民经济和社会发展统计公报》，http://www.ylx.gov.cn/ylxrmzf/c106971/202304/924d794f25bf4a12889eaf8514c54244.shtml。
④ 访谈时间：2022 年 11 月 29 日。访谈地点：云龙县乡村振兴局。

业。首先，云龙县是大理白族自治州土地面积最大的县（见图1-1），土壤类型丰富，而且降雨量适中、日照充足、温度和湿度等皆适宜云龙茶、麦地湾梨、中药材、核桃、烤烟等作物生长。其次，云龙县畜牧业在政府的政策鼓励和经济补贴下飞速发展，建立起良好的生产产业链和社会品牌，如诺邓火腿、云龙矮脚鸡、诺邓黑猪等地方品牌享誉省内。

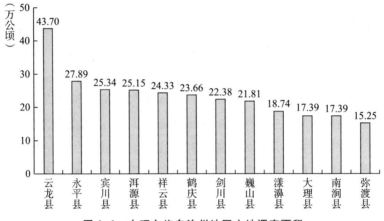

图1-1 大理白族自治州地区土地调查面积

资料来源：根据《大理州2022年度统计年鉴》，由调查小组统计整理得到。

云龙县地处滇西"三江成矿带"，第二产业发展潜力明显。2022年云龙县第二产业增加值为29.20亿元，其中工业增加值22.94亿元，建筑业增加值6.25亿元，工业在云龙县的第二产业中有举足轻重的地位，同时也是云龙县总产值的重要构成。2022年云龙县第二产业生产总值在大理白族自治州12个地区（1市11县）中排名第五①，与第一产业和第三产业相比在大理白族自治州内的发展潜力较明显。2015年到2022年，云龙县规模以上工业生产总值从12.53亿元增加到34.58亿元，这说明云龙县的工业经济发展态势良好，具有较大的增长潜力；同时也反映出云龙县的工业投资、技术进步、产业升级等方面取得了积极成果，有力推动了经济转型和可持续发展。在未来，云龙县可以继续努力推动工业发展，提升生产效率和质量，

---

① 云南省统计局：《2023云南统计年鉴》，https://stats.yn.gov.cn/Pages_22_3785.aspx。

以进一步促进经济增长和提升产业发展产业活力。

云龙县第三产业形成了以商品零售业和旅游业为主、多产业共同发展的局面。商品零售业、住宿餐饮业、交通运输、仓储和邮电业等传统型服务业产值稳步增长，旅游服务业近年来也发展迅速，地貌奇观"云龙太极图"、国家级自然保护区天池、云龙国家森林公园、千年白族村诺邓古村、"文墨之邦"宝丰古镇等吸引着众多游客，为当地带来了巨大的经济收益。基础设施的逐渐完善也促进了旅游业的不断发展。云龙县人民政府相关负责人 Z1 指出："之前云龙是大理最闭塞的一个县，我们到大理，需要两个半小时。今年 12 月底，大漾云高速一通车，我们到大理的时间缩短至一个半小时。运线缩短，意味着农产品销量、旅游人口数量的增加。"①

二 云龙县县域经济发展概况

县域经济是指以县为划分单位的区域经济，是以县城为中心、集镇为纽带、农村为腹地的多层次区域性经济系统。县域经济作为我国经济、政治、社会及文化生活的支撑点，不仅是城市和农村经济的交汇点，更是工业经济和农业经济的结合点②。

云龙县始终坚持缓中求稳、稳中求变的县域经济发展策略，全域经济发展态势显现出积极的变化。

首先，经济总量不断攀升。云龙县 2022 年实现地区生产总值 77.24 亿元，比 1978 年的 0.21 亿元增长了 366.81 倍，比前一年增加 0.7%。其中，非公有制经济增加值 30.55 亿元，同比增长 3.2%，占全县地区生产总值的39.5%。民营经济增加值 43.19 亿元，同比增长 3.0%，占全县地区生产总值的 55.9%。经济总量的增长意味着云龙县的产业结构、就业水平和投资环境等方面的进一步改善，这将带动当地人民生活水平的提高，增加人们的收入和就业机会，促进社会稳定和可持续发展。

其次，固定资产投资快速增长，结构继续优化。随着云龙县投资环境

---

① 访谈时间：2022 年 12 月 1 日。访谈地点：云龙县人民政府。
② 金雨：《辽宁省县域经济发展现状、问题及对策研究》，硕士学位论文，辽宁大学，2012。

的改善和招商引资力度的不断加大，其固定资产投资额迅猛增长。2022 年，全县固定资产投资总额 56.06 亿元，比上一年增长 36.7%。分三次产业看，第一产业投资增长 36.6%；第二产业投资增长 140.2%；第三产业投资增长 26.9%。民间投资增长 0.4%。产业投资增长 81.5%。

最后，社会消费品市场繁荣活跃，呈现出勃勃生机。2022 年，全县社会消费品零售总额 22.57 亿元。分经营地看，城镇消费品零售额 15.71 亿元，乡村消费品零售额 6.86 亿元，城镇和乡村的消费品零售额增长率趋向平衡。这反映出云龙县城乡居民收入水平的提高、消费观念的变化以及市场机制的完善。

第三节　云龙县绿色能源产业和高原生态农业发展状况

一　绿色能源产业发展状况

近年来，云龙县紧紧抓住国家实施清洁能源战略的机遇，大力发展以水电、风电、光伏发电为重点的清洁能源产业，着力将绿色能源优势转化为经济优势、发展优势，努力把云龙县建成大理白族自治州的绿色能源重点县[①]。

在风力发电产业方面，云龙县已建成投产清水朗山、漕涧梁子 2 座风电场。清水朗山风电场位于云龙县与洱源县的交界地带，从 2012 年开始建设，2014 年 4 月开始投产并继续推进建设，场址高程 3000 米左右。漕涧梁子风电场位于漕涧镇，场址高程为 3200～3600 米。

在光伏发电产业方面，2021 年 10 月新松坡光伏发电项目开工建设，成为云南省第一批开工的"保供给促投资"光伏项目之一；2022 年 6 月，云顶、新松坡二期、凤代等 3 个光伏发电项目相继开工，其余 5 个集中式光伏项目加快开展前期工作，项目涉及漕涧、诺邓、关坪 3 个乡镇，其中漕涧镇

[①] 旷宏飞：《云龙打好"绿色能源牌"激活发展新动力》，https://www.dali.gov.cn/dlrmzf/c101533/202202/1849dfe3e0f24974b4c8bd74619a7bd9.shtml。

2个项目，2个项目占地面积400亩，装机规模26兆瓦，项目建成后预计年均发电量约4000万千瓦时，年产值约1300万元；诺邓镇2个项目，占地面积200亩，装机规模12兆瓦，项目建成后预计年均发电量约2200万千瓦时，年产值约600万元；关坪乡分布式光伏项目占地面积80亩，装机规模4兆瓦，项目建成后预计年均发电量约600万千瓦时，年产值约200万元①。2023年1月，云龙新松坡120兆瓦光伏发电项目成功并网发电，总装机规模120兆瓦，占地面积2640亩，年均上网电量为21804万千瓦时，可替代标准煤6.87万吨，减排二氧化碳73.64万吨。项目的并网发电，为云龙县开发新能源项目打下了坚实的基础②。

在水力发电产业方面，云龙县开发建设大中型水电站，装机90万千瓦的功果桥水电站和装机140万千瓦的苗尾水电站已投产发电。苗尾·功果桥电厂负责苗尾、功果桥两座电站的生产运营管理，是澜沧江流域首个采用"一厂两站"管理模式的电厂。

二　高原生态农业发展状况

云龙县委、县政府高度重视农业产业发展，将高原特色农业产业作为建设"一区一县"的重要支撑，并计划把高原特色农业产业培植为总产值和加工产值达到"双百亿元"的支柱产业。

一方面是因为云龙县有其发展的独特优势。

第一，云龙县地域辽阔，占大理白族自治州的1/6，是全州面积最大的一个县，人均拥有的土地资源面积也最多，土壤类型丰富，适宜发展农业。

第二，云龙县气候立体多样。地处湿润区和半湿润区分界线上，属大陆性亚热带高原季风气候，境内最高海拔3663米，最低海拔730米，年平均气温16.1℃，年平均日照时数2088.3小时，年平均降雨量781.4毫米，

---

① 赵雪梅、毛廷沛：《我县2022年第一批分布式光伏项目正式开工》，http://www.ylx.gov.cn/ylxrmzf/c102527/202206/ae7210d6155547418a66300e3b0e4261.shtml。
② 喻天祥：《云龙新松坡光伏发电项目顺利投产发电》，http://www.yunlong.yn.cn/c/2023-01-19/654547.shtml。

适宜多种农作物生长，农产品同化物积累高，具备创造优质农业产品的气候条件。

第三，云龙县水利资源丰沛。境内山峦起伏，河流密布纵横，澜沧江、沘江纵贯全境，怒江绕西部边境而过，水资源占有量占全州的 1/5，为全国人均占有量的 6.7 倍。

第四，云龙县区位条件优良。位于大理、保山、怒江三州市接合部，属"澜沧江开发开放经济带"规划主轴"核心区"，"大漾云""云兰""云永""云泸"4 条高速公路的建设，让云龙成为云南西部的交通枢纽，具备创建为滇西面向西南开放农产品生产中心、加工中心、物流中心、种质资源保护中心的地缘优势。

第五，云龙县地标品牌众多。物种资源丰富，高原特色农业产业发展空间大，已认证 31 个绿色、有机农产品和 5 个国家地理标志农产品，是全云南省地理标志农产品认证最多的县。

第六，云龙县生态条件优越。全县森林覆盖率 70.74%，年空气质量优良率均为优，水质考核点 100% 达标，空气、水源、土壤洁净无污染，无工业污染源，具备生产生态、优质、安全农产品的良好条件。

第七，云龙县人力资源充足。全县从事农业的人口近 17.2 万人，占全县总人口的 82%，农业农村劳动力资源丰富，可以为特色农业跨越发展提供不竭动力。

另一方面是由于云龙县独特的产业布局。

近年来，云龙县紧紧围绕"一主六副四新五谷开花"[①]，做强以肉牛养殖为支撑的"一县一业"主导产业，做大以云龙茶、麦地湾梨、中药材、核桃、烤烟、山地牧业为重点的骨干产业，做好乳业、食用菌、水产养殖和休闲农业为补充的新兴产业。

首先，在养殖业方面，主要养殖肉牛、奶牛、诺邓黑猪、云龙矮脚鸡等。

---

① "一主"即以诺邓火腿为支撑的生猪产业；"六副"即核桃、烤烟、茶叶、麦地湾梨、中药材、山地牧业；"五谷开花"即群众普遍种植的水稻、玉米、豆类等传统农业产业。

（1）奶牛和肉牛。云龙县现已规划布局 3 个万头规模奶牛养殖区，养殖用地及水电路"三通"条件能基本满足需求，具备项目落地的基础要素，目前已与 O 乳业公司签订协议。下一步计划通过龙头企业带动养殖，推动全县乳制品加工生产，实现综合产值 8 亿元以上。其中奶产量 10 万吨以上，总产值 6.5 亿元以上；乳制品加工产值 1.5 亿元以上。全县现有肉牛存栏10.98 万头，正布局建设 20 万头规模集中养殖场、30 万亩饲料基地，配套冷链物流屠宰场、有机肥加工厂、饲料加工厂。

（2）诺邓黑猪。云龙县诺邓黑猪存栏规模约 10 万头，已确定"以诺邓火腿为支撑的生猪产业"为"一县一业"主导产业，已引进多家企业入驻。2022 年，全县出栏生猪 28.98 万头，火腿产量 22 万支（约 2200 吨），有诺邓火腿加工企业 5 家，规划投资 13.6 亿元建成诺邓火腿产业园 1 个、投资2000 万元建成火腿加工厂 1 座；计划到 2025 年实现生猪产业综合产值 110亿元以上，其中火腿产值 23 亿元，年产 100 万支诺邓火腿、1 万吨诺邓盐泥肉。

（3）云龙矮脚鸡。云龙矮脚鸡又称"元宝鸡"，在肉、蛋生产及观赏方面经济性状突出，目前云龙县存栏量 5 万羽，年出栏 3 万羽，年可培育鸡苗30 万羽；2021~2025 年规划总投入 1000 万元，建成云龙矮脚鸡保种厂、扩繁场并扶持农户开展林下山地鸡养殖，实现年出栏 20 万羽。

（4）山地牧业。2022 年末，云龙县存栏羊 27.58 万只、家禽 52.53 万羽，出栏羊 29.45 万只、家禽 118.97 万羽、禽蛋产量 2072 吨；下一步将适度发展以黑山羊、山地鸡为主的节粮型草食畜牧业，实现年出栏黑山羊 30万只、山地鸡 120 万羽，建设定点屠宰及食品加工、冷链物流生产线，实现综合产值 12 亿元以上。其中，黑山羊是云龙县的重点养殖产业之一。

（5）水产养殖产业。漕涧镇大坪村森林植被覆盖好，冷水资源丰富，凭借着天然的优势，境内的形成了集育苗、孵化、养殖、销售于一体的完整的冷水鱼类养殖基地。

其次，在种植业方面。主要种植云龙茶、麦地湾梨、五谷杂粮、白芸豆、羊肚菌、中药材、泡核桃和烤烟。

（1）云龙茶。云龙县现有茶园 4.2 万亩，其中有机茶园 1.26 万亩、绿色茶园 0.1 万亩，2022 年产量 816 吨，综合产值 2.2 亿元，有茶叶加工企业 15 家；下一步规划新发展标准化种植茶园 2 万亩，改造现有低产茶园 2 万亩，大力推广茶园节水滴灌技术，努力提高茶叶亩产和质量，实现综合产值 3.8 亿元以上，其中茶叶总产量 1500 吨，总产值 1.5 亿元，加工生产产值 2.3 亿元。

（2）麦地湾梨。云龙县现有麦地湾梨种植面积 4.9 万亩，2022 年产量 2.6 万吨，产值 1 亿元；下一步将突出地域特性和品牌优势，重点推进麦地湾梨标准化种植，新种植 5.2 万亩、提升改造 1.5 万亩，配套推广"水肥一体化"技术，建成 10 万亩麦地湾梨基地，实现综合产值 5.5 亿元以上，其中加工产值 1 亿元以上。

（3）五谷杂粮。云龙县粮食种植面积 50.64 万亩，稻米、玉米、荞麦、燕麦、大麦、豆类等五谷杂粮种植面积占 70% 以上。现已加工开发粗粮速食粉、粗粮米等产品 30 余种，加工产能达到 20 吨/日；下一步将以全年粮食播种面积稳定在 50 万亩以上为目标，扩大优质稻种植面积，大力推广测土配方施肥、绿色防控技术和农业生产托管等，实现平均单产 350 公斤、总产 17 万吨。

（4）白芸豆。全县白芸豆种植面积 3 万亩，年产量 5000 余吨，产值 5000 余万元；下一步规划发展白芸豆标准化种植基地 8 万亩，建设白芸豆提取物加工厂 1 个，实现综合产值 4.5 亿元以上，其中总产值 3 亿元，生物技术提取产值 1.5 亿元。

（5）羊肚菌。云龙县目前有羊肚菌示范种植基地 2000 多亩，鲜品年产量 20 万公斤，产值 2000 万元；下一步将围绕提升野生食用菌品质、扩大栽培食用菌规模两大任务，建成以羊肚菌为主的食用菌基地 5000 亩，建设菌类交易市场，推动菌类加工生产流通，实现综合产值 3.75 亿元以上，其中菌类总产值 2.75 亿元，加工包装销售产值 1 亿元。

（6）中药材。云龙县中药材动态保有量 15 万亩，有中药材种植企业 3 家，以红豆杉、滇重楼、附子、党参、天麻、续断、滇龙胆草等为主，年产值 5.28 亿元；下一步将围绕滇黄精、滇重楼、川贝母等推动中药材优良品种规范化种植基地建设，建设中药材收购交易中心，促进初加工流通，实现中药材动态保有量 20 万亩，实现综合产值 7.3 亿元以上，其中总产量 5.59 万吨，总产值 5.3 亿元，加工包装产值 2 亿元。

（7）核桃。云龙县享有"中国核桃第一县"美誉，目前种植面积达 130 万亩，产量 5.46 万吨，产值 5.85 亿元，全县共有核桃种植户 44273 户，占全县农业户的 87%，目前全县共有 2 家核桃加工企业，处于起步阶段；下一步将着重突破标准基地建设和精深加工两个重点环节，实施泡核桃提质增效 100 万亩，建设标准化示范基地 50 万亩，新建年加工核桃 2 万吨的核桃油、核桃粉、核桃饮料生产线，实现综合产值 13 亿元以上，其中核桃干果产量 6 万吨，总产值 7 亿元，加工产值 6 亿元。

（8）烤烟。云龙县烤烟种植面积达 4.03 万亩，有烟农 3906 户，年收购烟叶量 10.87 万担，综合产值 1.82 亿元；下一步将坚持科技兴烟、绿色生产，持续推进烟水、烟路、密集烤房、农机具、育苗设施等烟区基础设施和水源工程建设，迁建烟叶收购工作站 1 个，大力培育 10~15 亩种植规模的职业烟农和种植主体，实现烤烟总产值 2 亿元以上[1]。

三　绿色能源产业和高原生态农业在云龙县脱贫攻坚有效衔接乡村振兴中的作用分析

绿色能源产业和高原生态农业是云龙县的支柱产业，在巩固拓展脱贫攻坚成果同乡村振兴有效衔接中发挥着重要作用，其作用主要体现在两个方面。

一方面是巩固拓展脱贫攻坚成果。通过做好易地搬迁后续帮扶工作，确保搬迁群众稳得住、有就业、逐步能致富，促进脱贫提质增效[2]。

苗尾·功果桥后期扶持主要依靠产业带动促进发展，因地制宜种植火

---

[1]　数据来源于《云龙县高原特色农业产业发展情况》，材料由云龙县政府提供。
[2]　《中共中央关于制定国民经济和社会发展第十四个五年规划和二〇三五年远景目标的建议》，http://www.qstheory.cn/yaowen/2020-11/03/c_1126693429.htm。

龙果、柑橘、枇杷、葡萄，养殖毛驴、肉牛等。2014 年，在电站建设后期产业扶持项目的支持下，当地的移民群众开始试种火龙果。与传统农作物相比，火龙果一年可以采 9 季，不仅产量高、效益好，而且还省工省力。同时，产业扶持项目解决了柑橘种植的难题，包括道路、滴灌、微喷、苗木、农药化肥等。由于柑橘种植产量高、效益好，因此，群众种植积极性也非常高①。近年来，在养殖方面，还引进了西门塔尔，其品种优良，肉质上乘，并邀请有关专家从场地选择、品种改良、饲养技术、饲料配方、病害防治等方面进行养殖技术培训，肉牛产业持续发展。2023 年 3 月 5 日，苗尾傈僳族乡肉牛批量出栏，集中销往外地，单批售价高达 98 万多元②。此外，功果桥水电站还计划建设码头，将其打造成旅游观光项目，以此带动第三产业的发展，提供旅游服务和就业机会，通过多元化发展产业，实现产业结构的优化和经济的可持续发展。这些都是政策支持对移民帮扶工作的具体体现。

另一方面是推进贫困地区乡村全面振兴。贫困地区脱贫摘帽后，自我发展能力仍然较弱，需要继续增强其"造血"能力，予以集中支持，提升其内生发展能力③。

云龙县立足其资源优势，积极引导贫困群众大力发展高原生态农业，确保村有特色产业、户有增收项目。云龙县投入大量资金成立脱贫村互助社，实现脱贫村互助社全覆盖。突出"党建+产业发展"主题，以党建引领产业发展，探索创新"党组织+企业+合作社+脱贫户"、"党组织+企业+脱贫户"和"党组织+家庭农场（种养大户）+脱贫户"等模式，积极发展高原生态农业。目前，以金银花、纹党参、重楼为主的中药材产业，以云龙茶、麦地湾梨、泡核桃为主的种植业，以诺邓黑猪、云龙黑山羊为主的养

---

① 杨伟松、杨志平、左东敏：《【落实现场办公会部署】云龙苗尾乡：后扶产业助力水电移民增收致富》，https://mp.weixin.qq.com/s/0z9d_dRlyuYNofWnGPqiYw。

② 许洪议：《【我们的新时代】苗尾乡：牛出栏 钱袋鼓 铆足"牛"劲开新局》，https://mp.weixin.qq.com/s/tZNlskrILqFHXZRtNT5l6g。

③ 《中共中央关于制定国民经济和社会发展第十四个五年规划和二〇三五年远景目标的建议》，http://www.qstheory.cn/yaowen/2020-11/03/c_1126693429.htm。

殖业等优势特色产业蓬勃发展，切实增强了脱贫群众的"造血"能力①。此外，云龙县探索出了"产业扶贫+消费扶贫"模式，即由党委、政府牵线搭桥；由上海帮扶开拓市场，发动社会各界通过工会采购、爱心采购等方式打开销路；由云龙县绿色食品协会开展绿色食品认证，打通供应链，组织企业统一销售；由本地企业负责统一标准、统一加工、统一包装；由合作社负责组织生产、建设种植养殖基地；由贫困户按合作社要求进行规范种植养殖。在这样的模式下，脱贫户被真正带入了产业链中，逐渐有了稳定增收的新途径②。

---

① 《脱贫攻坚，我们在一起！》，https://mp. weixin. qq. com/s/aFy1XN1jIH-oPOzG3ZW-A_w。

② 李源、曹淼：《古村里的新车间 拼多多助力"舌尖上的诺邓火腿"产业振兴》，http://finance. people. com. cn/n1/2022/0723/c1004-32483662. html。

第二章 云龙县乡村振兴基本现状及成效

第一节 云龙县乡村振兴基本现状

一 产业振兴现状

（一）农业产业升级

云龙县坚持农业供给侧结构性改革，推动农业从传统单一的农产品种植向"农业+旅游""农业+文化"等多元化的农业产业升级。

以天池村为例，其在注重种好管好麦地湾梨的基础上，通过多种方式，将梨园打造成了一个集观光、采摘、休闲、餐饮等多种功能于一体的综合性旅游目的地。首先，举办"云龙县天池万亩梨花周"活动，让游客们不仅能够欣赏到美丽的梨花，还能够了解到麦地湾梨的生长过程和相关知识，增强参与感和体验感。其次，邀请网络主播进行直播引流，吸引更多游客前来参观和游玩。除此之外，天池村还鼓励村民利用自己庭院，开办农家乐、民宿等，为游客提供更加丰富和个性化的旅游体验。这种方式不仅能够增加村民的收入，还能够促进村庄的经济发展和环境改善①。

（二）企业发展壮大

云龙县注重培育和扶持优势企业，鼓励企业树立品牌形象，在市场竞争中脱颖而出。同时在政府的支持下，企业进行技术创新、产品升级，提高竞争力和赢利能力。

---

① 《【乡愁大理·美丽乡村】村在梨园里 人在画中行——云龙县天池村》，https://mp.weixin.qq.com/s/86XMA6oNDUzc9jnylqjeHA。

云龙县企业不断发展壮大，目前全县共拥有省、州、县级龙头企业 26 家，其中包括 7 家省级龙头企业，16 家州级龙头企业和 3 家县级龙头企业①。这些龙头企业通过不断扩大生产规模，引入先进的生产技术，提供高质量的产品，在市场中树立了良好的口碑；同时，还发挥着示范作用，通过自身的成功经验，带动整个行业的技术进步和产业升级。

近年来，云龙县宝丰乡大栗树茶厂通过机制改革、技术革新、工艺创新等，不断提高产品品质和附加值，增强品牌核心竞争力，助推云龙茶产业高质量发展。大栗树茶厂始建于 1987 年，多年来，大栗树茶厂在生产经营中坚持以高海拔有机绿茶为主导产品，成功开发出了达到国际标准的"γ-氨基丁酸茶"，并成功上市了云龙印象茶等产品，产品的成功研发大大提高了大栗树茶的品质②，在提升产品的竞争力的同时也赢得了更多的客户和市场份额。

二 人才振兴现状

（一）积极引进各类人才

人才振兴助力乡村振兴的前提在于"引得进"人才。云龙县近年来积极引进各类人才，通过人才引进计划吸引了具有专业技能和创新能力的人才。同时，云龙县还与高校、科研机构等进行合作，为当地培养实用型人才。2022 年，通过"霞光计划"校园工程引进 1 名硕士研究生学历、林业专业的高层次人才。新建 4 个专家工作站分别从事肉牛养殖科研、文化旅游规划、白芸豆种植科研、教育教学，取得显著成果：一是帮助贵金属 B 公司获得发明专利授权 1 项，实用新型授权 4 项；二是对诺邓火腿宏基因、宏转录组进行深入研究，优化了诺邓火腿现代化发酵工艺流程，提高了产品质量稳定性和安全性；三是通过精深种植栽培科研，白芸豆种植从亩产 101 公斤提高到亩产 380 公斤；四是落实"省管校用"机制，柔性引进曲靖市 F 中学 5 位

---

① 数据来源于《云龙县省州县龙头企业》，材料由云龙县政府提供。
② 杨伟松、周丰、左东敏：《【大兴调查研究·记者走基层】大栗树茶厂：做强茶叶品牌 助力乡村振兴》，http://www.yunlong.yn.cn/c/2023-04-18/656485.shtml。

骨干教师，选派云龙县级中学年轻后备干部 2 名进行校际挂职交流锻炼①。

（二）重视本土人才培育

云龙县重视本土人才的培养，通过开展职业技能培训、农村实用人才培训等项目，提高本土人才的技能水平。2022 年，云龙县投入 332.49 万元举办补贴性职业技能培训，培训 2808 人次，新增技师 12 人，新增高级工 13 人，新建省级专家工作站 3 个。协助组织部完成"天池金光"人才评选工作，36 名同志获"天池金光"致富能手、"天池金光"技能名匠、"天池金光"兴农科技名人称号，1 名同志获云南省技术能手称号，1 名同志成为苍洱人才霞光计划"青年技能人才培养专项"培养对象，2 名同志申报兴滇英才支持计划"首席技师"②。

三　文化振兴现状

（一）文化资源丰富多样

云龙县有着丰富多样的文化资源，包括历史文化遗迹、传统工艺、民间艺术等。在历史文化遗迹方面，宝丰古镇是古代云龙县先民的发祥地之一，是一个历史悠久的小镇，古称雒马、雒马井、金泉井。雒马井是云龙州八大井之一，到了明代随着云龙州盐业经济的兴盛，将云龙州府迁到了雒马井，此后的三百余年间，宝丰作为云龙县政治、经济、文化中心，见证着云龙县盐业经济的兴盛和衰亡，并留下了众多的历史遗迹，包括白衣阁、大雒马邮亭（茶亭寺）、福隆寺、秀峰塔、勤政亭、玉皇阁、玄真观、仓圣寺等③。在传统工艺方面，诺邓火腿加工制作历史悠久，是产盐井的白族古村的群众在长期生产实践中创造的一种特殊技艺，明清云龙县盐业经济兴盛

---

① 数据来源于《中共云龙县委组织部 2022 年工作总结和 2023 年工作计划》，材料由云龙县政府提供。

② 数据来源于《云龙县人力资源和社会保障局关于 2022 年工作开展情况及 2023 年工作计划的报告》，材料由云龙县政府提供。

③ 《【过大年 游大理】春节假期，去有风的大理畅游云龙》，http://www.yunlong.yn.cn/c/2023-01-19/654548.shtml。

时期，诺邓火腿已誉满滇西①，目前以诺邓村为代表的白族古村中仍保留着历史悠久、工艺独特的火腿加工传统技艺。在民间艺术方面，白族吹吹腔是一种独具特色的民间艺术形式，主要靠唢呐伴奏，又称"唢呐戏"，具有鲜明的民族风情和浓郁的地方色彩，由明朝初期的江南汉族移民带入白族地区，后不断融合了白族的文学、歌舞艺术、民族传统礼俗，逐渐发展成为具有白族文化艺术特色的民族剧种，该技艺距今有五百多年，在云龙县广为流传，深得群众喜爱，逢年过节、迎神赛会、婚丧嫁娶、起房竖柱都要演唱吹吹腔②。此外，宝丰村保存的力格高，是白族歌舞类非物质文化遗产中唯一的打歌类遗产。

（二）文化完善，文化活动多样

在文化设施方面，目前，云龙县已经建立了一批文化场馆，如吹吹腔文化艺术博物馆，它是至今唯一一座专门展示吹吹腔发展历史、文化传承、艺术特色的博物馆，从一楼到三楼，吹吹腔经典剧目舞台场景，各种服饰、道具、脸谱、乐器，古旧发黄的老剧本，近现代吹吹腔名角介绍等，一一展现在眼前③。在文化活动方面，云龙县每年会举办大量的文化节庆活动，如阔时节、火把节、祭孔等；为迎接党的二十大，促进民族大团结，诺邓镇福堂社区搬迁群众自发组织了"喜迎二十大 欢度火把节"主题活动，大家在圆梦广场一起点燃寓意平安、幸福、希望的火把④。

四　生态振兴现状

（一）生态保护取得初步成效

云龙县为大力推进生态保护采取了一系列措施，包括对生物多样性进

---

① 赵亮：《云龙：火腿腌制技艺培训让非遗传承在乡村振兴中彰显活力》，http://www.yun-long.yn.cn/c/2022-12-15/653896.shtml。
② 黄忠：《【民族团结进步创建】云龙白族吹吹腔 吹开民族团结进步之花》，http://www.yun-long.yn.cn/c/2020-12-15/602376.shtml。
③ 左中美：《【文化云龙】旧州之旧》，https://mp.weixin.qq.com/s/eF5JIjni71WRxryzfk86Fg。
④ 梁秋利、左丽涛：《【火把节】云龙诺邓镇福堂社区开展"喜迎二十大 欢度火把节"主题活动》，https://mp.weixin.qq.com/s/3hA2XKieLQXNZeFgJ6RKfg。

行保护、加强生态环境监管执法、开展沘江水环境综合治理、强化河（湖）库断面监测等，已经取得了初步成效，自然生态系统得到一定程度的修复。

具体来说，在保护生物多样性方面，以《云龙县生物多样性保护规划》为统领，加强生物多样性保护管理，开展生物多样性保护"十大行动"，建成生物多样性保护主题馆，完善生物多样性监测和大数据分析、共享平台[1]；在加强生态环境监管方面，全面排查辖区内矿山开采、有色金属冶炼、水泥制造、污水处理等重点行业，严厉查处环境违法行为，配合省生态环境厅交叉执法检查组对全县企业开展生态环境执法检查，发现问题企业并对其进行整改[2]；在沘江水环境综合治理方面，严厉打击沘江生态环境违法行为，持续对沘江干流沿线重点建设项目、集镇农村两污、农业面源污染、固定污染源开展专项联合执法检查；持续跟进云龙县 Z 公司限期科学制定渣库整改进度，根除沘江涉重金属污染隐患；对沘江水质进行加密监测，发现问题及时排查溯源，督促责任主体治理整改[3]；在强化河（湖）库断面监测方面，沘江交汇口国控断面水质为Ⅱ类，省控澜沧江、石门断面水质分别为Ⅱ类、Ⅲ类，县城集中式饮用水源地天池水质综合评估为Ⅱ类，达标率100%[4]。

（二）生态修复和产业发展并重

云龙县采取生态修复和产业发展并重的策略，促进生态和旅游、文化等产业融合发展。同时，也大力整治传统农业污染问题，实现产业升级和生态保护的良性循环。

首先充分利用自然风光秀丽、旅游资源富集的优势，构建以诺邓景区为核心，辐射带动澜沧江高峡平湖景区和怒江峡谷门户景区，推动文旅深度融合发展。

---

[1] 云龙县人民政府办公室：《2022 年政府工作报告（县十八届人民政府）》，http://www.ylx. gov.cn/ylxrmzf/c102551/202201/e298fc0cf03648ebb3f31a90999f5f26.shtml。

[2] 数据来源于《大理州生态环境局云龙分局工作情况报告》，材料由云龙县政府提供。

[3] 数据来源于《大理州生态环境局云龙分局 2022 年工作总结》，材料由云龙县政府提供。

[4] 云龙县人民政府办公室：《2023 年政府工作报告（县十八届人民政府）》，http://www.ylx. gov.cn/ylxrmzf/c102551/202302/b835121b8f994756bba6b822851d8f28.shtml。

其次推进以诺邓火腿为支撑的生猪产业、肉牛产业发展，依托核桃、茶叶、麦地湾梨等传统产业优势，促进富民产业百花齐放，大力发展高原特色农业产业；按照"做优水电、做大风电、做强光伏"的产业发展思路，以水、电、风、光伏能源为载体，全力推进风光水储一体化发展，大力发展绿色能源产业[①]。

同时坚持以生态文明建设理念为统领，按照"质量兴农、绿色兴农、品牌强农"发展思路，以生态农业建设为中心，以保护农业生态环境为目标，全面实施农业面源污染防治。具体体现在：大力推广测土配方施肥，引导农民科学用药、科学施肥；深入推进农药"零增长行动"，积极鼓励使用高效低毒低残留农药及病虫害生物防治等先进实用技术，推广应用高效低毒低残留、符合无公害绿色生态农产品生产要求的环保型新农药；积极开展秸秆还田禁烧宣传，推进农作物秸秆肥料化、饲料化、基料化、原料化利用[②]。

在此基础上，云龙县传统农业污染问题得到有效解决，生态修复更进一步。此外，产业结构实现了不断优化和调整，为生态治理和产业发展提供了新的思路。

五　组织振兴现状

（一）基层党组织建设不断完善

扎实推进农村基层党组织建设是乡村振兴的前提。农村基层党组织是党的细胞，是党的农村工作的领导核心。推动乡村全面振兴，要加强农村基层党组织建设，切实发挥引领乡村振兴和上传下达、推动落实的纽带作用。

在体制上，云龙县坚决落实"五级书记"抓扶贫和党政"一把手"负总责要求，深化"顶在前面干在难处"专项行动，严格执行干部作风十条、脱贫攻坚"四项机制"。持续整顿软弱涣散基层党组织，将整顿工作与村党

① 旷宏飞：《【奋进新征程建功新时代】云龙：做活"生态+"文章走出绿色发展新路子》，http://www.yunlong.yn.cn/c/2022-03-28/639313.shtml。
② 董锐宽：《【牢记初心使命 争取更大光荣】云龙县农业面源污染防治工作显成效》，https://mp.weixin.qq.com/s/vKLk5mf2ht_qD3AWzlRRBw。

总支书记分析研判工作、2021 年村"两委"换届工作结合起来，完成软弱涣散党（总）支部摸排和整顿工作，进一步净化村干部队伍、建强基层党组织。全面完成了 899 个党（总）支部的规范化达标创建，扎实推进"双整百千"四级联创。推进"领头雁"培养工程，经过村（社区）"两委"换届选举，全县 84 个村实现"一肩挑"。按照"有组织管事、有能人谋事、有实体从事、有资金办事、有制度管事"原则，选树"五有"产业型示范支部 6 个、示范支书 7 名。

在人才选拔上，云龙县精选 47 名政治素养高、工作能力强的干部到贫困村任职第一书记，选派 5 名科级干部到深度贫困乡镇任党委副书记、副乡镇长，14 名科级干部到贫困乡镇挂职，切实把干劲足、闯劲足的优秀干部放到基层一线服务群众、引领群众。发挥 11 个青年人才党支部作用，建立 1072 人的农村优秀人才库，确定 36 名优秀人才作为回引对象到村任职培养，为脱贫攻坚一线注入新鲜血液。抢抓校地合作、沪滇协作机遇，利用 T 大学、D 大学等人才"高地"优势，选派名师、名医、科技兴农名人 20 人助力脱贫攻坚。选派 126 名技术骨干，为贫困户参与产业发展提供技术指导和协调服务，在脱贫攻坚一线打造起一支综合能力突出、纪律作风过硬的扶贫队伍，凝聚基层脱贫攻坚力量[①]。

（二）农村专业合作经济组织作用不断加强

农村专业合作经济组织是组织振兴的重要载体和平台。通过组建农村专业合作经济组织，农民可以集中力量发展规模经济，提高生产效率和产品质量，提高市场竞争力，促进农村产业升级和经济发展。

新荣村是关坪乡百合种植历史比较长的村，为更好地带动全村群众发展百合种植产业，2015 年，新荣村党总支牵头成立了云龙县良辉种植专业合作社，主要负责技术及市场销售，以"支部+合作社"的方式，助力全村农户通过百合种植实现增产增收。合作社模式种植百合比起种植其他作物要轻松得多，而且投资成本也要低得多。在合作社的带动下，群众种植百

---

① 赵媛：《云龙"三个强化"抓党建促脱贫攻坚成效巩固》，https://m.yunnan.cn/system/2021/03/22/031348247.shtml。

合的积极性更高了，目前合作社已经发展社员54户，全村共有212户种植百合，种植面积达120多亩，并与腾冲、昆明等地经销商建立了长期稳定的合作关系。百合种植周期三年，最后一年亩产量可达2吨至2.5吨，产值可达2万至2.5万元，下一步，该乡将依托云龙县良辉种植专业合作社，充分发挥"党支部+合作社"模式的优势，把新荣村及周边具备百合种植条件的老百姓都带动起来种植百合，进一步扩大种植面积、增加种植管理的科技含量，把小小百合培植成助力"百家"增收的大产业[①]。

第二节　云龙县乡村振兴的发展特点及态势

一　"多元创新"促产业振兴

（一）多元化产业带动经济增长

云龙县在产业振兴中注重发展多元化产业，充分发掘区域内资源，促进产业结构升级。在农业方面，云龙县发展生态农业，加大在种植业和养殖业等领域的投入力度，提高农产品的品质和市场竞争力，目前已培育农业龙头企业26家，完成28个绿色和有机食品产品认证，诺邓火腿、云龙茶入围"中国品牌价值百强榜"。在工业方面，全面推进绿色能源和清洁载能产业发展，积极构建风光水储一体化发展格局，促进经济增长。在水电上，建成功果桥、苗尾两大水电站。在风电上，建成漕涧梁子、清水朗山两座风力发电站，新松坡光伏电站已经开工，正在谋划实施抽水蓄能项目。此外，依托丰富的历史文化、美丽的自然风光和丰富的旅游资源，深入挖掘和利用当地特色文化资源，大力发展旅游产业，实现文化产业与旅游产业的紧密结合和互动发展，具体来说：依托诺邓古村、天然"太极"、"高原明珠"天池等丰富的旅游资源，打造以天然"太极"为中心的"千年盐马古道"旅游线，以诺邓特色小镇为中心的古镇古村古桥"历史文化"旅游线，以天池

[①]　曹东、杨学禹、周丰：《【大兴调查研究·记者走基层】关坪乡：小小百合助"百家"增收》，http://www.yunlong.yn.cn/c/2023-07-06/658555.shtml。

国家级自然保护区和云龙国家级森林公园为中心的"生物多样性体验"旅游线，以苗尾·功果桥水电站库区为中心的"澜沧江健康休闲"旅游线。

（二）创新驱动产业发展联合

云龙县在产业振兴中积极推动创新，通过提高产品质量和附加值，提升产业的综合效益。同时，云龙县积极借鉴其他地区的先进经验，促进产业互联互通，推进跨界融合，为产业振兴提供强有力的支持。

近年来，云龙县大力建设光伏电站。与此同时，考虑将农业与光伏相结合，以农光互补实现生态和经济的双重效益。在光伏电站设计、建设、运营过程中，预留给农业种植、养殖所必需的空间，确保在光伏电站正常发电的同时，满足植物、动物的需求，达到农光互补的效果和效益，实现生态农业、循环农业技术模式集成与创新，为农业可持续发展提供有力的技术支撑，这不仅能解决取水灌溉机械动力所需要的供电问题，还能避免光伏产业和农业争地的情况。云龙县为了促进群众就近就地收入，不浪费土地，在现有的光伏厂区种植一些作物，在光伏发展的同时，农业生产也得到了发展①。同时，近年来"光伏+旅游"也作为一种新兴的产业联合形态出现在人们眼前，如安徽省合肥市的光伏花海、福建大田光伏梯田等是国内打造得较为成功的"光伏景区"②。胜利村相关负责人J1谈道："旅游这块是考虑过的。像今年我们光伏的旅游项目已经列入计划了。"③

二 "新土结合"促人才振兴

（一）培育新时代产业工人

云龙县以培育新时代产业工人为主线促进县域新兴人才振兴。云龙县人力资源和社会保障局相关负责人R1指出："技能人才和技能培训这一块

---

① 曹东、杨伟松、旷宏飞：《【大兴调查研究·记者走基层】云龙县绿色能源重点县建设风光无限》，https://mp.weixin.qq.com/s/FsoHRSPECvF8iYwMmAA32w。
② 北一：《"光伏+旅游"！内卷之下，这条"新赛道"杀出重围！》，https://mp.weixin.qq.com/s/hEFT1AxBX-SipIHZsaHZyQ。
③ 访谈时间：2022年11月30日。访谈地点：云龙县胜利村委会。

是基本上是配合在一起的。所以近几年我们这块的培训也是比较多。我们开展培训前会先到乡镇进行调研，了解产业发展需求，结合群众意愿，然后再选定培训内容。"[1]

以大栗树茶厂为例，茶厂不仅会组织厂里的工人到科研院所去进修，还会对厂里的一些生产工艺、产品进行研究，通过内部的学习，提升职工的技术水平，培养有本事、能吃苦、有上进心的职工。当然，这也是一种激励，能让工人更加努力地工作。此外，该厂还不断加强对员工的思想政治教育，注意提升员工的技能水平，保证员工的福利待遇，为其购买保险，消除其后顾之忧。特别是每年的节日，都会对困难职工进行慰问。同时，鼓励和支持员工积极参与职业技能竞赛，提高自己的专业能力，营造温馨、和谐、轻松的氛围，使员工安心、积极地做事。

大栗树茶厂的保障和建立激励机制，不仅使其留住了老职工，还培养了一大批富有"工匠精神"的新时代产业工作者，例如农艺师，高级茶师、中级茶师等。通过工人们的不懈努力，该厂已经获得了7项专利[2]。

（二）"土专家"授课添动力

"土专家"通常是指那些对于农业某一方面有丰富的实践经验，却没有非常高的学历的人。在人才振兴的过程中，各地关注点往往在引进高学历研究者上，而"土专家"可能会被忽略。为保障人才供给，云龙县紧紧把握住了"土专家"这一优质的资源，促进县域本土人才振兴。

云龙县苗尾乡请花椒种植"土专家"为大家做了一系列的技术培训，给大家讲解种植经验和实践经验，比如刚购买的花椒苗该如何管理，种植时要注意哪些问题及以后的管理方法，激发了群众的学习兴趣。这种方式不但让村民们掌握了更多的技术，而且还激发出其内在动力，充分调动了其学习技能的热情与信心，对推进产业发展和提高农民收入起到了积极的作用[3]。

---

① 访谈时间：2022年11月28日。访谈地点：云龙县人力资源和社会保障局。
② 杨伟松：《【奋进新征程 建功新时代】云龙县大栗树茶厂：培养有"工匠精神"的新时代产业工人》，http://www.yunlong.yn.cn/c/2022-09-20/651860.shtml。
③ 高权、黄刚：《苗尾乡："土专家"授课 为乡村振兴添动力》，https://mp.weixin.qq.com/s/UznOOy752WpvSp4N_6M1xQ。

三 "活态融合" 促文化振兴

（一）新驱动：传承与创新融合

文化是社会精神的重要组成，它包含了一定地域和民族的历史、信仰、价值观和传统习俗等方面的内容。传承文化是对历史的尊重和纪念，它使人们了解和认同自己的根源，从而建立起对传统的情感依恋。然而，传承文化不是僵硬地守旧，而是需要为其注入新的元素和理念，使其能够与当代社会相契合。文化创新是实现一次又一次思想、艺术和制度上的跳跃，为社会发展带来新的活力和动力。通过创新，文化能够与时代的潮流相呼应，适应社会的发展需求和人民的精神追求，从而使文化变得丰富多样，增强人们对文化的兴趣和投入。

云龙县政府积极组织保护和修复古建筑，确保历史文化的传承。白石镇云顶村按照传承发展中华优秀传统文化的有关要求，全面加强传统村落文化遗产保护传承，努力推动传统村落的活态保护、活态传承和活态发展。云顶村强调对传统村落开展整体保护，保持和延续其传统格局和传统风貌，同时做好对传统建筑的保护性修复，加强对周边废旧房屋的对应改造，促进村落原有形态、生活方式的传承。此外，严格按照分区分类原则对传统建筑、古树名木等实施管控，确保传统村落的村容村貌协调统一发展，避免出现建设性破坏。2022 年 10 月，云顶村入选第六批中国传统村落名录①。云龙县文化和旅游局相关负责人 W1 指出："我们也不仅仅为了保护而保护，还是希望通过保护然后活化利用，给我们当地带来一些经济性的收入，可以最终转化为经济性的收入，能够反哺到我们的百姓。"②

同时，加强对本土文化的宣传和教育。云龙县在学校、社区等场所积极开展文化普及等创新活动，增进居民对历史文化的认知。宝丰古镇有"力格高"之乡的美誉，"力格高"汉语意思为"人的舞"，勤劳善良的白族人民，

---

① 李福荣、杨润东：《云顶村：保护传统村落 助推乡村振兴》，http://www.yunlong.yn.cn/c/2023-06-27/658237.shtml。

② 访谈时间：2022 年 11 月 28 日。访谈地点：云龙县文化和旅游局。

在劳作之余模仿各种动物的动作、叫声等，将它们以舞蹈的形式呈现。为了让更多人了解这一舞蹈，宝丰乡举办了"力格高"文化旅游节，舞台上你方跳罢、我方登场，大家或围成圈或并列为一排，队形不断变化，踩着鼓点节奏踏歌起舞，鼓点声铿锵有力，台下掌声喝彩声不断，现场气氛活跃[①]。人们在享受舞蹈的同时，也加深了对这一传统文化的认知。

（二）新蓝图：文化与旅游融合

随着社会的发展，人们对于认知和理解其他文化越来越重视，而旅游正是一种感受和体验文化的有效方式。文化和旅游的融合，可以为旅行者提供更加丰富多样的旅游体验。文化元素融入旅游景点，既可以丰富旅游景点的内涵，也可以使旅游者更好地了解当地的历史、风土人情和传统文化。旅游者通过参观博物馆、古迹、民俗村等文化场所了解当地的传统艺术、手工艺品、民族音乐舞蹈等文化资源，从而深入了解和感受当地的文化。同时，文化旅游还可以带动相关产业的发展，促进旅游经济的繁荣。

诺邓古村是滇西北地区年代最久远的村落，也是"历史文化名村""中国景观村落"。村内保留着上百处明清两朝古代民居及古盐井、盐局、盐课提举司衙门旧址和文庙、武庙、龙王庙、棂星门、玉皇阁等历史文化景观。近几年，云龙为诺邓古村基础设施，推动文化产业和旅游产业等的发展，实施了古巷道修复、人马驿道修复工程，推进消防安全、旅游标识标牌建设，并开展洞经音乐展演、孔子会，挖掘、传承、展示火腿、井盐制作技艺等[②]。

五一假期和大理"三月街"民族节期间，云龙县会组织当地商家（农家乐）用最具传统特色的宴席"五碗四盘"来招待各方的客人。这一桌宴席包含了红肉、酥肉、诺邓火腿配熏肉、千张、土鸡炖粉丝、诺邓火腿炖白芸豆、树花拌青笋、蕨菜炒豆米、炸油粉皮。从菜肴来看，虽然都是云南常见的菜品，但是"五碗四盘"并不简单：这"五碗"菜分别要用五种

---

① 李继明、杨学禹、古丽娜：《云龙宝丰："双节"系列活动 传承优秀文化》，https://mp.weix-in.qq.com/s/L1HpvLY30BKIbUicjGvXEA。

② 李继明等：《【云龙旅游】暑期到千年白族古村打卡……》，https://mp.weixin.qq.com/s/RTPwUD＿＿TtVpKuTdOdUwKA。

颜色的菜做成，是用颜色体现周易文化中的五行"金、木、水、火、土"；而"四盘"则是作为配菜摆在"五碗"外边的四个方向，寓意着古代"天圆地方"的理念。这让游客不仅可以吃到美食，也了解当地传统文化①。

四 "绿色循环"促生态振兴

（一）相融共生：生态优先与绿色发展并重

云龙县将生态保护放在首位，始终坚持把生态优先和可持续发展作为基本前提，积极发挥生态优势，挖掘生态潜力。通过改善生态环境，努力实现"金山银山"与"绿水青山"的相融共生，为区域可持续发展打下坚实基础。

为了改善澜沧江、怒江、沘江峡谷生态环境，云龙县实施了"两减四增"。第一，减商品木材。云龙县是云南省的林业大县之一，在贫困时期，经常进行商品木材采伐，造成了严重的生态破坏。乡村振兴以来，全县干部、群众意识到，不管多穷都不能打树的主意，于是取消了商品木材采伐，并且积极鼓励群众植树护林。第二，减林区人口。云龙县对于林区人口的安置，是通过采取集镇安置、小区安置、套房安置等方式实现"三个清零"的，即木材"清零"，搬迁安置住房均选择钢混结构，不消耗一棵树；木柴"清零"，搬迁户入住新居后，全面推行电灶，创建一个无烟的乡村；砍伐"清零"，对搬迁户迁出地的耕地、宅基地等进行复垦复绿，禁止随意砍伐树木。第三，增护林意识。之前云龙山区群众的意识就是靠山吃山，而现在云龙县农户实施危房改造时，无论是拆除重建还是修缮提升房屋，都使用现代建材，不再砍伐树木；精准扶贫使山区群众都用上了电，农户开始使用电器灶具，木柴使用量下降了一半以上。第四，增绿色产业。绿色产业既能助力群众脱贫致富，也能发挥防沙固土、防止水土流失等生态效益，云龙县绿色产业持续发展壮大，核桃、茶叶、中药材、麦地湾梨等种植面积不断扩大。第五，增管护人员。云龙天池从省级自然保护区升格为国家

---

① 《云报｜"五碗四盘 天圆地方"一桌席不简单 吃遍云龙山川四季 》，https://mp.weixin.qq.com/s/SwQi_gAGRwWHsbxq5Kq33w。

级自然保护区后，云龙县迅速组建起县处级架构的管理局，设置下属机构和人员，保障管护职能的正常运行。第六，增野生动物。随着森林保护力度的加大，云龙县珍稀植物种类增多，野生动物不断被发现，拥有了滇金丝猴、白尾海雕、金雕、黑熊、棕熊、香獐等国家珍稀野生保护动物①。

（二）绿色转型：生态保护与经济发展的良性循环

云龙县积极推进绿色化转型，重点发展生态农业、生态旅游、绿色能源等产业，实现生态保护和经济发展的良性循环。

在生态农业方面，云龙县功果桥镇新山村依托境内产业基础、高山垂直立体气候差异，按照"山顶花椒成片、山腰林烟壮观、山下热果飘香、林间牛羊成群"的立体生态农业发展思路，因地制宜引导群众发展优势特色产业，形成了高海拔带种植花椒，中海拔带种植烤烟、核桃，低海拔带发展特色水果产业和畜牧业的"三带"产业发展格局。其中花椒种植使广大椒农得到了实实在在的经济收益，花椒已成为该村高山一带群众脱贫致富的特色优势产业。烤烟已经成为该村山腰一带农民增收的"绿色银行"，很多贫困群众依靠种植烤烟走上致富路。低海拔带部分群众依靠种植热带水果脱掉贫困帽子，热带水果逐步成为该村群众脱贫致富的特色产业。

在生态旅游方面，以天池村为代表，天池村支柱产业是麦地湾梨，因为其味道鲜美并且个头大，销量很好，所以也有很多游客慕名而来。为了留住这些游客并吸引更多的游客，天池村建设了一批民宿，大力推进农旅融合。随着麦地湾梨开花和成熟期的到来，来这里旅游的人也越来越多，以麦地湾梨为主题的农家乐也蓬勃发展，天池村现在正在利用自己的优势，把以麦地湾梨为主导的林果业做大做强，深入推进农旅一体化发展②。

在绿色能源方面，云龙县全面推进"绿色能源重点县"建设，具体来讲体现在以下三个方面："做强光伏"、"做大风电"和"做优水电"。目前

---

① 李少军：《【云龙关注】云龙以"两减四增"固绿色生态"根基"》，https://mp.weixin.qq.com/s/kUopbUvfT_jLw8qjhWsXGA。
② 梁秋利：《【我们的新时代】快来看！云龙天池村的丰收笑脸有多美！》，http://www.yunlong.yn.cn/c/2022-10-31/652941.shtml。

长新新松坡光伏电站建设完成，黑场、凤代、上登头、云顶、大兆、双龙、青岗岭等光伏电站项目建设也在有序推进。云龙风力资源丰富，现已建成漕涧梁子风电场和清水朗山风电场，此外，正积极推进漕涧梁子风电3期至6期及麦庄风电场、丰华风电场、白龙潭风电场和喇嘛枯风电场等4个项目的前期工作，力争漕涧梁子、大阴山、光头山、宝鼎山、三锅枪等地的风力开发取得实质性成效①。

（三）多元协同：打造生态循环经济

云龙县长新乡依托当地优势资源，积极探索生态循环农业发展路径，把车厘子树下种植的饲草切碎、搭配精饲料和品质差的车厘子用于生猪养殖，以腐熟处理后的猪粪便为原料还田种植车厘子，实现"果（草）→生猪→粪肥→果（草）"的良性循环，不仅促进和带动了当地高原特色农业产业的发展，还为长新乡当地和周边乡镇的部分群众提供了就地就近就业的机会。在巩固发展好车厘子种植和生猪养殖的基础上，大力发展精深加工，延长产业链条，提高产品附加值和综合效益。同时，抢抓乡村振兴战略机遇，大力推广"果—草—畜"种养结合循环农业发展模式。这种"果—草—畜"种养结合循环农业发展模式既推动了生态保护，也推动了经济发展，实现生态建设经济发展的循环②。这也就是云龙县生态环境局相关负责人S1提到的畜禽自由化利用，"畜禽自由化利用，就是把畜禽粪便拿来自由化加工以后，这个（将其）作为有机肥料使用"③。这种循环模式的经验值得推广。

五 "软硬结合"促组织振兴

（一）青年人才队伍：软实力的保障

青年人才是组织振兴的重要力量。青年人才具有较强的学习能力、创新

---

① 《【答好"大理之问"推动"云龙之变"】云龙县：打响"绿色能源"底牌擦亮"绿色发展"底色》，https://mp.weixin.qq.com/s/l7PRupCbIZ4lOk_o12hhRQ。

② 旷宏飞、李继明、李荷芬：《奋进新征程建功新时代】云龙长新：千亩车厘子绿了荒山富了民》，https://mp.weixin.qq.com/s/S1ZPNHwD33HHFEbLWR648A。

③ 访谈时间：2022年11月29日。访谈地点：云龙县生态环境局。

能力和适应力，他们对新事物有较高的接受度，能够为组织注入新的活力和创新思维。吸引和培养优秀的青年人才，有助于更快实现组织振兴。云龙县通过搭建培养平台、制定有吸引力的政策和激励机制，吸引更多优秀的青年人才加入，在实现自身振兴的同时，也为青年人才的发展提供了契机。

云龙县漕涧镇将青年人才党支部建设作为加强基层党组织建设的重点，坚持"选育结合、择优培养"原则，建立青年人才党支部。由镇党委书记任党支部书记，将优秀年轻干部职工、返乡大学生、农村致富带头人、退伍军人等25名各个领域的优秀人才纳入青年人才党支部，为支部建设提供坚强组织保障，共择优发展大学本科/专科学历党员3名，收到入党申请9份，培养"90后"大学本科/专科学历入党积极分子4名，为支部及时补充新鲜血液。

同时云龙县按照"把青年人才培养成党员，把党员培养成后备干部"的工作思路，畅通青年人才与青年人才党支部互通交流渠道。建立成长"导师"制度，镇党委书记常态化为支部党员讲党课、授经验，结合集中学习、主题党日等活动，教育培养青年人才，共提拔副科级领导干部2名，村（社区）干部6名，其中党总支部副书记3名，村（居）民委员会委员2名，村（居）民监督委员会委员1名[①]。

（二）基础设施建设：良好的硬件条件

农村基础设施建设是农村振兴的重要支撑。优化农村基础设施能够改善农村居民的生产、生活条件，提高农业生产效率，促进农产品流通和农民收入增长，为农村经济的发展提供有力支撑，为农村组织振兴提供良好的外部环境。

云龙县地处滇西澜沧江纵谷区，位于大理、保山、怒江三州市接合部，境内沟壑纵横，高山峡谷相间，山区面积占90%以上，复杂的地理环境和地质条件导致云龙县的交通发展极其缓慢，"对面能听声，相见需数日；雨天水泥路，晴天扬灰路"曾是云龙县广大农村交通基础设施的真实写照，农村公路通达率低，群众出行不便，与外界交往少，信息不畅成了制约云龙经济社会发展的主要"瓶颈"。

---

① 左孝婷、黄健：《漕涧镇："四个到位"建强青年人才党支部》，https://mp.weixin.qq.com/s/5XE-YjtPUx7lAc8JVxTKI7g。

为彻底改变这一局面，云龙县牢固树立"要致富先修路，要脱贫先通路"的理念，抢抓国家加大交通基础设施建设投入，特别是农村基础设施建设投入的政策机遇，千方百计向上争取建设计划和资金，全力推进全县农村交通基础设施建设，着力破解制约农村发展的交通瓶颈。特别是决战脱贫攻坚以来，云龙县投入资金 11.76 亿元，新建改建农村公路 3064.5 公里，完成建制村硬化路建设 173 公里、直过民族地区公路建设 137.5 公里，扩宽改造村组公路 2600 公里，完成危桥改造、灾毁恢复重建、生命防护等工程项目建设。目前，云龙县全县公路通车里程达 5280.32 公里，列养里程 1735 公里，其中，国道 1 条 136.9 公里，省道 3 条 168.113 公里，县道 9 条 207.787 公里，乡道 94 条 810.576 公里，村道 1154 条 3948.751 公里，公路桥梁 86 座。全县 11 个乡镇通乡公路全部实现沥青路面或水泥路面，86 个行政村通硬化率达 100%，20 户以上自然村通公路率达 100%。基本形成了"连通内外、覆盖城乡、功能配套、服务高效、运转顺畅、安全环保"的农村综合交通网①。

基础设施条件的改善能从根本上提升人民的生活水平。以检槽村为例，检槽村相关负责人 J1 谈道："这几年基础设施方面也得到了很大的变化。就比如以前我们有地质灾害点，每年洪水下来的时候都会发生一些突发情况，但是通过我们对地质灾害点的治理，基本上也没有安全隐患这种了。"②

第三节　云龙县民族团结进步的实践与特点

一　云龙县民族团结进步的实践

（一）党建引领民族团结进步

习近平总书记在 2021 年中央民族工作会议上特别强调，"必须坚持党

---

① 旷宏飞：《【脱贫攻坚】云龙：织密织好交通网　路通财通事事通》，https://mp.weixin.qq.com/s/lLXTUsbr0zy9z2jElsh6FA。

② 访谈时间：2022 年 12 月 1 日。访谈地点：云龙县检槽村村委会。

对民族工作的领导，提升解决民族问题、做好民族工作的能力和水平"，"加强和完善党的全面领导，是做好新时代党的民族工作的根本政治保证"。① 云龙县注重党对民族团结进步示范区创建工作的全面领导，为创建工作提供了重要的政治保障。

云龙县首先将铸牢中华民族共同体意识教育纳入县乡各级理论学习中心组、党员教育、干部教育、国民教育、"三会一课"学习内容。其次将民族工作融入基层党建，纳入年度重点工作考核内容和县委巡察机制，制定了巡察整改成果运用和巡察质效实施办法。再次建立健全民族学会等促进中华民族团结进步的组织，云龙县委统战部和云龙县民宗局合署办公，实现机构、人员、经费统一，形成党委统一领导、政府依法管理、统战部门牵头协调、民族工作部门履职尽责、各部门通力合作、全社会共同参与的工作格局。接着还把民族团结进步纳入县乡两级重要议事日程，纳入全县"十四五"规划，制定了《云龙县民族团结进步示范区建设规划（2021—2025年）》《云龙县金融支持民族团结进步示范区建设工作方案》。最后将民族团结进步示范区创建工作有机融入政治、经济、文化、社会、生态建设，落实互观互检、示范单位动态管理和定期申报考评认定、公示命名机制，成立了西片区创建联盟②。

（二）融合宣传教育铸牢中华民族共同体意识

中华民族共同体意识的培养是一个持续而有序的过程。为了进一步加强各民族的中华民族共同体意识和民族团结进步教育，云龙县积极将民族文化引入校园，充分发挥其宣传教育主阵地作用。

云龙县团结中学不仅把民族团结元素融入课间大活动中，还将铸牢中华民族共同体意识贯穿到学校教育教学全过程，融入中小学思政课堂、学科教学中，以校园广播、电子屏、宣传栏、楼道等为载体，大力开展民族团结教育、铸牢中华民族共同体意识的宣传，生动讲述各族人民团结奋斗的感人故

---

① 《习近平谈治国理政》（第四卷），外文出版社，2022，第245、248页。
② 数据来源于《"四轮驱动"共创幸福云龙石榴红——云龙县创建全国民族团结进步示范县工作典型经验材料》，材料由云龙县政府提供。

事，引导中小学生在耳濡目染中增进对中华民族和中华文化的认同。

团结 W 小学是"云龙县民族团结进步创建活动示范单位"，学校以"课堂是民族团结教育的沃土"为主题，开设民族团结进步教育课，定期开展以"民族团结进步教育"为主题的班会课、队会课，让学生感受、体验、理解民族团结教育的内涵；以"创新形式、丰富民族团结教育载体"为主题，开展大课间、文艺汇演、少年宫等活动，不仅丰富了学生们的课余生活，更让学生们认识到了民族文化的内涵和魅力。

二 云龙县民族团结进步的特点

（一）"五位一体"的共同体建设更加牢固

云龙县始终坚持中国特色社会主义"五位一体"总体布局、"四个全面"战略布局，各族人民在党的旗帜下团结成开放包容的"一块坚硬的钢铁"。一是政治共同体更加牢固。结合实际开展"书记院坝协商会""我为群众办实事""我为群众算笔账""学好身边人、做好当下事"实践活动。二是文化共同体更加牢固。团结彝族乡创建为全国民族团结进步示范区（单位），3 个村被命名为"中国少数民族特色村寨"，6 个村被命名为"云南省少数民族特色村寨"。三是经济共同体更加牢固。培育麦地湾梨、云龙茶、诺邓火腿、诺邓黑猪、云龙矮脚鸡 5 个地理标志产品，诺邓火腿、云龙茶入围"中国品牌价值百强榜"。创建诺邓国家 3A 级旅游景区，诺邓古村、诺邓火腿等在旅游促进各民族交往交流交融中的作用日益凸显。四是共建共治共享的基层治理共同体更加牢固。完成 73 个县乡机构改革任务，连续20 年持续保持命案必破，被评为"省级先进平安县"，荣获"全国信访工作'三无'县市"。

（二）"四个团结奋斗"不断巩固民族团结

云龙县继承和发扬党领导人民在各个历史时期形成的伟大建党精神等精神谱系，用共同理想信念凝心铸魂，牢牢拧成"一股绳"。一是"万众一心、坚韧不拔"的民族团结抗战奋斗精神。1940 年至 1941 年，日军空炸云龙县境内功果桥，国难当头，云龙县各族人民全力抢修功果桥，确保滇缅路国际"生命线"的畅通。新冠疫情期间，云龙县各民族一起逆行出征、同心抗疫，自愿捐款 130 余万元，组织 25 批次 899 人次的应急队、医疗救护队，赴瑞丽、盈江强边固防。二是"担当尽责、负重拼搏"的水电移民团结奋斗精神。各族移民群众舍小家、顾大家，以实际行动支持国家建设。历经 10 年完成 3 座大中型水电站 1.6 万多人的移民搬迁安置任务。三是"苦干实干、顶住硬干"的脱贫攻坚团结奋斗精神。脱贫攻坚战打响以来，云龙县投入 40 多亿元，建成 24 个易地扶贫搬迁安置点，12533 户 48342 人贫困人口全部脱贫，47 个贫困村全部出列，4 个深度贫困乡镇全部摘帽。同济大学、浦东新区、奉贤区携山海深情，倾力帮扶，探索出"三带两转，村企结对"典型经验。四是"不忘初心、矢志不渝"的艰苦创业团结奋斗精神。云龙县培育了许多艰苦创业的身边典型：有人敢于开拓创新、担当进取，带领大栗树村群众闯出致富路，培植出大栗树茶叶品牌；有人花甲之年起步创业，面对挫折失败十年磨一剑，打造云南省著名佬伖茶商标；有人数十年如一日，用汗水和实干，带领天池村建成万亩梨园，打造麦地湾梨绿色产业。云龙县依托资源优势，构建"一主六副五谷开花"的绿色特色农业发展格局，生态底本更加厚实、经济社会高质量发展①。

---

① 数据来源于乡村大调查资料《"四轮驱动"共创幸福云龙石榴红——云龙县创建全国民族团结进步示范县工作典型经验材料》，材料由云龙县政府提供。

第三章 绿色云龙建设的可持续发展

本章以中国乡村社会大调查（云南）云龙县的实地调研数据作为分析依据，对访谈数据、观察日志以及相关部门提供的内部资料等质性文本展开分析，得出云龙县乡村振兴工作协同赋能与持续分析框架，具体分为生态保护、绿色产业发展、美丽乡村建设三个模块（见图3-1）。

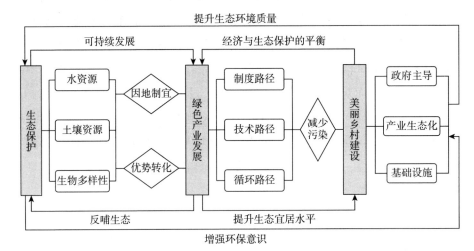

图3-1 绿色云龙建设的可持续发展框架

资料来源：调查小组根据本章撰写内容总结整理得到。

第一节 生态保护筑牢绿色屏障

云龙县拥有独特的生态优势主要得益于云龙县独特的地理位置。云龙县地处云贵高原西部横断山脉南端的澜沧江纵谷区，属山区地形，为高山峡谷相间的破碎复杂地貌形态，拥有得天独厚的山水资源。云龙县有众多的河流、湖泊和水库等水资源，主要水系有澜沧江、沘江、怒江。丰富的地貌形态也为云龙县高原立体生态农业发展奠定了基础。云龙县地处高海拔地区，海拔跨度大，使其气候的立体性特征十分显著。气候的多样性带来了生物的多样性，当地物种多样性丰富，包括珍稀濒危物种，如滇金丝猴、金雕等。

生态保护在维持云龙县独特的生态优势方面发挥着重要的作用。云龙县采取"定位—保护—监管"三位一体的生态保护措施来筑牢绿色屏障。首先厘清生态保护工作思路，其次规范指引生态保护的工程实施，最后加强生态保护的监管力度，从三个方面维护生态平衡，实现环境保护长期稳定和可持续发展。在工作思路方面，云龙县制定了严格的制度来加强水资源、土壤资源和生物多样性保护；在保护措施方面，云龙县因地制宜开展生态保护修复工作，针对各类型生态保护修复单元分别采取保护保育、自然恢复、辅助再生或生态重建的保护修复技术模式，典型的案例是对珍稀野生动植物采取建立自然保护区、建设生态廊道等保护措施；在生态监管方面，多部门协作配合，形成执法合力，开展监测评估，实现源头预防、过程控制、损害赔偿和责任追究全链条监控，并且通过建立生态奖惩机制来增强农民保护生态环境的积极性。

云龙县的水资源、土壤资源以及生物多样性三方面的优势比较突出，因此本节围绕这三方面的生态优势，介绍云龙县通过"定位—保护—监管"三位一体的生态保护措施来筑牢绿色屏障的相关经验。

一　水资源保护

云龙县水资源丰富，拥有众多的河流和湖泊，主要河流有澜沧江、沘江、关坪河、漕涧河、检槽河，湖泊有天池。云龙县年径流深变化在330.8~1000毫米，年降水量55.46亿立方米，年径流量为29.2亿立方米，年人均占有水量高于全国、全省、全州人均水平，全县入境水量达296.9亿立方米，出境水量为326.1亿立方米。云龙县雨量呈现由低海拔向高海拔地区递增的趋势，平均海拔每升高100米，雨量约增加28毫米。①

---

① 云龙县地方志编纂委员会编《云龙县志（1978~2005）》，云南人民出版社，2016。

随着工矿业的发展，人口增加且趋于集中，以及化肥农药施用量的增大，水污染问题有所凸显。为此，云龙县着手从源头上系统地开展水资源保护工作。首先，云龙县出台了关于防治水污染的规范。其内容涉及开展沘江水环境综合治理工作，严厉打击沘江生态环境违法行为；完成饮用水评估工作；全面开展医疗机构污水处理设施排查整治，加快补齐医疗污水设施建设短板，提高污染治理能力等。其次，在具体保护措施方面，一是实施"一河一策"方案，开展河湖水库保护工作，全面掌握辖区内水质情况；二是不断提升城镇污水处理能力，完成污水管网建设改造，城镇生活污水集中处理，并且加强饮用水源地保护，完成11个乡镇14处饮用水水源地保护区划定方案，完成县城集中饮用水水源地划、立、治工作，安装保护区标识牌、界桩、警示牌等，重点饮用水水源地安全得到保障；三是完成沘江重金属污染综合整治河道清淤一期、二期、三期工程，沘江流域重金属污染削减工作并取得实效；四是持续对沘江干流沿线重点建设项目、集镇农村两污、农业面源污染、固定污染源开展专项联合执法检查①。

对于水资源的保护，云龙县不仅制定了相关的保护措施，还形成了多部门协作配合的生态监管模式。生态保护监管是生态保护的重要后盾，不仅能及时发现在生态保护过程中出现的问题，还能及时对存在的问题进行调整，降低保护成本。一是严厉打击沘江生态环境违法行为，对违法企业进行罚款，维护广大人民群众的环境利益，并对沘江金鸡桥、Z加工公司5号渣库上游、Z加工公司4号渣库下游、沘江大练登、沘江石门、沘江交汇口6个断面开展加密监测，出具沘江水质监测结果表33份。二是云龙县生态环境部门与法院、检察院、公安等相关部门协作配合，建立联动执法机制，形成执法合力，对污水治理项目进行联合执法检查。从环保督察反馈问题、长江经济带生态环境隐患、重点行业生态环境隐患等方面开展排查整治，确保环境风险隐患可控。三是配合州生态环境局交叉执法检查，对全县企业开展生态环境执法检查。委托第三方完成相关企业和工厂每季度

---

① 数据来源于《大理州生态环境局云龙分局工作情况报告》，材料由云龙县政府提供。

一次的监督性监测，并对乡镇卫生院等水质进行监测。四是做好环境信访举报件办理工作，对存在环境问题的企业进行水质监测①。

云龙县持续落实各村水资源保护项目，并取得了有效的成果。在乡村污水治理中，云龙县白石镇云头村冲坪甸组及新庄组农村污水治理项目、云龙县长新乡丰云村炼场坪组农村污水治理项目，已完成建设任务，正在准备结算验收工作；云龙县还新入库了1个中央环保资金项目和3个省级环保资金项目，分别是Z加工公司历史遗留渣场（库）环境整治项目和澜沧江流域一级支流沘江白石—宝丰段农村生活污水连片治理工程，以及Z加工公司5号渣场整治项目应急处置工程、云龙县白石镇典型村落农村污水治理及资源化利用项目、云龙县长新乡豆寺村一组与二组农村污水治理工程。云龙县污水处理厂建成投运，污水集中处理率不断提高，生活污水得到有效处理；在沘江水环境综合治理工作中，云龙县持续跟进Z加工公司渣库整改进度，根除沘江涉重金属污染隐患，对沘江水质进行加密监测，发现问题及时排查溯源，督促责任主体治理整改。云龙县生态环境局的工作人员S1提到："我们县境内有3个省控断面的水环境监测，1个国控断面的水质监测，国控断面的水质监测是自动监测，实时取数。主要是饮用水这一块的检测多一点，其他地表水这一块是一个月检测一次。"② 目前水环境质量基本稳定，沘江交汇口国控断面水质为Ⅱ类，3个省控断面中，澜沧江功果桥断面为Ⅱ类，沘江石门断面为Ⅲ类，沘江大炼登断面为Ⅴ类。县城集中式饮用水源地水质综合评估为Ⅱ类，达标率为100%③。此外，云龙县高度重视乡镇两污问题，做好乡镇集镇所在区的污水处理和垃圾收集清运工作。通过云龙县人民的努力，云龙县的乡村水污染情况得到了明显改善④。

云龙县采用"定位—保护—监管"三位一体的生态保护模式筑牢水资

---

① 数据来源于《大理州生态环境局云龙分局工作情况报告 2022 年工作总结》，材料由云龙县政府提供。

② 访谈时间：2022 年 11 月 29 日。访谈地点：云龙县生态环境局。

③ 数据来源于《大理州生态环境局云龙分局工作情况报告 2022 年工作总结》，材料由云龙县政府提供。

④ 数据来源于 2022 年云南大学中国乡村社会大调查（云南）村居问卷调查资料，由调查小组统计整理得到。

源优势屏障，在明确水资源保护主要矛盾的基础上，制定相关法律法规、执行相关保护措施，并以水资源保护监管作为水资源保护的后盾。筑牢水资源优势屏障，能够提高云龙县的农业生产效益、推动县域绿色能源产业发展、助推县域生态旅游发展，对于云龙县的可持续发展具有重要意义。

二　土壤资源保护

云龙县土壤种类丰富。云龙县境内有暗棕壤、棕壤、黄棕壤、紫色土、红壤、黄壤、燥红土、冲积土、水稻土 9 个土类，分为 17 个亚类，20 个土属，72 个土种。土壤的垂直分布情况为海拔 3200 米以上为暗棕壤分布区，生长草甸植物、杜鹃、冷杉、箭竹等。海拔 2800～3200 米为棕壤分布区，铁杉、华山松、湿性常绿阔叶林分布于此，并有以禾本科草类为主组成的高山草地。海拔 2300～2800 米属黄棕类土壤分布区，面积较大，由云南松、松栎混交林、半湿性常绿阔叶林分布于此，海拔 2300 米以下为紫色土及黄、红壤分布区，植被多为云南松疏林，河谷地带为灌丛及荒山草坡。海拔 1800～2600 米的高海拔群山南坡（阴坡），土壤有机质含量高，疏松、透气、排水良好，生物活性较强，营养丰富，耕作层有机质含量高，这个地带非常适合茶产业的发展，为云龙茶的发展带来了优势。

城市化进程的加速和工业化的发展，以及人口的增长和化肥农药施用量的增多，同样也一定程度上破坏了土壤生态。云龙县生态环境局相关负责人 S1 提到："我们这几年的工作重点之一，就是打好土壤污染防治攻坚战，对土壤环境进行治理。"[①] 对于土壤污染的防治，云龙县有明确的工作计划。首先，在制度规范方面，一是印发《关于对长江经济带尾矿库环境风险隐患排查整治现场发现问题整改实施方案的通知》，持续开展尾矿库检查工作。二是规范企业危废管理，督促指导企业落实危险废物申报制度，完成 69 家管理计划申报，57 家申报登记。其次，在加强重点行业污染防控方面，一是开展重点行业企业用地污染状况调查，完成了全县重点行业企业用地的

① 访谈时间：2022 年 11 月 29 日。访谈地点：云龙县生态环境局。

土壤污染风险调查评估和信息核查工作。二是加强危险废物管理，完成了危险废物产废单位管理计划审核，危废申报登记，危险废物环境管理评估工作。三是对涉重金属行业污染进行防控，强化工业污染源监管，将落后的涉重金属重点行业淘汰，对涉及重金属排放的新建项目严格把关，不符合规划的项目不得开展，与土壤污染重点监管企业签订土壤污染防治目标责任书，督促企业开展土壤环境隐患排查和监测，对隐患问题及时整改，实时公开监测结果。最后，在生态农业发展方面，一是持续推进化肥农药减量增效，测土配方施肥和农作物病虫害统防统治；二是积极推进秸秆农膜废弃物资源化利用，积极推广秸秆过腹还田、秸秆粉碎还田、秸秆快速腐熟还田等技术，推动农作物秸秆饲料化、肥料化、基料化、原料化利用；三是大力治理畜禽养殖污染，完善规模化养殖场粪污处理设施装备；四是扎实推进受污染耕地安全利用，积极组织开展非耕地现状调查，通过变更为非耕地、品种调整（鲜食改为饲用）、休耕、叶面调控、优化施肥等，全面落实受污染耕地安全利用措施。在畜禽养殖粪污处理方面，云龙县生态环境局相关负责人 S1 也提到："我们在一些农户进行试点，将他们所有的畜禽粪污弄到排污口，这些试点农户，经过排污以后，环境改善效果非常好，蚊蝇也变少了。"①

在土壤资源保护监管方面，云龙县建立了生态奖惩机制来调动乡村居民生态保护的积极性。对土壤资源保护贡献大的地区或个人给了一定的奖励或补偿，激励乡村居民参与到农业的转型升级中来。此外，通过制定村规民约约束村民行为，加强村民间的相互监督。

通过"定位—保护—监管"三位一体的保护模式，云龙县在土壤环境质量改善方面取得了一定的成效。目前，全县土壤环境质量总体保持稳定，主要农作物化肥农药施用量实现持续降低，2022 年春耕备耕期间农膜回收率达 93%，全年农膜回收率达 82%。农用地和建设用地土壤环境安全得到基本保障，土壤环境风险得到基本控制，全县农产品质量和人居环境安全

---

①　访谈时间：2022 年 11 月 29 日。访谈地点：云龙县生态环境局。

得到切实保障，未发生因耕地土壤污染导致农产品质量不达标且造成不良社会影响的情况，或因疑似污染地块和污染地块再开发利用不当造成的不良社会事件①。在对云龙县 6 个自然村进行调研时发现，当地的大部分村民表示，相比五年前，所在村周围的生态环境变好了很多。筑牢土壤资源优势屏障，改善土壤质量，提升对环境的贡献率，推动农业转型升级，不仅有助于推动农业的可持续发展，而且对于云龙县的经济可持续发展具有重要的意义。

三　生物多样性保护

云龙县独特的地理位置造就了云龙县气候的多样性，气候的多样性为云龙县的生态环境和生物多样性提供了良好的保障。云龙县地处云贵高原西部横断山脉南端的澜沧江纵谷区，地势险峻，海拔最低点红旗坝（民建乡境内，海拔 730 米）和最高点喇嘛枯山（苗尾乡境内，海拔 3663 米）之间的相对高差达 2933 米，山区面积占 90% 以上，气候的立体性特征明显，"一山分四季，一地分四带，十里不同天"。境内气候在垂直分布上可分出温带、亚热带、热带三大类，且可细分为七小类，即寒温带、中温带、南温带、北亚热带、中亚热带、南亚热带和北热带②。气候的多样性带来了生物的多样性，许多物种都能在云龙境内找到适合的生存空间。生物的多样性有助于增强云龙县生态系统对外部干扰的抵抗力和恢复力，并且对于维持云龙县生态系统的稳定性及其生态优势具有重要的意义。

云龙县在明确了生态系统的群落特征、动植物组成、生态环境质量、关键物种分布等的基础上，立足"生物多样性保护重点区、绿色能源重点县"发展定位，因地制宜地对生物多样性进行保护。一是就地保护。针对代表性自然生态系统和珍稀濒危野生动植物物种及其栖息地，云龙县采取建立自然保护区、去除胁迫因素、建设生态廊道等措施来保护生物多样性，进而保护生态系统完整性，提高生态系统质量。例如，云龙县培育了云杉、

---

① 数据来源于《大理州生态环境局云龙分局 2022 年工作总结》，材料由云龙县政府提供。

② 云龙县地方志编纂委员会编《云龙县志（1978～2005）》，云南人民出版社，2016。

银杉、金丝楠木、光叶拟单性木兰、红豆杉等珍稀植物苗木 20 万株，提供城乡义务植树苗木 0.5 万株，就地保护水青树、长喙厚朴等 3.33 公顷；完成漕涧林场林业科普教育基地申报工作和珍稀濒危野生动植物保护项目，安装红外相机 10 台，并通过州级验收；启动天池生物多样性保护展示中心修缮提升建设项目，完成 1209 亩蚂蚁森林滇金丝猴廊道恢复项目，实施第二批中央财政林业草原生态保护恢复项目。二是迁地保护。例如，云龙县实施大树杜鹃、茶果樟等珍稀濒危植物野外救护与人工繁育项目。三是森林管理。森林管理也是生物多样性保护的重要内容之一，通过科学的森林管理，可以保护和维护森林生态系统的完整性、稳定性和多样性，促进森林生态系统的恢复和重建，从而保护生物多样性。在森林管理制度方面，云龙县贯彻实施林长制，启动了对《太极片区绿化美化工程作业设计》的编制；全面推进国土绿化，制定了《云龙县 2019 年森林督查和森林资源管理"一张图"年度更新及国家级公益林成效监测实施方案》；根据国家、省、州的统一部署，启动全县森林督查、森林资源管理"一张图"年度更新和国家级公益林建设成效监测等森林资源管理工作。

在生物多样性保护监管方面，云龙县实现了"源头预防、过程控制、损害赔偿和责任追究"全链条监控。通过对现有的生态状况进行定位，有针对性地对自然生态进行系统的保护、治理和修复，再对生态保护修复区开展全过程动态监测和生态风险评估，切实筑牢云龙生态绿色屏障。云龙县生态环境局相关负责人 S1 提到："云龙处于西藏南边高海拔地区，高山的地段，所以物种比较丰富，对于这些区域进行保护，需要划定资源利用上限，确定生态红线，一旦确定生态红线，就必须严格执行，不能跨越红线。"①

云龙县采取的"定位—保护—监管"三位一体模式，在生物多样性保护方面取得了显著成效。2022 年，天池保护区参与联合国开发计划署（UNDP）的"中国野生动物保护与管理变革项目"获得全球环境基金（GEF）批准，项目成果将贡献于"2020 年后全球生物多样性框架"相关目标。不

---

① 访谈时间：2022 年 11 月 29 日。访谈地点：云龙县生态环境局。

仅如此，云龙天池多重效益森林保护与恢复项目荣获 2022 年度"福特汽车环保奖"特别设立的"应对气候变化行动奖"①。2019 年，天池保护区被国家林业局授予"保护森林和野生动植物资源先进集体"；2021 年保护区实施的蚂蚁森林和云龙天池多重效益森林恢复项目分别入选 COP15"生物多样性 100+全球特别推荐案例""生物多样性 100+全球典型案例"；2023 年成为云南省科普示范基地②。此外，云龙县在森林保护上采取了一定的措施，完成了以下目标：一是完成义务植树 53 万株，挂牌保护古树 294 株，兑付退耕还林补助、生态效益补偿等资金 7111.63 万元，分别整改完成中央生态环境保护第八督察组和云南省第二轮生态环境保护督察交办信访件 11 件、3件；二是完成天保公益林建设 266.67 公顷，完成天保工程建设投资 820.73万元，完成退耕还林 3333.33 公顷，全县公益林面积调整为 11.65 万公顷，其中国家级公益林 10.20 万公顷，省级公益林 1.45 万公顷，实施国家级、省级公益林补偿 5.19 万公顷，补偿资金 778.859 万元；三是实施生态修复工程，丰胜河小流域治理工程完成 80%的工程量，完成新增水土流失综合治理面积 64.58 平方公里③。

综上所述，通过就地保护、迁地保护、森林管理，以及"源头预防、过程控制、损害赔偿和责任追究"全链条监控模式，云龙县有效地筑牢了生物多样性优势屏障，这有助于推动云龙县生态旅游业发展，对于云龙县的绿色发展具有重要的意义。

第二节　云龙县绿色发展路径与生态产业化潜能

云龙县具有得天独厚的生态资源、特殊的地质地貌、立体的地理气候，

---

① 周瑜洁、杨伟松：《【新春走基层】记者带您体验生物多样之美》，http://www. yun-long. yn. cn/c/2023-02-02/654732. shtml。

② 郭鹏昌、杨振飞、韩玉婷：《云龙县天池保护区：擦亮生态底色 守护绿色屏障》，http://www. yun-long. yn. cn/c/2023-08-18/659656. shtml。

③ 数据来源于《大理州生态环境局云龙分局工作情况报告 2022 年工作总结》，材料由云龙县政府提供。

具有丰富的太阳能资源、丰沛的水能资源和充足的风能资源优势。这为云龙县发展绿色能源奠定了良好的基础。

云龙县政府充分认识到以绿色发展理念引领经济发展的重要性。走高质量发展之路是不断提高生态环境承载能力的重要举措，走绿色发展之路是经济走向高质量发展的基础。该举措不仅使云龙县的传统经济发展模式转变为高质量经济发展模式，还借助绿色发展路径来激发生态产业化潜能，实现经济发展与资源环境和谐统一的理念。

云龙从制度、技术、循环三个方面来确保生态产业的高质量发展。当地政府完善了对可再生能源的补贴政策，确保绿色能源的稳定发展。通过开展金融保险服务，降低肉牛、生猪的养殖风险。此外还通过一系列生态产业环保监管制度来保护生态环境，实现产业生态化。充分利用大数据等技术，实现优良品种的选育以及打造绿色综合服务平台。采取种养结合的方式，实现"果—草—畜"种养结合循环农业发展模式，建立了农业农村生态环境保护体系。依托自身独有的自然优势，再加上一系列绿色发展举措，真正让云龙县实现了生态产业化、产业生态化。

一 制度路径的激发作用

云龙县清洁能源装机蕴藏量达千万千瓦级，可开发的太阳能、风力等资源丰富，具备建设风光水储一体化绿色能源基地的良好条件。云龙县政府着力将绿色能源优势转化为经济和发展优势，努力把云龙县建成大理白族自治州的绿色能源重点县。绿色能源的使用不会产生或很少产生对环境有害的排放物，云龙县通过风机、太阳能光伏电池等将风能、太阳能等可再生的能源转化成电能，这种方式产生的能源更有利于环境保护和可持续发展。虽然云龙县绿色能源具有众多优势，但存在绿色能源地理分布不均衡，受季节性影响较大，开发、试验成本高等制约因素。为了统筹兼顾，削弱制约因素对绿色能源发展产生的负面影响，云龙县政府针对绿色能源出台了一系列政策法规，在制度上发力，激发绿色能源产业的发展潜能，推动生态产业化发展，确保各项目的稳步推进，在组织方面，提供一系列保障措施，持续激发生态产业化潜能。

在绿色能源产业发展方面。云龙县谋篇布局，积极构建风光水储一体化发展格局。云龙县陆续制定了一系列绿色能源产业发展的规划方案来促进绿色能源产业高质量发展，依托得天独厚的资源优势和产业基础，统筹谋划、高位推进，不断优化营商环境，加快绿色能源项目的开发。第一，云龙县委、县政府紧紧围绕打造绿色能源重点县目标，立足资源禀赋，高度重视招商引资工作，用丰富的资源吸引客商，用真诚的态度打动客商，用优质的服务支持客商。目前已引进 H 水电公司开发建设大中型水电站，已建成投产功果桥、苗尾 2 个水电站，引进 G 新能源公司和 H 水电公司开发建设风电场和光伏资源，已建成投产清水朗山、漕涧梁子 2 座风电场。第二，通过在绿色能源项目上发力，激发绿色能源产业的发展潜能。云龙县突出问题导向，牢固树立"抓项目就是抓发展，抓发展就要抓项目"的理念，紧紧扭住项目这个"牛鼻子"，用"三力"在项目上求突破，持续夯实基础短板，打好发展基础。一是在谋项目上着力。各项目要素保障部门采取走出去、请进来的方式抓好学习培训，进一步提升全县包装策划项目的能力和水平。二是在跑项目上发力。通过推荐干部到省跟班学习的方式，既提升项目工作能力，又为全县向上争取、协调项目搭建通道。三是在推项目上用力。为解决项目前期工作不扎实的问题，云龙县政府与相关建设公司建立合作关系，提供项目前期工作咨询、指导服务，为项目争取和实施奠定坚实基础。同时，在绿色能源产业项目推进过程中，守牢生态保护红线，严禁违规占用永久基本农田。第三，大力推行"一线工作法"，印发《云龙县 2022 年度县处级领导挂钩重大项目建设方案》，以 4 条高速公路、漕涧镇万头奶牛牧场建设、长新乡新松坡光伏发电等项目为重点，实行"1+1"、"三包三保"重大项目包保责任制。通过政策的部署与推动，云龙县强化"绿色能源重点县"建设，激发绿色能源发展潜能，预计在"十四五"末全县实现电力装机达 500 万千瓦以上，在"十五五"末实现全县电力装机达 1000 万千瓦以上，建成千万千瓦级绿色能源基地县①。

---

① 云龙县人民政府办公室：《2023 年政府工作报告（县十八届人民政府）》，http://www.ylx.gov.cn/ylxrmzf/c102551/202302/b835121b8f994756bba6b822851d8f28.shtml。

首先，在水能源产业方面。云南省已将云龙县列入澜沧江流域抽水蓄能重点县进行规划和支持①。当前，全县绿色能源发展呈现资源多元开发，云龙县通过资金、水电移民和组织保障三方面的政策支持，提高水利建设质效、稳定水利投资、提升水资源保护和利用成效，加快实现成为大理州绿色能源重点县的目标。在资金扶持方面，云龙县对河道治理项目、城乡供水一体化项目方面给予资金帮助，已完成投资 7141 万元的顺濞河关坪—团结段治理项目，推进漕涧河、大朗河等 4 个河道治理项目，启动投资 6.2 亿元的城乡供水一体化项目，加快丰收水库、勒子箐至青石岩水库调水等项目前期工作进度；在水电站的投资方面，2013 年 5 月 27 日，经国家发展改革委核准批复，苗尾水电站和功果桥水电站的总投资在 220 亿元，目前功果桥水电站装机 90 万千瓦，苗尾水电站装机 140 万千瓦，苗尾和功果桥这两座水电站一年总税收在 4000 万元左右。在水电移民搬迁方面，功果桥水电站属于二等大型工程，是澜沧江中下游河段梯级规划中最上游一级电站，上邻苗尾水电站，下接小湾电站，以发电为主，兼有旅游、库区航运等综合利用效益，总投资约 90 亿元。

伴随水电站的建设，如何安置因水电站建设搬迁的移民也成为云龙重视的一大问题，云龙县始终坚持"移民为先、移民为重、情系移民、服务移民"的工作原则，本着"全面推行长效补偿为基础，多渠道、多形式安置移民"的原则，从保障移民群众长远生计出发，认真总结移民安置经验教训，广泛征求移民意愿，形成了"逐年补偿"的功果桥模式，并开展了功果桥水电站移民安置规划修编工作，为功果桥水电站移民安置方案变更后移民工作的有序推进打下了良好的基础；移民安置规划报告（修编）通过了审查核准，形成了在大中型水电站建设移民安置中推行实施以逐年长效补偿为主、多渠道安置相结合的"功果桥水电站建设征地移民安置模式"，努力使移民群众基本生活有保障、劳动就业有着落、脱贫致富有盼头，合力共建"产业发展充分、基础设施完善、生态环境优美、移民安居

---

① 《项目建设、产业发展、绿色能源……云龙县人民政府上线萨马斯基〈政风行风热线〉》，http://www.yunlong.yn.cn/c/2022-11-18/653342.shtml。

乐业"的水电移民示范集镇；移民后扶政策包括资金补助、技术培训、外出
考察等内容，为当地农民提供更多就业机会，增加群众的收入来源。地方政
府和企业围绕"搬得出、稳得住、逐步能致富"的搬迁目标，持续加大移民
后期扶持工作力度，每年投入近亿元进行基础设施建设、产业发展支持、科
技就业培训等，促使广大移民走亦商亦农、商农结合的生产发展路子，最大
限度解决好移民后期生产发展问题，实施了一大批涉及基础建设、社会事业、
产业培植和生态环境保护等多个领域的项目，不断提高移民群众致富奔小康
的能力，真正让移民群众富起来、库区美起来。在组织保障方面，云龙县形
成了由县委书记、县长负总责，分管副县长任指挥长具体负责的分级责任机
制，统筹协调指挥征地移民工作，先后抽调了9批600多人次到电站建设一线
开展工作，建立了一支有大局观念、有群众意识、有较强组织协调能力的队
伍。此外，云龙县还采取县级领导挂村、部门挂组包户的工作机制，由县乡
干部职工包保移民搬迁安置，实行一对一的搬迁安置服务，形成了举全县之
力推进移民工作的格局，在移民后扶政策帮扶下，苗尾乡的村民L说道："公
路等基础设施投入使用以后，方便了我们群众出行，平时背粪、背草、出去
卖菜，特别是打谷子时也相当方便，而这些变化都得益于移民后扶项目的实
施。"① 云龙县做到了确保移民群众在搬迁之后没有生产生活的后顾之忧，
实现了把功果桥镇建设成为云南省水电移民示范镇的目标②。

其次，在太阳能光伏发电新能源产业方面，绿色发展制度对于加快转
变经济发展方式、推进经济结构调整、保护生态环境、实现可持续发展具
有十分重要的意义。云龙县相关部门抢抓国家支持新能源产业发展的政策
机遇，立足当前、着眼长远，加强可行性研究，完善好项目发展规划，加
大招商引资力度，力争有更多更好的光伏发电项目落地云龙县，着力培植
壮大绿色能源产业，努力走出一条以绿色为底色的高质量发展之路③。在光

① 访谈时间：2023年2月6日。地点：云龙县苗尾乡。
② 李继明、杨学禹、古丽娜：《【奋进新征程 建功新时代】云龙：群众富库区美 移民后扶显
成效》，http://www.yunlong.yn.cn/c/2022-06-24/646223.shtml。
③ 杨志平：《李郁华调研光伏发电项目建设和生猪产业发展》，http://www.ylx.gov.cn/ylxrmzf/
c102593/202110/10b98462536447bfa0dc73b6fd4642cb.shtml。

伏项目方面，云龙县建设的光伏发电厂数量在大理白族自治州范围内排名较为靠前，总装机规模达 67.6 万千瓦的 9 个光伏发电项目正加紧推进。正在规划的云顶村光伏发电项目占地总面积约 2900 亩，规划装机 12 万千瓦，年均发电 1425 小时，年均发电量 2.12 亿千瓦时，项目总投资约 6 亿元，项目建成后预计实现年产值 7000 万元，预计可实现年税收 1100 万元以上；与云顶村光伏发电项目一同开工的还有新松坡二期光伏发电项目，选址时充分考虑了当地的海拔、日照条件，以及成本问题，最后形成了 220 千伏清水朗山风电场升压站和 220 千伏新松坡光伏升压站。凤代（清水朗山）光伏发电项目与云顶村、长新乡新松坡二期光伏发电项目一起开工，于 2022 年 6 月 30 日在关坪乡胜利村举行开工仪式，投资主体为 G 新能源公司，总占地面积约 3500 亩，规划装机 20 万千瓦，年均发电小时数 1450 小时，年均发电量 2.9 亿千瓦时，项目总投资约 9 亿元，项目建成后预计实现年产值 9700 万元，可实现年上缴税收 2000 多万元[1]。

除光伏发电、水电之外，云龙县立足县内丰富的风能资源，大力发展风力发电绿色能源产业。云龙县建成漕涧梁子、清水朗山两座风力发电站，清水朗山风电场建在关坪乡，地处云龙县与洱源县的交界地带。清水朗山风电场从 2012 年开始建设，2014 年 4 月份开始投产。清水朗山的负责人说："清水朗山总装机容量有 9 万千瓦，这里的用工包括灯工和电工等，差不多有 14 名工人，外围有 3 人。"[2] 清水朗山风电场建立在海拔 3000 米的高山上，2021 年，其风力发电 5.7 亿千瓦时，产值 1.85 亿元[3]。

最后，在生态农业方面，通过金融支持和组织保障两方面的利好政策为生态农业发展助力。在金融贷款方面，云龙县积极开展金融保险服务，降低了农户养殖风险。在中国人民银行云龙县支行的统筹下，云南云龙农村商业银行出台了"云龙肉牛贷"，中国农业银行云龙县支行推出肉牛养殖贷款，支

① 杨志平：《凤代（清水朗山）光伏发电项目开工》，http://www.ylx.gov.cn/ylxrmzf/c102527/202207/53f2c81be8e841d7b7f476bc2caa8f56.shtml。
② 访谈时间：2023 年 2 月 6 日。地点：云龙县清水朗山风电场。
③ 周瑜洁、杨伟松、旷宏飞：《【答好"大理之问"推动云龙之变】云龙：打好"绿色能源牌"建设绿色能源重点县》，http://www.yunlong.yn.cn/c/2022-02-18/634594.shtml。

持新型经营主体、农户发展肉牛产业。R 保险公司大理州中心支公司草拟了云龙县肉牛养殖保险战略合作协议，目前正筹备签约工作，并深入养殖户开展相关业务，鼓励农户投保，降低风险，投入县级涉农整合资金和沪滇资金超过 2000 万元来扶持产业发展，重点推进肉牛养殖示范村的建设。同时云龙县为生态肉牛全产业链示范项目进行专债申报工作，并精心搭建平台，拓宽招商引资渠道，统筹整合涉农资金和乡村振兴衔接资金，按照投入产业板块比例不低于 50%的政策要求支持高原特色农业产业发展。

此外，云龙县根据"一县一业"的目标争取到了省级财政的支持，这一笔资金将对云龙县产业发展起到积极的促进作用。通过建立完善资金投入保障和激励机制，针对县内农业龙头企业和新型农业经营主体，在基地建设、精深加工、产品销售、品牌推广、绿色品牌创建、有机认证等方面取得成效的予以奖补扶持；鼓励开展"一村一品"示范村镇、乡村治理示范村镇、乡村振兴示范村镇申报认证，对获得认证的乡镇和村组予以奖补扶持，通过以上方式强化提升服务能力和服务水平，有效推动"一企一策""一业一策"精准帮扶和精准落实。为了推动高原特色农业产业发展，在组织保障方面，云龙县人民政府办公室成立由县委、县政府主要领导任组长，县委副书记、县政府分管副县长任副组长，县委统战部部长为执行副组长，乡镇党委主要领导、县级相关部门主要领导、乡镇党政主要负责人为成员的领导小组，坚持以绿色为主导推进百亿元高原特色农业产业发展。领导小组在县农业农村局下设办公室，由县农业农村局局长兼任办公室主任。按照"一个产业链一个工作专班"原则，根据需要抽调相关部门人员组成专班抓好工作推动落实。各部门结合部门职责和工作实际，分解落实任务，认真做好事关高原特色农业产业发展的财政、土地、水利、交通、林业、环保等工作，坚决杜绝政出多门、权责不清、推诿扯皮等情况发生。云龙县切实把高原特色农业产业发展成效作为检验领导班子和领导干部能力水平的重要内容，作为对班子成员年度考核和干部奖惩任用的重要依据。强化对高原特色农业产业发展工作的监督检查，对工作不到位、成效不明显的乡镇和部门进行通报批评，对在工作落实过程中作风不严不实，甚至违纪违规的从严从重处理。

近年来，云龙县在本身具备绿色能源优势的基础上协调规划，探索出一条适合自身的绿色发展制度路径[①]。通过完善对可再生能源的补贴政策，稳定水利投资，提升水资源保护和利用成效；在生态畜牧业方面，开展金融保险服务，降低养殖风险；在生态监管方面，在项目实施过程中加强对项目的节能审查和环保监管，保障绿色发展项目的顺利推进[②]。

二　技术路径的激发作用

绿色发展技术路径是云龙县在发展绿色产业过程中，以科技创新为支撑，以产业结构调整和转型升级为基础，以实现经济、社会和环境的协调发展为目标来提高资源利用效率，减少环境污染和生态破坏，推动产业转型和升级的过程。云龙县在生态农业方面着力提高产业发展的数字化、智能化水平，打造绿色综合服务平台。因地制宜开展生态产业发展模式，实行生猪、肉牛全产业链标准化和优化产业布局。云龙县通过绿色发展技术路径的实施，提升经济社会的综合竞争力。同时，绿色发展技术路径还可以促进社会公平和和谐，提高人民生活水平和质量，推动实现可持续发展。

第一，在产业布局方面，加快构建支撑高质量发展的现代产业体系（见表3-1）。云龙县依托丰富的自然资源，因地制宜发展生态产业，坚持传统产业转型升级与新兴产业培育壮大两手齐抓，全力以赴稳增长、谋发展，加快构建支撑高质量发展的现代产业体系。一是"大产业+新主体+新平台"发展模式。云龙县围绕打造世界一流"绿色食品牌"、建设"绿色能源重点县"的基本定位，做强以诺邓火腿为支撑的生猪全产业链"一县一业"主导产业，做大以云龙茶、麦地湾梨、中药材、核桃、烤烟、山地牧业为重点的骨干产业，做优以水稻、玉米、芸豆、食用菌、水产养殖为代表的特色产业，扎实推进高原特色农业产业市场化、规模化、组织化、数字化、有机化、设施化建设，争当全州打造世界一流"绿色食品牌"重点县、争创全省"一县一业"示范县，把品牌建设作为增强市场竞争力、提

---

① 李代红：《我国绿色能源产业发展的制度路径》，《科学管理研究》2011年第6期。

② 朱月红：《乡村振兴背景下生态畜牧业绿色发展路径研究》，《中国饲料》2023年第16期。

高农业综合生产力的重要抓手。二是"一主六副五谷开花"产业布局。云龙县以"一主六副五谷开花"产业布局为基础，充分挖掘产业潜力，促进产业生态化、生态产业化。三是"农业+文创+旅游"融合模式。积极发展绿色食品产业基地，推动天池梨园、河南村、大栗树茶园、澜沧江田园综合体等示范基地建设，进而推动农文旅融合发展，壮大集体经济，使得农户收入进一步增加；云龙县采取一、二、三产业融合发展模式，按照"政府主导、企业主抓、市场主体"基本原则，因地制宜灵活运用"党支部+龙头企业+合作社+农户"发展模式，在体制机制、品牌营销、利益联结等方面下功夫，实现企业、村集体经济、农户双赢多赢。

表 3-1　云龙县产业布局模式

地位	产业	发展模式
主导产业	生猪产业	"大产业+新主体+新平台"发展模式；"党支部+龙头企业+合作社+农户"发展模式；"农业+文创+旅游"融合发展模式
骨干产业	云龙茶、麦地湾梨、中药材、核桃、烤烟、山地牧业	
特色产业	水稻、玉米、芸豆、食用菌、水产养殖	

资料来源：根据云龙县人民政府官网资料，由调查小组统计整理得到。

第二，在生态农业方面，云龙县围绕数字化探索智能体系，有效提升农业智能化水平，加强新一代的信息基础设施建设，加快乡村地区 5G、千兆光纤、物联网、卫星互联网等通信网络普及。此外，加大植保无人机、智能配肥机和生猪养殖智能化设备推广力度，推进涉农传统基础设施"数字+""智能+"升级，鼓励企业联合科研院所，抓住"种子和电商"两端[1]。综合利用大数据、云计算等技术，选育具有自主知识产权和市场竞争力的优良新品种，做好品种改良工作。在销售方面，建设了电子商务交易平台、公共融资平台、产品质量安全监管与可追溯平台，支持企业加大走出去、上平台的力度，壮

---

[1] 《中共云龙县委办公室 云龙县人民政府办公室关于印发〈云龙县坚持绿色主导加快推进百亿级高原特色农业产业发展的实施意见〉的通知》，http://www.ylx.gov.cn/ylxrmzf/c107494/202207/6ef45c9be4604d90b85daffa3215d857.shtml。

大产业联盟，增加农产品产值和产能，并组织电商服务中心多名网络带货达人、网络主播聚集在天池林果场进行麦地湾梨的线上销售活动。主播们在镜头前一边推介麦地湾梨，一边带领大家欣赏梨园风光，通过网络销售活动有力推动特色产业发展，积极促进农旅融合发展。云龙县农业农村局相关负责人 N1 介绍说："我们依托专门的电商平台来进行销售，不管是农户还是合作社区，都可以上到这个平台，还有一个东西部合作的平台，通过线上的渠道将云龙的农作物产品销往外省。"[1] 在专家支持方面，云龙县建立健全农业科技创新体系、农业技术推广体系、农民教育培训体系和气象为农服务体系，支持和鼓励农业产业经营主体积极争取设立专家工作站，加强农业科技示范区和农业产业基地建设，对年度科研投入超过 100 万元的农业企业或团队，优先给予项目资金支持，不断提高科技对农业产业发展的贡献率。

第三，在生态畜牧业发展中，云龙县实现生态畜牧产业全产业链标准化。在肉牛产业方面，全县肉牛产业链条全面形成，成为绿色肉食品基地的支柱产业。全县肉牛产业效益全面提升，实现总投资 30 亿元以上，存栏 16 万头以上，年出栏 10 万头以上。云龙县发挥"外引内培"作用，加大招商引资力度，通过和多家企业商洽，组建了县内 D 农业公司，同时，大力培养壮大专业合作社、养殖大户扩展产业基础，持续扩大饲料种植加工规模，加大屠宰冷链物流的招商引资力度，先后与 P 农业公司签订云龙县 10 万头肉牛养殖基地项目合作协议，与省内高校和协会签订云龙县肉牛产业智慧养殖合作框架协议。云龙县人民政府与上海 S 供应链公司签订云龙县屠宰场及冷链物流食材配送中心建设项目合作框架协议。云龙县还建设了肉牛产业发展人才库，涵盖企业肉牛养殖、疫控、冻配改良、饲料加工和招商引资与营销等方面的人才，目前在库人才 264 人，其中县级相关部门 32 人、漕涧镇 7 人、功果桥镇 17 人、宝丰乡 17 人、团结乡 35 人、关坪乡 12 人、检槽乡 20 人、白石镇 14 人、苗尾乡 12 人、民建乡 16 人、诺邓镇 38 人、长新乡 44 人。云龙县还全面开展了肉牛养殖培训工作，全县肉牛养殖户养殖技术得到提升。各乡镇和

---

[1]　访谈时间：2022 年 11 月 30 日。访谈地点：云龙县农业农村局。

县人社局牵头组织了 84 场肉牛养殖培训活动，共 3441 人（次）参训[1]。在生猪产业方面，云龙县运用市场化手段，以构建全产业链、提升价值链为着力点，培育一批规模大、实力强的农业龙头企业和运作更规范的专业合作社。以生猪产业为重点，引导企业走差异化布局、特色化发展路子，落实饲料生产、屠宰加工、冷链仓储、生物有机肥加工等项目，全力打造生猪全产业链条。云龙县农业农村局负责人 N1 强调："我县生猪产业具备良好的发展基础和得天独厚的发展条件，要紧紧抓住这一轮猪周期波动和行业发展机遇，不断通过推行规模化养殖、提高养殖技术等来降低成本、抢占市场、打造品牌，以更大决心、更强力度、更实举措，坚定不移推进以诺邓火腿为支撑的生猪全产业链'一县一业'发展，助推全县经济社会高质量发展。"[2] 随着生猪养殖产业链的发展，诺邓火腿获得了农业农村部品牌价值认证，还形成了一批具有一定规模、知名度和生产力的农产品品牌[3]。在基础设施方面，云龙县加大农业基础设施建设投入力度，持续做好乡村振兴衔接和涉农整合项目组织实施，坚持产业投入需求优先，确保基础设施建设跟着产业发展走，努力推动高原农特产品加工园区等园区建设和农产品仓储保鲜冷链物流集散中心建设。除了生猪和肉牛，云龙县漕涧镇也正在推动实施万头奶牛牧场项目，促进产业转型升级。云龙县漕涧镇党委副书记李海龙提到今后的产业规划是以乳业产业发展为支撑做强乳源经济，建成"乳业小镇"，实现"云南乳业看大理、大理乳业看漕涧"的发展愿景。同时，提高肉牛、生猪规模化、标准化养殖水平，同步壮大山地鸡、黑山羊、冷水鱼等特色养殖，培植泡核桃、羊肚菌、中药材等传统种植业，塑优漕涧农业产业格局，促进经济高质量发展，全力打造全县"绿色养殖重点区"[4]。

---

① 数据来源于《云龙县肉牛产业发展典型材料》，材料由云龙县政府提供。

② 访谈时间：2022 年 11 月 30 日。访谈地点：云龙县农业农村局。

③ 《中共云龙县委办公室 云龙县人民政府办公室关于印发〈云龙县坚持绿色主导加快推进百亿级高原特色农业产业发展的实施意见〉的通知》，http://www.ylx.gov.cn/ylxrmzf/c107494/202207/6ef45c9be4604d90b85daffa3215d857.shtml。

④ 杨伟松、杨张彪：《漕涧镇：全力打造全县"绿色养殖重点区"》，http://www.yunlong.yn.cn/c/2023-03-27/655912.shtml。

云龙县凭借自身的生态优势，优化产业布局，构建了"一主六副五谷开花"产业布局，推动构建高质量发展的现代产业体系。在生猪、肉牛产业发展方面，实现全产业链标准化，促进云龙县经济高质量发展，并且通过数字化、智能化技术，打造绿色综合服务平台。绿色发展技术路径激发了生态产业化潜能，促进了生态与经济的良性互动及协调发展，推动了云龙县域经济高质量发展。

三　循环路径的激发作用

为了统筹经济效益与生态环境保护，实现农业可持续发展目标，云龙县坚守农业绿色发展底线，建立农业农村生态环境保护体系，建立有机肥施用长效机制，全面提升耕地质量。在畜牧业方面，普及种养结合方式，建立农业良性循环发展机制，提高农业资源利用效率[1]。云龙县政府还充分发挥绿色品牌对生态农业发展的示范效应，努力加强绿色品牌建设，以此激发生态产业化潜能。

农旅融合激发生态产业化潜能。云龙县在现有生态基础上，融合发展农业与旅游业，循环利用一产与三产要素，典型的案例就是云龙茶产业和麦地湾梨。

云龙茶产业成功走出了一条"有机、特色、优质、高效"的发展道路[2]。云龙茶的生产依赖于云龙县得天独厚的自然环境条件。云龙茶产于滇西澜沧江纵谷区云龙县境内，其生长环境山高谷深，因为海拔高、温差大，土壤的有机物质含量高，土层肥沃深厚，茶叶回甘明显。云龙茶依托独特的地理位置优势，以有机方式培育，不添加任何化学肥料和农药，成为巩固拓展脱贫攻坚成果同乡村振兴有效衔接的绿色、特色、富民产业。云龙茶产业采取农户分散种植、茶厂统一管理加工、公司统一销售、利益合理分配的"党支部+公司+基地联农户+品牌联市场"发展模式，顺势而为，将"小品种"升级为

① 巴宥雅：《乡村振兴背景下我国农业绿色发展路径探寻》，《农业经济》2022 年第 11 期。
② 刘书贵：《【推进"两个革命"开展"学做"活动】云龙：佬倵茶 香飘飘》，http://www.yunlong.yn.cn/c/2022-07-27/647479.shtml。

"大产业"，有效引领当地茶农走上增收致富路①。例如，佬倵茶厂就采用了"党支部+公司+基地联农户+品牌联市场"发展模式，合作社社员168户，带动周边群众种植茶叶4000多亩。茶产业的发展，不仅带动了当地农户致富，而且还改善了当地的生态环境，真正做到了生态产业化、产业生态化。例如，宝丰黑羊箐茶厂始终围绕"生态产业化、产业生态化"的绿色发展定位，坚持绿色生态、坚持品质优先，坚持不懈抓产品质量，始终确保消费者舌尖上的安全，生产出"栗箐春""梅占""茗淳""香茗""御尚"等中高档优质绿茶、红茶、普洱茶及"青刺尖"代用保健茶等系列产品。宝丰黑羊箐茶厂于2013年获"全国科普示范基地"、2014年获"全州青年创业州长提名奖"、2015年被评为"5A级信用企业"并获得"有机食品认证和食品安全管理体系认证"。2016年被评为"州级农业产业化龙头企业""省级成长型中小企业"，同年，"栗箐春"牌绿茶被认定为"云南名牌农产品"，2022年被认定为"省级创新型中小企业"②。此外，近年来，云龙县团结乡立足"高山、净土、生态"资源禀赋，做强绿色产业，做优绿色产品，按照"茶区变景区、茶园变庄园、茶山变金山"的发展思路，主动融入云龙县"一县一业"发展规划，打造团结乡佬倵精品茶叶，加强古茶树保护，加大绿色有机茶园和"三品一标"认证力度，加强品牌宣传推介，提升团结茶业知名度，做大、做强有机茶产业，打造无化肥农药生态茶园模式。云龙茶的绿色种植方式，不仅保证了茶叶的高品质，还激发了生态产业化潜能，带动了周围农户致富，促进了生态产业发展。截至2022年4月，云龙茶产业相关数据如表3-2所示。

表3-2　截至2022年4月云龙茶产业相关数据

指标	数据
种植面积	4.2万亩

---

① 郭芸芸、杨瑞雪、姚媛：《【农民日报】高山河谷探新路——云龙县高原特色农产品转型升级之路》，http://www.yunlong.yn.cn/c/2023-05-30/657607.shtml。

② 赵雪梅、李继明、左东敏：《宝丰黑羊箐茶厂：二十年硕果满山坡》，http://www.yunlong.yn.cn/c/2023-04-24/656738.shtml。

续表

指标	数据
年产量	800 吨左右
年产值	1.5 亿元左右
茶农人均纯收入	6000 元
茶叶生产企业	15 家

资料来源：根据云龙县人民政府官网数据，由调查小组统计整理得到。

作为云龙县的特色水果品种，麦地湾梨栽培历史悠久，据《云龙县志》记载已有近百年的栽培历史。因成熟于冬季，群众又称之为"冬雪梨"。麦地湾梨不仅具有特晚熟、丰产、耐贮藏、果形美观、色泽鲜艳、富含氨基酸、营养丰富的特点，还具有肉质细嫩、香味浓郁、汁多、味甜、果核小的优点，深受消费者青睐。由于市场供不应求，是云南省最具推广价值的特晚熟水果产业之一，具有巨大的市场潜力和广阔的发展前景。基于此，云龙县出台一系列政策措施，加大财政扶持力度，采取"公司+基地+协会+农户"的经营模式，积极引导群众大力发展麦地湾梨产业，全县麦地湾梨产业已初具规模。天池林果场就是麦地湾梨产业规模化的一个省级龙头企业，现有麦地湾梨核心基地 1200 亩、绿色食品原料基地 4000 多亩，带动天池村近 300 户群众种植麦地湾梨。同时，麦地湾梨还带动了旅游业的发展，林果场结合麦地湾梨花季和采摘季游客增加优势，示范带动周边群众积极发展以梨园观光、采摘、休闲、餐饮为主的农家乐，延伸麦地湾梨产业链，拓宽群众增收渠道。云龙县以麦地湾梨为核心，将高原特色农业与文化旅游业深度融合，推动生态旅游产业的发展。图 3-2 为调查小组自摄天池麦地湾梨庄园。

种养结合和规模化养殖方式提高农业资源利用效率，激发生态产业化潜能。第一，种养结合方式是一种将种植业和养殖业相结合，实现农业生产内部循环的生态农业模式。畜禽养殖过程中产生的粪便和废水作为有机肥料用于种植，形成一种良性的生态循环。云龙县漕涧镇的奶牛牧场就普及了种养结合方式，建设种养结合、农牧循环、农旅融合的集约化、标准化、绿色有机示范牧场，在牧场周边配套隔离缓冲种植用地，建设优质饲草饲料种植基

图 3-2 天池麦地湾梨庄园

资料来源：调查小组自摄。

地。此种方式将有效带动云龙县发展奶牛养殖及饲草种植，带动直接就业，增加农民收入。第二，规模化养殖通过绿色生产方式和质量安全管控，打造绿色、有机、低碳的品牌形象，提高产品在市场中的竞争力，从而推动生态产业的快速发展。云龙县致力推动生猪产业全产业链发展，形成规模化发展路径，以"一县一业"发展和"一乡一特""一村一品"打造为重点，建设10条种猪生产线、5个万头标准化生猪养殖场、4个规模化母猪繁殖场、800个适度规模生猪养殖场，高标准建成"绿色种植基地""绿色养殖基地""绿色奶源基地""绿色肉制品基地"4个基地。其中，漕涧镇着力壮大以奶牛、肉牛、生猪为主导，黑山羊、山地鸡、冷水鱼、毛驴等特色养殖多点发力的"3+N"产业发展格局，全镇绿色养殖业建链延链补链成势见效[1]。云龙县大坪村某村民提到："我们大坪村最终要实现年出栏2万只黑山羊、年出栏山地土鸡10万羽以上、年销售100吨以上冷水鱼的目标，这几个产业的发展会很大程度地提高我们养殖户的收益，最终达到群众增收致富的目的。"[2]

绿色品牌建设激发生态产业化潜能。绿色品牌代表了高品质、环保和

---

① 杨伟松、杨张彪：《漕涧镇：全力打造全县"绿色养殖重点区"》，http://www.yunlong.yn.cn/c/2023-03-27/655912.shtml.

② 访谈时间：2023年2月7日。访谈地点：云龙县大坪村。

可持续性，它有助于增加消费者对产品的信赖。绿色品牌建设可以推动企业采用更环保、更可持续的生产方式，有利于企业自身的可持续发展，也为生态产业的壮大提供了动力。云龙县围绕有机化，培育一批知名品牌，把培植名牌、发展名牌、保护名牌工作落到实处，全力组织绿色有机食品认证。全县培育了绿色有机认证主体 20 个以上，认证基地 10 万亩以上，培育企业品牌 15 个以上。云龙县坚持培育和宣传并重，富有成效地开展了地理标志产品保护工作，使地理标志保护产品成为促进农业增效、农民致富和推动区域经济发展的"金字招牌"，持续发挥绿色品牌对生态农业发展的示范效应。目前，云龙县已被列为全国农产品地理标志认证试验示范县。麦地湾梨于 20 世纪 90 年代初被云南省农业科学院认定为特晚熟优质梨，2010 年取得绿色食品认证，2014 年获得国家农产品地理标志认证，2015 年入选"全国特优新农产品名录"。截至 2020 年，云龙茶已有注册商标 7 个，分别是"大栗树""佬僰""云极""大山头""云腾""恩祖""沧江古树"。此外，大栗树茶叶基地获得了有机茶园认证，实现了经济、生态、社会效益"多赢"。云龙茶产业的品牌效应促进了云龙茶产业的发展，使其在市场竞争中站稳脚跟，形成品牌效益、竞争优势。

云龙县加强绿色品牌建设，走出了一条绿色发展的循环路径，不仅减少了资源消耗和环境污染，而且激发了生态产业化潜能，推动云龙县域经济高质量发展。

第三节　美丽乡村建设提升生态宜居水平

党的十九大报告指出，农业农村农民问题是关系国计民生的根本性问题，必须始终把解决好"三农"问题作为全党工作重中之重[①]。乡村振兴的总要求是"产业兴旺、生态宜居、乡风文明、治理有效、生活富裕"，这是实现"两个一百年"奋斗目标的必然要求，也是解决人民日益增长的美好

---

① 习近平：《决胜全面建成小康社会　夺取新时代中国特色社会主义伟大胜利——在中国共产党第十九次全国代表大会上的报告》，人民出版社，2017，第 32 页。

生活需要和不平衡、不充分发展矛盾的迫切要求。美丽乡村建设属于"生态宜居"的重要内容，是"生态宜居"的重要抓手，是加强农村生态文明建设的应有之义。云龙县在发展过程中积极响应政府号召，通过政府主导、各方参与、产业生态化以及完善基础设施三方面的措施建设美丽乡村，以提高当地农民的生态宜居水平。

一 政府主导+群众参与

云龙县在美丽乡村建设过程中，形成了政府主导、群众等各方共同参与的良好局面。一是政府主导。云龙县政府主导推进农村人居环境整治提升，着力加强村庄编制规划管理，持续推进农村"厕所革命"，提升农村"两污"治理和村容村貌水平，构建长效管护机制，确保农村人居环境持续改善[1]。云龙县生态环境局的负责人 S1 表示："乡村振兴示范首先就是生态振兴，要做到生态振兴，农村环保的措施要跟进，一是垃圾分类管理要到位，要变成自觉行动，不能随便乱丢弃垃圾，然后推进分类资源综合化利用；二是畜禽粪污跟农村生活污水要资源化利用，有效处置。"[2]

二是群众参与。美丽乡村建设的最大受益者是群众，群众在享受美丽乡村建设成果的同时，通过自主参与村庄卫生保洁、设施维护和绿化养护等工作，推动美丽乡村建设。此外，为进一步落实各方责任，云龙县还积极发挥城镇带动作用，形成乡村新型城镇化与美丽乡村建设融合发展的良好局面，以吸引更多的社会力量参与到美丽乡村建设中来。通过一系列的人居环境改善工作，当地的村民也明显感受到当地人居环境大为改观，且大部分受访村民对村里面的生态环境有较高的评价。

以云龙县白石镇、漕涧镇以及民建乡近年来的美丽乡村建设行动为例。白石镇政府准确全面贯彻新发展理念，不断发挥党组织战斗堡垒作用，持续聚焦产业发展、项目建设、人居环境提升等中心工作，努力在打造人居

---

[1] 杨伟松：《云龙县召开农村人居环境整治提升现场推进会》，http://www.yunlong.yn.cn/c/2023-03-27/655911.shtml。

[2] 访谈时间：2022 年 11 月 29 日。访谈地点：云龙县生态环境局。

环境提升示范区、产业振兴示范镇,"一区一镇"建设工作上发力。在群众方面,白石镇充分发挥群众积极性与主动性,通过硬件提升和机制探索完善,以点带面推动全镇人居环境改善,努力建设景色美、环境优的生态宜居新乡村(见图3-3)。白石镇的某村民说道:"村子里面的每一条路都硬化得非常漂亮,路边也栽了花花草草、树木,还搞了集粪池、化粪池,风景各方面都很好,我们饭后出去散散步,都感觉变化很大,大家都很高兴。"①

图3-3 白石镇美丽乡村建设行动
资料来源:选取自"云龙关注"微信公众号。

漕涧镇采取"镇、村、网格、群众"四级联动形式开展美丽乡村"提'颜'增'质'"活动,完善"主要领导抓部署、包片领导抓督促、两委干部抓一线、居民群众齐参与"的工作机制,积极发动干部群众投身环境整治行动,进一步赋能美丽乡村建设。通过一系列措施,漕涧的村容村貌整体改善,仁山村、铁厂村成功申报省级卫生村。全镇正积极向着建设美丽富强乡村、绘制写意"乡村水墨画"、推动乡村宜居宜游、让人民群众在"记住乡愁"中感受"诗和远方"的目标迈进②。

民建乡自推动巩固拓展脱贫攻坚成果同乡村振兴有效衔接以来,乡政

---

① 曹东、毛廷沛、杨廷钧:《【大兴调查研究·记者走基层】白石镇:齐心提升环境促宜居》,https://mp.weixin.qq.com/s/EmHwSAFERCIe89pFSyg_1w。

② 宋卫佳:《【学习贯彻党的二十大精神】漕涧社区开展美丽乡村提"颜"增"质"活动》,https://mp.weixin.qq.com/s/yLfo2-TAQIMNRRZZ7aWHOw。

府聚焦农村垃圾处理、污水治理、村容村貌整治三项重点任务，推行人畜分离、畜禽圈养，实施"畜圈搬迁"工程，同时组织当地群众积极参与人居环境项目改善工程。民建乡各级干部多次深入下布麻召开群众大会，组织群众广泛协商，根据群众意见和建议及时修订完善村规民约，引导村民进行自我管理、自我服务、自我教育、自我监督，并全面实行家庭环境卫生"每天都扫、随脏随扫"、村庄环境卫生"门前三包"和"一周一大扫"责任制，让村民自觉做人居环境整治的参与者、管理者、守护者，通过政府和群众的共同努力，民建乡人畜混居、道路脏乱等环境问题大有改观①。

综上所述，云龙县美丽乡村建设得到了当地政府与群众的大力支持，以"政府主导+村民参与"的形式，推进云龙县美丽乡村的建设。一是政府主导，落实工作责任，成立了美丽乡村建设领导小组，主要领导亲自抓，分管领导具体抓，落实成员单位工作职责，强化对项目建设工作的领导和实施，为美丽乡村建设项目快速有序推进提供坚强保障。二是充分发挥群众能动性，动员和引导村民自觉加入美丽乡村建设的队伍中来，努力实现"共建、共治、共管、共享"，提升广大村民的获得感与幸福感②。

二　产业生态化+群众增收

云龙县依托自身生态优势，大力发展高原特色农业产业，促进高原山地农业增速发展，同时有效拓宽当地群众的收入来源，推动群众增收，稳步推进乡村振兴。

一是产业生态化。云龙县坚持绿色发展、持续发展理念，打造"名、特、优"农产品，生态效益与经济效益不断凸显，真正实现了"绿水青山就是金山银山"。云龙县立足资源禀赋、发挥比较优势，依托麦地湾梨、云龙

---

① 旷宏飞、杨伟松：《【大兴调查研究·记者走基层】云龙民建乡：文明乡风"扮靓"美丽乡村》，http：//www.yunlong.yn.cn/c/2023-05-10/657123.shtml。

② 旷宏飞、李继明：《云龙荞地登：昔日"脏乱差"如今"洁静美"》，http：//www.yunlong.yn.cn/c/2022-04-22/641702.shtml。

茶、诺邓火腿、诺邓黑猪、云龙矮脚鸡等 5 个地理标志产品，做强以诺邓火腿为支撑的生猪全产业链主导产业，扎扎实实做好"土特产"这篇文章，为高山河谷地貌的特色生态农业产业发展探索出一条新路。云龙农业农村局相关负责人 Y 提到："生态农业一共有三个层次，分别是生态、绿色、有机，有机是最高标准，有机和绿色都需要认证，高原特色农业食品，亦指绿色或者有机食品，不能施用化肥、农药，只能施有机肥，这个是产品里面最高级别的有机，在检测方面也必须对整个产品进行溯源。"①

二是群众增收。在产业生态化的趋势下，云龙县当地群众实现有效增收。例如天池林果场辐射带动全县 11 个乡镇 6000 多农户种植麦地湾梨 4 万多亩，直接为周边群众提供固定就业岗位 46 个，每年增加群众务工收入 140 多万元。天池林果场负责人说："我们在这个品牌的创建和产品的质量管理上，通过绿色食品科学化、系统化的管理，把产品质量做优做强。企业的宗旨就是种好一棵梨树，结合乡村振兴、乡村旅游，推动一、二、三产业联动发展，带动父老乡亲致富，带动整个产业做强、做大。"② 再如，自新村的当归在种植过程中均使用有机肥和农家肥，在保障当归品质的同时减少了对环境的污染，当归基地的蓬勃发展有效满足了周边群众的就业需求，该基地的负责人表示，在用工方面，在考虑自身产业发展的同时，会兼顾附近群众的生活需求，给予年龄较大的村民就业机会，有效发挥联农带农作用。

综上所述，云龙县通过开发生态旅游、有机农场等产业生态化等方式，有效带动当地群众增收，将生态约束劣势转变为生态产业优势，生态产业蓬勃发展的红利为当地群众增加经济收入，推进乡村振兴。

三 完善基础设施

云龙县在美丽乡村建设过程中不断完善乡村基础设施，在全县各村范围内推进村庄绿化、村庄美化。建设内容包括道路硬化，推进照明工程、

---

① 访谈时间：2022 年 11 月 30 日。地点：云龙县农业农村局。
② 访谈时间：2023 年 2 月 3 日。访谈地点：云龙县天池村。

环境整治工程，建设中心公园、休闲广场，修缮老旧墙体，改进圈舍，修建排污系统等。表 3-3 展示了云龙县 6 个自然村基础设施建设规划。

表 3-3 云龙县 6 个自然村基础设施建设规划

单位：个

自然村	卫生厕所改造	垃圾站建设	生活污水治理项目
胜利村	0	0	18
宝丰村	3	0	22
福利村	13	1	13
检槽村	23	11	14
天池村	12	2	11
诺邓村	25	0	11

资料来源：根据 2022 年云南大学中国乡村社会大调查（云南）村居问卷调查数据，由调查小组统计整理得到。

一是创建示范区，以点带面完善基础设施建设。云龙县将白石镇定位为"人居环境提升示范区"，充分发挥当地群众积极性与主动性，推进农村人居环境提升行动，通过硬件提升和机制探索，以点带面推动全镇人居环境大提升，努力建设景色美、环境优的生态宜居新乡村。2023 年 3 月，白石镇启动实施了白石村大华山村民小组美丽村庄建设项目，目前正在对村内原有的水塘进行修复、改造和提升，通过施工项目改善整个村庄的人居环境；在推进公共项目建设的同时，白石镇干部职工、党员、群众共同参与绿化环境、卫生整治等美丽村庄建设工作，启动实施了集粪池修建等一批到户项目，从源头上解决了群众居住集中所带来的污水直排、牲畜粪便随意堆积等问题。白石镇以打造人居环境示范区为目标，充分依靠群众主人翁责任意识，在全镇范围内大力实施人居环境提升"六个一"行动，通过软件硬件两手抓，提升村民爱家园、护家园的整体意识以及群众生活幸福感和满意度[①]。例如，中和村在道路基础设施等硬件配套不断完善的基础上，村干部充分发

---

① 曹东、毛廷沛、杨廷钧：《【大兴调查研究·记者走基层】白石镇：齐心提升环境促宜居》，http://www.yunlong.yn.cn/c/2023-04-27/656883.shtml。

挥党组织和党员作用，与各村组群众共同制定村规民约、建立卫生监管等相关制度，村民们自发组织在村内空地、道路周边、自家庭院及庭院周边栽花种树进行美化和绿化，推动全村人居环境改善。

二是加大资金投入力度，开展基础设施建设项目。云龙县投入 200.7 万元完成长新乡、诺邓镇天池村、团结乡河南村和河东村的垃圾收集处理建设项目。各地人居环境项目建设实施，例如云龙县民建乡主动向上级汇报，争取资金后实施下布麻人居环境提升建设项目，村内道路、垃圾池、太阳能路灯、活动场所、卫生厕所等基础设施得到整体改善，彻底改变了下布麻村民小组"晴天粪污遍地，雨天污泥横流，垃圾满天飞"的现象，整个村子人居环境焕然一新。① 同样地，调研小组走访的村落也已经意识到了开展基础设施建设的重要性并纳入了未来规划。如云龙县检槽村村干部 J 提到："对于检槽村，未来规划的核心理念就是人均收入水平进一步提升，基础设施水平进一步提升，全村生活、收入水平进一步提升。"②

综上所述，云龙县美丽乡村建设项目的落地实施，完善了乡村基础设施，帮助村落面貌由昔日的脏乱差转变为如今的洁净美丽，提升了当地的生态宜居水平。

---

① 旷宏飞、杨伟松：《【大兴调查研究·记者走基层】云龙民建乡：文明乡风"扮靓"美丽乡村》，http://www.yunlong.yn.cn/c/2023-05-10/657123.shtml。
② 访谈时间：2022 年 12 月 6 日。访谈地点：云龙县检槽村村委会。

第四章 绿色生态赋能县域产业协同发展

第一节 高原立体生态农业夯实产业振兴基础

"立体生态农业"是基于生态学成层原理而模拟的人工生物种群组合，其自身的发展遵循生态学的基本规律，根据生态位原理，生物种群间存在异质互补垂直组合，空间、时间、土壤养分和水分利用等方面的互补，物种间共生、互利的相互关系使资源环境得到最大限度利用。其中复杂的物质流和能量流是其生命力来源，物质循环再生和能量的多级利用提升了立体生态农业的生产力，在长期相互作用的影响下，最终要达到自然和人工的生态系统的结构稳定和功能协调[①]。高原立体生态农业模式就是在农林牧副渔多模块形成生态循环的基础上，充分利用海拔差优势，在低海拔区种植早熟的农产品，提前进入市场；中海拔区的农作物正常上市；高海拔区种植晚熟的农作物，上市时间较晚。由此形成了早中晚的农产品供给市场格局。

云龙县委、县政府出台的《云龙县坚持绿色主导加快推进百亿级高原特色农业产业发展的实施意见》中，提出云龙县的高原立体生态模式是立足高山、净土、原生态的资源禀赋和立体气候条件，贯彻落实"创新、协调、绿色、开放、共享"发展理念。山地地形是云龙县农业发展的劣势所在，但也是云龙县农业生态优势所在。

本节根据实地调研情况和政府工作报告来探讨云龙县高原立体生态农业是如何夯实产业振兴基础的，为云龙县未来的农业发展提供依据。首先

---

① 付伟、赵俊权、杜国祯：《云南山区立体生态农业的发展模式》，第十五届中国科协年会第 24 分会场：贵州发展战略性新兴产业中的生态环境保护研讨会会议论文，贵阳，2013。

介绍了适宜发展高原生态农业的基础优势条件；其次分析了农业产业发展取得的成效。

一 生态农业高质量发展优势

基于天然地理优势拥有丰富的自然资源。第一，云龙县拥有面积广大的土地资源，且农业开发适宜，土壤类型丰富。第二，云龙县具有种植高品质农产品的气候优势，走的是一条独特的高原立体农业道路，位于湿润区与半湿润区的交界地带，属于大陆性亚热带高原季风气候，适合各种作物的生长。第三，丰富的水资源为全县农业生产提供了充足的保证。境内峰峦叠嶂，江河纵横交错。第四，物种资源的丰富，全县的森林覆盖率达到了 70.74%，空气质量优良，水质检查点 100% 达标，空气、水源和土壤都是清洁无污染的，具备生产生态、优质、安全的农产品的条件。

立体海拔优势利于发展立体农业。云龙县境内最高海拔 3663 米，最低海拔 730 米，海拔差近 3000 米。山体垂直差异较大①。云龙县依托独特的高原生态农业资源，建设以泡核桃、茶叶、麦地湾梨、花椒、林下中药材、黑山羊养殖为主要产业的高海拔特色产业示范带；以金银花、诺邓黑猪养殖为主要产业的中海拔特色产业示范带；以特色水果、蔬菜、水产养殖、肉牛养殖为主要产业的低海拔特色产业示范带，如图 4-1 所示。

云龙县是以农业为主的地区，也是云南省经济比较落后的地区，发展农业是解决当地问题的关键，代代相传的农耕文化成为云龙县农业发展的重要资源。在工业化、城市化高度发展的今天，越来越多人产生了回归自然、体验农业文明的愿望和要求。特色农业与文化融合，悠久的历史和深厚的文化底蕴，为生态农业产业的形成与持续发展奠定了扎实基础。

诺邓黑猪作为云龙县地方品种猪，已有 1000 多年的历史，而用诺邓黑猪腌制诺邓火腿的历史始于唐，盛于宋，相传南诏王微服私访，见诺邓火腿用盐泥敷腌，大感惊奇，令人取之，观之色泽红润，让人赏心悦目，食之香

---

① 聂坤慧、张玲、贺旖达等：《云南山区立体生态农业创新发展模式研究——以乌蒙山区为例》，《价值工程》2018 年第 16 期。

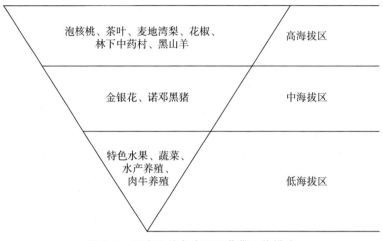

图 4-1　云龙县特色产业示范带立体模式

资料来源：根据 2022 年云南大学中国乡村社会大调查（云南）访谈调查资料，由调查小组统计整理得到。

味浓郁、满口余香，赞不绝口，于是成为当时的宫廷贡品，也成长为远近闻名的地方名优土特产品[①]。被誉为云龙县"鱼米之乡"功果桥镇的优质水稻和宝丰乡小坪村的蔬菜种植都有着上百年的历史。另外，麦地湾梨作为云龙县特色水果品种，据《云龙县志》记载"已有近百年的栽培历史"。图 4-2 为 Q 肉制品公司的诺邓火腿。

　　基础设施良好推动农产品电商。基础设施的改善使农产品发展各个环节的经济活动降低了成本，有力促进了产业集群的形成与发展。位于大理、保山、怒江三州市接合部，属"澜沧江开发开放经济带"规划主轴"核心区"，"大漾云""云兰""云永""云泸"4 条高速公路的建设，让云龙县成为云南西部的交通枢纽，具备创建为滇西面向西南开放农产品生产中心、加工中心、物流中心、种质资源保护中心的地缘优势[②]。农业区域布局逐渐完善，云龙县把优化产业布局作为推进生态农业高质量发展的重要抓手，紧紧围绕打造世界一流"绿色食品牌"，按照"大产业+新主体+新平台"

[①]　旷宏飞：《哇塞！云龙有这么多的地理标志认证农产品，你知道几个？》，http://www.yun-long. yn. cn/c/2016-06-09/508288. shtml。

[②]　数据来源于《云龙县高原特色农业产业发展情况》，材料由云龙县政府提供。

图 4-2　Q 肉制品公司的诺邓火腿

资料来源：调查小组自摄。

发展模式，大力实施"一二三行动"，即深入推进"一县一业"，聚焦种植业和电商"两端"，坚持设施化、有机化、数字化"三化"发展方向①。

　　综上所述，云龙县拥有的优越自然环境、悠久农耕文化和良好的基础设施，为高原立体生态农业的发展奠定了基础，为产业发展取得成效提供了良好的条件。

二　生态农业带动县域经济发展与农户增收

　　第一，电商平台促农民增收。在如今云龙县大力发展高原生态立体农业的背景下，农业产业取得了明显的发展。过去农民们想要卖出农产品只能通过自己跑业务，不仅销量小，且容易受外界因素影响。在这种情况下，

---

①　《云南"十四五"期间将实施"一二三行动"加快打造世界一流"绿色食品牌"》，https://nync.yn.gov.cn/html/2021/shouyetoubuxinwen_0123/376342.html。

为拓宽销售渠道增加群众收入，云龙县借助电商平台，开展网络销售活动，把高原特色农产品更快、更多销售出去，把优质农产品带出大山，走向更广阔的市场，农产品销售渠道拓宽，助力企业增效、农户增收。在 2018 年，云龙县就被列为国家级电子商务进农村综合示范县。全县基本普及电子商务应用，实现"三有一能"的目标，即县有农村电子商务服务中心，乡镇有电子商务服务站，村有电子商务服务点，农户能通过电子商务销售自产产品①。

近年来，在天池村麦地湾梨成熟的时候，云龙县电商协会积极组织开展网络销售活动，来自全县的几十名网络主播聚集在天池林果场，进行麦地湾梨线上销售活动。主播们在镜头前一边推介梨，一边带领大家欣赏梨园风光。每年通过电商直播，线上销售额可超 20 万元②。在云龙县检槽乡，也涌现出一批电商能人，他们利用直播平台，在农产品和市场之间架起一座桥梁，把优质农产品带出大山，有效助力农民增收。例如，云龙县检槽乡清文村清河组的农户 Y 利用直播，一方面销售自己采的野生蜂蜜，另一方面帮助周边的农户销售野生菌、白芸豆、野生药材等农副产品。同时，很多农户开通了抖音、快手、小红书账号，和网友分享采蜜的日常。深山老林、悬崖峭壁，他们的视频惊险刺激，充满冒险性，这种真实感让消费者更加信赖其产品③。调研走访的村庄中，都有农户通过电商销售农产品，其中诺邓村数量最多，有 25 户④。

大力发展农村电子商务是涉农经济发展的有效途径，它一方面把方便和优惠带到农村，另一方面把农村的特色农产品带到城市，让更多的农副产品通过互联网走向大市场，让农村经济能够面向市场，可以实实在在地推动地区经济的发展和提高农村居民生活水平，促进农村发展和劳动力就业⑤。

第二，打造新型经营主体，小农户衔接大市场。云龙县坚持分类指导、

---

① 数据来源于《云龙县电子商务进农村综合示范项目自检自查报告》，材料由云龙县政府提供。
② 数据来源于《云龙县融媒体中心云龙：电商拓宽致富路》，材料由云龙县政府提供。
③ 杨伟东、曹东、字银洁：《云龙县检槽乡：电商进村打通农产品销售"最后一公里"》，http://www.yunlong.yn.cn/c/2023-08-11/659448.shtml。
④ 根据 2022 年云南大学中国乡村社会大调查（云南）村居问卷调查，由调查小组统计整理得到。
⑤ 梁达：《电商成为农村经济增长新动力》，《金融与经济》2017 年第 2 期。

典型示范和内培外引相结合，积极培育新型农业经营主体，推动小农户与大市场的有机衔接，全县已培育各类农产品加工企业 44 家、农民专业合作社 394 个、家庭农场 53 个、农业庄园 7 个。其中，有省级龙头企业 9 家、州级龙头企业 8 家、国家级农民专业合作社 2 个、省级农民专业合作社 8 个、州级农民专业合作社 11 个、省级农业庄园 1 个、州级农业庄园 5 个、州级休闲农业示范企业 1 个[①]。在实地调研的村中也收集到了当地家庭农场、农民合作社和企业的数据，如表 4-1 所示。

表 4-1 各村多种经营主体数量

单位：个，家

地点	家庭农场	农民合作社	企业
胜利村	2	0	0
宝丰村	0	0	2
检槽村	8	3	1
天池村	4	0	1
诺邓村	12	3	2

资料来源：根据 2022 年云南大学中国乡村社会大调查（云南）村居问卷调查资料，由调查小组统计整理得到。

近年来，云龙县按照"区域化布局、规模化发展、标准化生产、一体化经营、品牌化导向"的发展路子，以"龙头带农、科技兴农、基地扶农、市场活农"为主攻方向，全面实施"龙头带农"战略，引导、扶持、培育、壮大诺邓火腿厂、人栗树茶厂、天池林果场等一批起点高、效益好、带动强的龙头企业，通过龙头企业与农户直接签订种养和收购合同、组织农产品进入市场等方式，达到了"扶持一个龙头、壮大一个产业、致富一方百姓"的效果，走出了一条龙头企业带动脱贫致富的新路子，为全县经济社会跨越发展注入活力[②]。同时全县摸索出"党支部+合作社+企业+农户""村集体+公司+

---

① 数据来源于《云龙县高原特色农业产业发展情况》，材料由云龙县政府提供。
② 赵雪梅：《"龙头带农"带出"富裕云龙"》，http://www.yunlong.yn.cn/c/2016-12-05/510192.shtml。

养殖小区+农户""党支部+合作社+电商平台+农户""党支部+公司+基地+合作社+农户""党支部+农业综合服务部+党员中心户+农户"等诸多产销模式。实现了分散经营的农户与大市场的对接，有效解决了农产品难卖问题，为群众提供示范种植养殖、信息交流、咨询服务和相关技术培训，提高了农业综合效益，保障了群众的利益。

多种经营主体推动可持续发展，产业振兴催生出一大批优秀的龙头企业、合作社等，它们在努力发展自身的同时也积极推动云龙县乡村的可持续发展。一方面，通过与村集体合作，租用土地厂房等资源给付租金，将闲置的资源盘活，壮大村集体经济，村集体可以利用资金进行乡村建设，有些村集体还会用资金做公益项目，帮助困难户，以此形成良性循环。另一方面，生猪、肉牛的养殖等都需要大量的饲料，企业、合作社等会与农户合作，向其购买大量的粮食做饲料，同时农业产业经常需要季节性大量用工，农户们可以就近就地就业，在不耽误农活的同时又可以获得额外的收入。

诺邓镇 M 公司年加工火腿可达 5 万多支，对周边群众就业有很强的带动作用。其一，每年固定用工 20 人左右，提供五险一金，最低工资保障有3500 元；其二，条件合格的情况下，农户可以代管火腿，一家每年管理 3000支腿，每支 30 元，那么每年就可以得到管理费 90000 元；其三，周边农户养殖的黑猪或红猪符合标准的话，也会被企业高于市场价收购；其四，企业需要租用土地，会向村里每年交 30000 元的土地流转费用。2016 年以来，通过"公司+基地+农户"的发展模式，M 公司已带动诺邓村贫困户 135 户465 人发展火腿加工产业，切切实实增加了贫困户家庭的收入，真正做到了带动群众脱贫致富①。R 牧业公司在基地建设过程中，农户通过正规合法渠道把自家林地、土地等生产资料流转、出租给企业，既满足了企业基地建设及发展需要，也增加了出租户、流转户的收入。同时，企业在基地建设及生产管理等方面需要大量的劳动力，周边群众在向公司出租土地的同时，

---

① 《【我身边的榜样】云龙县第三届劳动模范——徐琨斌》，http://www. yunlong. yn. cn/c/
2022-05-06/642453. shtml。

根据公司生产需要，可在就近就地务工。企业流转农户土地进行饲草种植，租用土地的每年 50 万元租金会直接到农户手里，同时每年会有分红给到村集体经济用作公益事业，解决村里的水电问题，推动文化建设等。村民小组可以用这笔分红帮助困难户。企业也会向帮扶的困难农户发放母猪，送母还子。R 牧业公司固定用工 42 人，其中饲养员 38 人，在收构树和皇竹草饲料的时候，会需要 20~30 人的临时工，工资最低 3500 元。整个关坪乡有 20 多家农户在跟着 R 牧业公司做养殖，全县数量更多，其中还有一些是家庭农场户。

第三，发挥品牌效应，农产品附加值提升带动增收。这也是云龙县生态农业产业发展增速的有效渠道，随着农产品市场的不断变化，农产品在营销上面临着产品同质化、信息共享化、促销手段通用化等若干问题。一方面，云龙县通过品牌效应提高产品知名度；另一方面，通过延长产业链增加产品附加值。在全球经济一体化的趋势下，农产品市场竞争日益激烈，品牌已成为市场竞争的重要手段。农产品区域品牌效应的提升，对于拓展市场、促进农业产业升级、带动区域经济增长具有重要的意义①。

品牌是农业现代化的标志，是农业生产实现转方式、调结构的重要抓手。实现农产品加工业的转型升级，拉动农产品的消费需求，迫切要求实施农产品品牌化发展②。云龙县围绕省、州关于打造世界一流"绿色食品牌"的安排，坚持实施农业品牌战略，把品牌建设作为增强市场竞争力、提高农业综合生产力的重要抓手。目前已成功申报麦地湾梨、云龙茶、诺邓火腿、诺邓黑猪、云龙矮脚鸡 5 个地理标志产品，认证基地规模 16 万亩、畜禽 50 万头（只），认证产量 25616 吨，认证数量居全省第一；获得有机食品认证 16 个，认证基地面积 19972 亩，认证产量 3855 吨；获得绿色食品认证 11 个，认证基地面积 7300 亩，认证产量 8923 吨；获得无公害农产品认证 8 个，认证规模 5.62 万头（只），认证产量 3329 吨。"大栗树""佬

---

① 郝鑫：《黑龙江省农产品区域品牌效应研究》，硕士学位论文，东北林业大学，2015。
② 滕睿颖：《乡村振兴背景下麻阳柑桔品牌化发展研究》，硕士学位论文，中南林业科技大学，2021。

弑""诺邓火腿"被认定为云南省名牌农产品,诺邓火腿、云龙茶同时入围"中国品牌价值百强榜",并分别以48.9亿元和34.01亿元的品牌价值列第68位和84位。

没有形成品牌之前"诺邓火腿"产量少、价格低、产值不高,没有给群众带来很高的经济效益。2012年《舌尖上的中国》播出后,"诺邓火腿"的品牌效应很快凸显出来,2014年"诺邓火腿"地理标志通过审批后,"诺邓火腿"的信誉度、地域知名度和市场竞争力得到进一步提高,很多游客慕名来到诺邓,既提高了火腿销量,又带动了诺邓古村旅游业的发展。下一步将以"诺邓黑猪"顺利通过地理标志农产品认证为契机,组建诺邓环保生态猪放养合作社,为诺邓火腿提供优质腌制原料,同时通过加强加工厂房和诺邓火腿腌制基地等硬件基础设施建设、加强产品研发、增强品牌保护意识等,把诺邓火腿打造成全球知名品牌,通过火腿的品牌效应影响和带动地方畜牧业及旅游业发展,从而促进地方群众增收致富①。

茶叶产业围绕"做大基地、做强龙头、做精产品、做优品牌、做远市场、做活机制、做深文化"的发展思路,从生产、加工、营销、科技等方面进行集中扶持,成功走出了一条"有机、特色、优质、高效"的发展路子和"农户+基地+公司+品牌连市场"的发展模式,实现健康发展。大栗树茶、佬弑茶等一系列产品因其独特、优异、稳定的品质而得到了广大消费者的认可,产生了良好的品牌效应,促进了群众增收和产业发展。大栗树茶更是在已获得云南省无公害农产品认证的基础上,2004年至2010年连续7年获得有机食品认证。茶叶企业在产品供不应求的形势下,稳扎稳打,不断通过网络、媒体等渠道扩大品牌效应、开拓省内外市场,使企业经营能力和自我发展能力迈上一个新台阶②。

全产业链加工方式促全县增收,农业全产业链是农业生产分工与协作的载体,改造和提升农业全产业链是创新农业发展方式、实现农业现代化

---

① 赵雪梅:《"品牌效应"助力我县特色产业发展》,http://www.yunlong.yn.cn/c/2016-04-12/508353.shtml。

② 施帆:《绿色希望——宝丰乡茶叶产业快速发展走笔》,http://www.yunlong.yn.cn/c/2013-05-23/509281.shtml。

的重要途径①。诺邓火腿在"企业+基地+村集体经济组织+农户"的发展模式下，开启了产业化经营模式。从生猪养殖，到制作火腿、挂腿，再到制作成品，周边村民积极参与到全产业链中来，这保障了周边村落村民增收②。为了延伸产业链、提高产品附加值，研发推出生吃火腿片、炒饭宝、五花肉、肉肠和豆腐肠等10多种产品，为农民富裕、农村繁荣奠定坚实基础③。其中做得很好的就有长新乡建立的Q肉制品公司，其根据市场需求逐步扩大生产规模，延长产业链条，走精深加工之路，提高产品附加值，把D养殖专业合作社近200户社员饲养的生猪全部加工成产品，降低养殖户的经营风险，促进生猪生产的良性发展，切实保障好养殖户的"钱袋子"④。

X种植专业合作社创社10多年来，始终践行"联合合作、为农业发展、为农民服务"的理念，不断在五谷杂粮产品的研发、销售上下功夫，走出了一条集生产、加工、销售为一体的产业链，让五谷杂粮从传统的农产品变成了附加值更高的商品，最大限度地保障了山区种粮群众的收益。R牧业公司通过"公司+农户/贫困户"模式，充分利用土地开发整理利用项目，带动周边农户发展果木种植，以区域自产自销形式有计划地完成整个生产经营过程，并以"公司负责提供猪苗、饲料原料采购及加工、技术服务配套、按保护价回收销售"的方式，推动实现"种养加"为一体的全产业链发展模式，带动周边群众一起走上致富路⑤。同时，包括土地租金在内，每年带动8个村的集体经济57万元以上。

在实地调研中，对于各村村支书的问卷调查中发现宝丰村、诺邓村和检槽村都有农户从事农产品加工业，其中检槽村高达756户，各村从事农产

① 葛晶：《沈阳农业全产业链现代化提升路径研究》，《辽宁经济》2023年第1期。
② 《七彩云南的绿色故事（大理云龙）》，http://www.yunlong.yn.cn/c/2022-11-25/653448.shtml。
③ 字梅霞：《苗尾傈僳族乡：民族团结之花常盛常开》，http://www.yunlong.yn.cn/c/2023-01-11/654396.shtml。
④ 旷宏飞、杨伟松：《【答好"大理之问"推动"云龙之变"】云龙县"一县一业"发展步入快车道》，http://www.yunlong.yn.cn/c/2022-01-20/632226.shtml。
⑤ 杨建萍、曹东：《【落实现场办公会部署】云龙：生猪全产业链成为"一县一业"主场》，http://www.yunlong.yn.cn/c/2021-08-25/619784.shtml。

品加工业农户数量如图 4-3 所示。

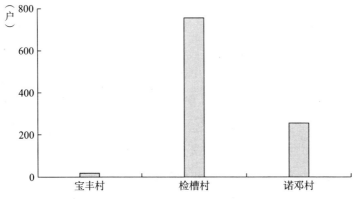

图 4-3　各村从事农产品加工业农户数量

资料来源：根据 2022 年云南大学中国乡村社会大调查（云南）村居问卷调查资料，由调查小组统计整理得到。

第四，因地制宜，因户施策。云龙县漕涧镇相关负责人 C 说："培育产业，因地制宜，宜养则养、宜种则种，促进群众增收致富。"① 云龙县山高谷深、土地零碎、立体气候明显，海拔差异大，很难大规模发展单一品种的农产品，产业发展难以突破"小、散、弱"的困局。再加之交通不便、信息闭塞，农药、除草剂、化肥等农资难以运到山区，群众种植的荞麦、玉米等五谷杂粮产量低、种类杂、销售难、效益低，以自产自销为主。上海浦东新区来到当地挂职的负责人经过实地调研后，提出这些不起眼的杂粮既符合上海的消费需求，又具有绿色农产品的优势，可以将各种杂粮加工组合之后销往上海。把"小散弱"组合起来形成五谷杂粮的组合装，把劣势变优势②。坚持"一村一策"，"因地制宜、宜农则农、宜林则林、宜药则药"，充分发挥生态优势、特色优势，走"长短结合、高矮并举"产业发展路子③，在带领

① 李继明、杨伟松、杨红伟：《【我们的新时代】漕涧镇：人勤家和产业兴美丽村庄是我家》，http://www.yunlong.yn.cn/c/2022-09-07/651534.shtml。

② 资料来源于《云龙县扶贫开发领导小组云龙县脱贫攻坚典型案例集》，材料由云龙县政府提供。

③ 资料来源于云龙县巩固脱贫攻坚推进乡村振兴领导小组关于印发《关于进一步发展壮大村集体经济助力乡村振兴的实施方案（试行）》的通知，材料由云龙县政府提供。

农户致富的同时也带动县域经济发展。

综上所述，高原立体生态农业作为云龙县产业振兴的基础，全面带动了县域经济发展并增加了农户收入。首先，从个体层面，农户从线下寻找客户，转为线上电商直播销售与线下结合，销售渠道拓宽带来了更多的收益；农户通过加入企业、合作社等农业经营主体，建立紧密的利益联结机制来增收致富。其次，从县域层面，一系列产品因其独特、优异、稳定的品质而得到了广大消费者的认可，产生了良好的品牌效应，开拓省内外市场，促进了县域产业发展。

第二节　绿色能源网激活产业振兴新动力

随着全球对于环境保护和可再生能源的日益重视，绿色能源成为当前产业发展的热点。云龙县的风光水储一体化绿色能源网结合了风能、太阳能和水能。首先，通过建设风电场和太阳能发电站，可以大规模地捕捉风能和光能，将其转化为可用的电力；其次，通过建设水力发电站，利用水位落差，配合水轮发电机产生电力，将水能转化为电能，再将这些得到的电能输送给有需要的地方或储存起来以备不时之需。建设风光水储一体化绿色能源网，除了可以提供可持续的、绿色的能源，还能为产业振兴注入新的动力。在中国能源研究会、国家电网有限公司主办的首届农村能源发展大会暨清洁能源装备展上，国家能源局新能源和可再生能源司表示，能源是产业振兴的重要载体，广大乡村地区风能、太阳能、水能等可再生能源资源丰富，是大力发展新能源产业的新增长极。加快发展新能源产业，加大农村地区清洁能源建设力度，有助于促进农村产业提档升级，带动产业链向上下游延伸，支持生态宜居、美丽乡村的建设①。

本节根据实地调研和政府工作报告分析风光水储一体化绿色能源网如何助力激活产业振兴新动力。首先介绍了云龙县绿色能源发展的资源优势；其

---

① 董梓童：《清洁能源产业成乡村振兴新引擎》，《中国能源报》2022年8月22日。

次介绍了开发绿色能源可以在助力农业产业发展,维持适宜的生态环境的同时发展光伏农业;最后总结了社会效益,可以为当地创造就业机会,促进经济发展,稳定农业季节性收入波动,共同提升县域和农户经济收入。

一 绿色能源高质量发展优势

第一,绿色能源资源丰富。云龙县有着特殊的地理地貌,地处横断山南端,从西到东依次排列有崇山山脉、盘山山脉、清水朗山山脉,境内山川南北纵贯,特殊的地质地貌、立体地理气候,潜藏着巨大风能资源①。云龙县的年平均风速在每秒3米以上,处于中等风区,风能资源非常可观。县内大雪山、毛嘴山、白马山等地海拔较高,地形崎岖,风势较为强劲,风能资源潜力巨大。近年来,云龙县积极推进清洁能源发展,利用风能建设了一批风电项目。现已建成漕涧梁子风电场和清水朗山风电场。

云龙县太阳能资源富足,年平均总辐射量每平方米在5000兆焦以上,地处滇西南高山深谷地带,气候温和,年平均气温在16℃左右,日照时间长达2000多小时,光照强度大,平均日照时间达到6.5小时,年平均太阳辐射量约为每平方米1644.5千瓦时,年日照百分率在39%~49%。云龙县在近年来积极推进清洁能源的利用,大力发展太阳能产业。云龙县充分发挥特有的地理优势和资源条件,不断拓展太阳能利用场所和途径。目前,云龙县已经建成多个太阳能发电站,并获得了良好的经济效益和社会效益。太阳能发电是云龙县发展太阳能产业的一大重点,总装机容量超过2500千瓦。这些太阳能发电站的建设,对替代传统火力发电,减少煤炭燃烧所产生的有害气体,减少环境污染具有重要意义。同时,太阳能发电还可以解决云龙县境内部分地区电力供应不足的问题,为当地居民和企业提供可靠的电力保障。除了太阳能发电,太阳能热水器是云龙县另外一个重要的太阳能利用途径。目前,云龙县已经建设多个太阳能热水器系统,为当地居民、企业提供热水服务。太阳能热水器不仅可减少传统燃煤烘干造成的空

① 李少军:《我县新能源开发借风启航首批风电项目引资十七亿元》,http://www.yunlong.yn.cn/c/2012-07-27/509651.shtml。

气污染，还可降低用能成本。除了光伏电站，云龙县还在街道办事处、学校、医院等公共设施上大力推广光伏发电。例如，在当地的公交车站、文化广场等场所，设置了太阳能充电设备，方便市民给手机、平板电脑等电子产品充电。全县将进一步突出以立体光伏能源开发为重点，全面加快绿色能源转换，发挥绿色能源优势，着力建设全州绿色能源基地。

水能资源是重要的战略性资源。21 世纪初，随着清洁、可再生能源开发和云南储源基地建设步伐的加快，云龙县水能资源恰逢开发机遇。在水电上，现已建成功果桥、苗尾两大水电站，水电电力装机达 243 万千瓦，据云龙县生态环境局相关负责人介绍："还有小水电站 27 座，电力装机 19 万千瓦。"[1] 这些水电站开发的电能资源占比如图 4-4 所示。目前，正在谋划实施抽水蓄能项目。规模以上水力、风力发电产值达 22.42 亿元，年平均发电量达 109.95 亿千瓦时[2]。2014 年 3 月，功果桥水电站枢纽工程在昆明通过水电水利规划设计总院专家组的专项验收，成为澜沧江流域第一个通过专项验收的大中型水电站[3]。2017 年 10 月，苗尾水电站首台机组正式投产发电，成为云南省"十三五"期间首座投产发电的大中型水电站[4]。

第二，全县助力打造绿色能源强县。近年来，县政府为了支持绿色能源产业的发展，制定了一系列配套政策和措施，吸引了大量的资本和企业进驻。目前，云龙县主要涉及的绿色能源产业领域包括光伏电站、风电场、水电站等领域。在光伏电站领域，云龙县已建设多座大型光伏电站，形成了较为完善的产业链条，并且通过政府引导和资金扶持，吸引了众多的光伏发电企业进驻。在风电场方面，云龙县的地理位置优越，拥有适合建设风电场的条件，目前已建设多个大型风电场，发电总容量达到上百万千瓦，风力发电成为该县绿色能源产业的又一个重要支柱。云龙县抓好以水能为主的清洁能源建设，加快建设高效安全电网，继续打造跨区域电力

---

① 访谈时间：2022 年 11 月 29 日。访谈地点：云龙县生态环境局。

② 旷宏飞：《【非凡十年】十年来，云龙县坚持因地制宜，产业发展后劲明显增强》，http://www.yun-long.yn.cn/c/2022-11-07/653066.shtml。

③ 数据来源于《功果桥水电站枢纽工程通过验收》，材料由云龙县政府提供。

④ 数据来源于《苗尾水电站首台机组发电》，材料由云龙县政府提供。

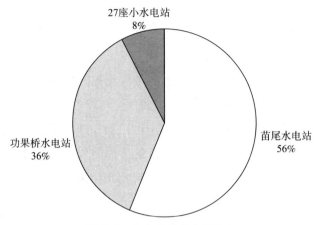

图4-4　水电站开发电能分布

资料来源：根据 2022 年云南大学中国乡村社会大调查（云南）访谈调查数据，由调查小组统计整理得到。

交换枢纽，构建具有区域性特点的能源保障网，推进清洁能源建设。发挥新能源和传统能源的互补优势，科学有序、更高质量、更高标准地发展风电、太阳能光伏发电、生物质发电等，稳妥推进太阳能光伏发电和太阳能多元化利用，促进光伏发电与农业综合开发利用相结合，协调处理好风电开发与环境保护的关系，推动风电健康有序发展①。

　　总而言之，在天然的丰富能源和全县助力打造绿色能源强县的共同作用下，云龙县绿色能源产业高质量发展，同时为农业发展提供助力。

二　开发绿色能源助力农业发展

　　第一，生态水土保持。农村绿色能源发展是生态文明保护建设的重要内容，也是乡村振兴战略中的重要内容。在注重科学发展观的基础上，相关部门需要注重清洁能源开发利用与环境保护之间的结合。为进一步促进生态文明建设，相关部门需要在遵循社会主义生态文明观的基础上，开展绿色能源系统建设。在美丽乡村视角下，经济效益、社会效益与生态效益

---

① 数据来源于《云龙县国民经济和社会发展第十四个五年规划和二〇三五年远景目标纲要》，材料由云龙县政府提供。

的统一是农村绿色能源系统建设的主要目标。为促进这一目标的实现，相关部门需要让农村群众认识到生活质量与环境效益的重要性，并将环境保护措施纳入绿色能源发展战略[①]。

云南地区用于大型光伏电站建设的荒山荒地或低产旱地，与我国西北地区的沙漠戈壁有较大差别，这些土地仍然有植物生长。实践证明，这些土地如果不缺水，大部分会成为良好的农业用地。因此，光伏电站的建设，使这些土地既得到灌溉水源，又大幅增加农业经济效益。光伏农业的实施，提高了荒山荒地或低产旱地的利用价值，在解决大型光伏电站大面积建设用地问题的同时，又能提供大量优良的农业用地，为缓解耕地紧张的压力创造条件。光伏农业的实施意义重大，很有必要。适合建设光伏电站的区域，其生态环境一般都比较脆弱，场址地形一般既是向阳坡又是迎风坡更容易出现土地荒漠化。而在这些区域建设光伏电站正好可以帮助缓解土地的荒漠化：光伏方阵可以减少阳光对土地的暴晒，能够降低土壤的温度，减少土地水分的蒸发；同时可以减少风对土地的侵蚀，避免大风对土地的直接吹拂，减小地面风速，有效减少土地水分的挥发。

第二，光伏和农业协调发展。《中国农村能源发展报告 2021》提出，随着乡村振兴和双碳目标的提出，农村一、二、三产业融合发展趋势渐趋明显，农业项目与能源项目开始融合，出现了能源产业与农业产业融合发展的商业模式。这些新型商业模式的出现，不仅促进了能源产业的发展，更是直接促进了智慧农业和智慧乡村的建设，也反映了农村能源发展进入了更高的发展阶段。农村清洁能源的发展有利于农村能源生产消费模式创新，因地制宜充分利用农村当地丰富的可再生能源资源，可促进能源多元化利用，不断改善能源结构和产业结构，推进能源消费结构升级。比如，光伏和农业、渔业、林业等结合，开发农光互补、渔光互补、林光互补等"光伏+"项目，打造生态复合工程，一举多得。2022 年，工信部等六部门发布的《工业能效提升行动计划》提出，加快分布式光伏等一体化系统开发运行，推进

---

①　张盾：《农村绿色能源系统建设研究》，《节能》2019 年第 2 期。

多能高效互补利用，推动智能光伏创新升级和行业特色应用，创新"光伏+"模式，推进光伏发电多元布局。中国光伏行业协会认为，在政策支持下，未来光伏产业将和其他产业加速融合，助力碳中和目标的实现①。

光伏农业是将太阳能发电广泛应用到现代农业种植、养殖、灌溉、病虫害防治以及农业机械动力提供等领域的一种新型农业。光伏农业符合生物链关系和生物最佳生产原料能量系统要求、遵循农产品生产规律并创新物质和能量转换技术，以达到智能补光、补水及调温的目的。发展光伏农业，不仅有利于实现土地资源利用最大化，契合我国土地集约化生产的需求，还可通过单晶硅光伏组件或薄膜组件组成的棚顶吸收太阳能发电，在满足自身用电需求之余将富余电力输送到国家电网，增加收入来源，提高农户经济收益。光伏农业将太阳能与农业结合，能真正实现低碳农业，达到良好的社会效益、经济效益和生态效益。与传统太阳能电站相比，光伏电站建在人口密集的地方，可减少输电过程中电量损耗。从长远来看，现代农业需要科技和新能源作为推进的动力，而光伏技术的应用对现代农业的支撑和我国农业转型具有重要意义。

目前光伏农业主要有四大模式，即光伏种植、光伏养殖、光伏水利、光伏村舍，具体内容见表4-2。

表4-2　光伏农业模式

序号	光伏农业模式	内容
1	光伏种植	将光伏和种植业结合在一起，具体包括光伏蔬菜、光伏花卉、光伏苗木、光伏食用菌、光伏中药材、光伏茶园、光伏果园、光伏林业等
2	光伏养殖	将光伏和畜牧养殖结合在一起，具体模式有光伏畜牧（牛、羊、猪、鸡、鸟类等），以及光伏渔业（淡水养殖、海水养殖及水面光伏等）
3	光伏水利	将光伏和水利设施相结合，包括农业灌溉、人畜饮水、林业灌溉及荒漠化治理

① 董梓童：《清洁能源产业成乡村振兴新引擎》，《中国能源报》2022年8月22日。

序号	光伏农业模式	内容
4	光伏村舍	结合美丽乡村建设，把光伏应用到农村建筑中

资料来源：根据云龙县人民政府官网资料，由调查小组统计整理得到。

以市场为主导，企业为龙头，健全农村土地流转服务体系，实现"光伏+绿色牧业"产业化和规模化开发。发挥云龙县光热资源和土地资源优势，立体化利用光热资源和土地资源。在光伏太阳能电站区域内，以小流域生态修复综合治理为目标，开发绿色、优质的绿色食品和具有多用途、可深加工的绿色牧业产品，项目的建设推进光伏产业与牧业产业有机结合，提高农业竞争力，既符合推动生态文明建设的重大实践要求，又符合现代牧业和农村经济发展的客观规律，是推动区域经济发展和生态文明建设的重要途径①。光伏种植模式主要包括"光伏+大田种植"和"光伏+农业大棚"两种类型。

"光伏+大田种植"模式推广应用较为广泛，利用光伏阵列间的土地进行大田种植，适用的作物品种较多，阵列间距足够机械化种植。药材光伏模式是采取"板上发电、板下药材"农光互补模式，光伏板下种植喜阴的中药材。林光模式常用于花卉、林木种植。光伏林业项目实施过程中，占用林地性质不改变，在光伏板间及光伏板下种植林木。

"光伏+农业大棚"模式因农业大棚的种类较多，所以该模式被划分出种类也比较多，主要有以下几种。第一，"光伏+连栋大棚"利用棚顶倾角的变化，增加南坡面的面积，减少北坡面的面积，在南坡面全部铺设或者间隔式铺设光伏组件。该模式不单独占用土地，会很大程度上降低棚内高温，但是因增加了组件的铺设，需要相应提高大棚的结构强度、承重能力，这样会增加基础投资30%~60%，同时运营管理难度增加，清洗难度大，对保持高效率发电造成极大影响。第二，"光伏+日光温室"利用可种植反季

---

① 国电电力云南新能源开发有限公司：《云南省大理州云龙县凤代（清水朗山光伏发电项目）可研报告》，http://www.ylx.cn/ylxrmzf/c107000/202212/2082507fafff46dfa9373e7880e98fa0/files/d8ba1123b8ca45f7a4db1b0a1d7dbe99.pd。

节蔬菜的有山墙的拱棚，拱面覆膜，冬季加覆保温层。该棚型是北方反季节蔬菜种植的主要棚型，每座规格一般为 667～1000 平方米。光伏组件和支架系统可以安装在山墙上，也可以独立建设。该模式适合在有大面积日光的温室应用，因增加了支架的高度，进而增加了成本，清洗难度大，同时为了不影响蔬菜的种植，必然要增加日光温室的间距，目前这种模式应用较少。第三，"光伏＋普通蔬菜拱棚"，该棚型由全拱支架和覆膜组成，结构简单，投资规模较小。单层膜无法种植反季节作物，北方地区一般采取双层膜或加盖保温层来实现反季节种植。该模式和"光伏＋日光温室"类似，支架高度增加，棚间距增加，使得土地占用面积增加，光伏投入成本增加。第四，"光伏＋食用菌棚"，该棚型由支架、单层塑料薄膜、外遮阳网组成，结构与普通蔬菜拱棚类似，为了方便食用菌的生长，棚内设置菌棒台架。该棚型南北方通用，北方入冬后不再生产。该模式主要有以下两种类型：一种是菌棚在光伏组件正下方，能够更好地实现遮光，也能有效避免夏季高温对生产的负面影响，但在春秋季不利于温度提升，不利于规模化生产，同时支架的升高增加了投资成本；另一种是菌棚在组件阵列之间，这种模式可以在光伏电站建设完成后，根据间距、高度、遮光等要求进行菌棚的设计，实现光伏阵列与菌棚的完美结合，该模式应用相对较多。

光伏和农业发展采用共用共享模式，包括灌溉系统共用、电力共享和道路共享。农业种植需要灌溉系统，而光伏组件需要进行清洗和降温。设计"农业＋光伏"灌溉系统，在灌溉的同时实现光伏组件的清洗和降温，从而增加光伏电站的发电量。灌溉系统覆盖项目全部土地，管道铺设时系统考虑大田灌溉及组件清洗的需要，在能满足组件清洗需要的同时又能做到不损伤农作物。利用水泵将水井中的水抽到蓄水池中储存，蓄水池通过管道给农业灌溉，给组件清洗供水，光伏组件清洗后的水又可以重复利用。农业灌溉设施用电因远离县城供电区域，重新铺设供电电源既影响光伏发电又影响农业种植，故采取光伏发电与灌溉系统用电共享的方案来满足局部用电需求。光伏电站应检修的需要，在整个光伏场区内建设检修道路，同时考虑农业种植需要，在进行道路设计与施工时，一并实施，尽可能实现道路共享，降低各方面成本①。

　　总之，开发绿色能源主要从两方面助力农业发展。一方面是减少对传统能源的依赖；另一方面是发展光伏农业，实现农光互补，在解决光伏大面积用地问题的同时可以起到土地保水的作用。

三　县域和农户经济收入共同提升

　　第一，提高农户生活质量。龙头企业引领，荒坡、荒地、旱坡地、草地的流转，"光伏+绿色牧业"的产业化和规模化发展，农村劳动力直接参与光伏项目建设，可使村民获得长期稳定收入，为乡村振兴、社会主义新农村建设和"一村一品"提供强劲的产业支撑和经济保障②。牧光互补光伏电站是光伏应用的一种新模式。与建设集中式大型光伏地面电站相比，牧光互补项目具有以下优点。其一，牧光互补光伏电站利用的是光伏支架间下部及阵列间嵌进行畜牧养殖，并不单独占用地面，也不会改变土地使用性质。其二，在光伏支架阵列间养殖，能满足牧草与家畜的采光需求。其三，利用光伏发电不仅可以满足畜牧部分的电力需求，还可以将剩余的电并网出售，增加收益。其四，牧光互补光伏电站着重把光伏和生态结合起来，利用田园景观、牧业生产活动和生态畜牧业经营模式，以最大限度地利用资源，增加收益。其五，发电项目带动，农民实现稳定增收。通过发展牧光互补，农民收入得到增加。这主要表现在以下几个方面。土地租金收入，光伏电站所占用的土地采取租赁方式，确保了持地农民通过土地流转得到稳定收入。合作社入股分红，光伏电站利用光伏组件高支架与地面的空间，土地照常利用。业主无偿或低价提供该部分土地给牧业合作社使用，合作社统筹养殖经济家畜，收入全额归合作社。牧业合作社由政府主

① 国电电力云南新能源开发有限公司：《云南省大理州云龙县凤代（清水朗山光伏发电项目）可研报告》，http://www.ylx.gov.cn/ylxrmzf/c107000/202212/2082507fafff46dfa9373e7880e98fa0/files/d8ba1123b8ca45f7a4db1b0a1d7dbe99.pd。
② 国电电力云南新能源开发有限公司：《云南省大理州云龙县凤代（清水朗山光伏发电项目）可研报告》，http://www.ylx.gov.cn/ylxrmzf/c107000/202212/2082507fafff46dfa9373e7880e98fa0/files/d8ba1123b8ca45f7a4db1b0a1d7dbe99.pd。

导成立，社员为电站项目租用土地的持地农民，按自己所持土地面积比例折合成合作社股份，社员年底参与利润分红。项目建设期间，当地农民出工获取劳务报酬。项目投产后，持地农民为合作社出工养殖经济家畜，就地解决劳务用工，同时帮助电站定期清洁太阳能光伏板也能使农民获得收入。

牧光互补项目通过扩展土地利用空间，解决了工业经济发展用地供给需求与人均土地偏少的常见矛盾。项目的建成对保持水土、改善养殖条件、提高当地农产品价值卓有成效。一是拓展地方税源，牧光互补发电项目投产后，运营期间，电站每年需上缴地方税费，有利于增强县域经济的可持续发展能力。二是电站采用农光互补开发模式，得到国家的大力支持。初步规划的云南省大理州云龙县云顶村光伏发电项目将打造成云南省农、光一体化示范基地，这将进一步促进地方经济发展。光伏农业由投资建设方负责建设农业的配套设施，如灌溉水井、储水设施、灌溉水渠、供水管道、水肥一体化泵房等，并由当地农业公司负责种植、收割、销售，给当地农民提供就业机会，拉动当地经济的增长①。

自苗尾·功果桥水电站投入建设以来，地方和企业围绕"搬得出、稳得住、逐步能致富"的搬迁目标，持续加大移民后期扶持工作力度，实施了一大批涉及基础建设、社会事业、产业培植和生态环境保护等多个领域的项目，真正让移民群众富起来、库区美起来。截至 2022 年 6 月，苗尾水电站、功果桥水电站两个库区已注入移民后期扶持专项资金 19398.44 万元，先后实施了移民后期扶持项目 136 个。在地方加大扶持力度的同时，苗尾·功果桥电厂牢固树立"建设一座电站，带动一方经济，保护一片环境，造福一方百姓，共建一方和谐"的理念，积极助力库区建设。电站的建设和生产运营为云龙县财政增加了税收收入，助力了地方经济发展。电站生产运行期间，通过后勤、绿化、保洁等服务，为当地群众提供了长期就业岗

---

① 国电电力云南新能源开发有限公司：《云南省大理州云龙县凤代（清水朗山光伏发电项目）可研报告》，http://www.ylx.gov.cn/ylxrmzf/c107000/202212/2082507fafff46dfa9373e7880e98fa0/files/d8ba1123b8ca45f7a4db1b0a1d7dbe99.pd。

位约 500 个。通过大力实施"百千万工程"，全面巩固拓展脱贫攻坚成果，有效衔接乡村全面振兴，持续补齐民生短板弱项，为周边群众解决各类民生难题①。功果桥镇依托水电移民、乡村振兴等扶持政策和有利养殖条件，引导农户大力发展肉牛养殖，全镇兴起了"养牛热"，形成家家养牛家家"牛"的产业发展态势。功果桥镇先后投入 600 多万元实施了移民后扶肉牛养殖、扶贫开发肉牛养殖等 7 个项目，建成 3 个规模化养殖场所，共有 52 户肉牛规模养殖户，120 户肉牛养殖示范户，一般养殖户达 2000 多户②。

云龙县紧紧围绕脱贫攻坚"两不愁三保障"，结合电站移民后期扶持目标，切实改善了电站非搬迁村庄生活环境。目前苗尾乡 140 多户 400 多人的非搬迁村庄基本实现村庄美、居住优的目标。苗尾乡表村村汤邓、瓦窑厂、瓦窑靠、三岔场 4 个村小组属于苗尾水电站建设淹地不淹房的非搬迁村庄，以前这些村寨出行难、居住环境差。2018 年到 2019 年，云龙县按照脱贫攻坚"两不愁三保障"要求，以打造"生态宜居"的移民村寨为目标，投入了 380 多万元的后期扶持资金，实施了 4 个村寨的村内道路硬化、房屋装修、院心硬化、改厨、改厕等项目。得益于项目的实施，这些地方的群众居住环境变美了，幸福感和满意度也得到了提升③。

第二，带动县域经济发展。农村能源转型升级不仅是经济发展的动力，也是扶贫的重要支撑。"十三五"以来，我国合理开发利用贫困地区能源资源，积极推进贫困地区重大能源项目建设，提升贫困地区自身"造血"能力，为贫困地区经济发展增添了新动能。特别是在革命老区、民族地区、边疆地区、贫困地区优先布局能源开发项目，建设清洁电力外送基地，为所在地区经济增长做出了重要贡献④。

清洁高效的光伏能源让贫困户实现脱贫，也让扶贫成为一种可持续的

---

① 李继明、杨学禹、古丽娜：《【奋进新征程　建功新时代】云龙：群众富库区美 移民后扶显成效 》，http://www.yunlong.yn.cn/c/2022-06-24/646223.shtml。

② 杨志平、杨伟松：《云龙功果桥镇：家家养牛家家"牛"》，http://www.yunlong.yn.cn/c/2022-05-07/642735.shtml。

③ 杨伟松、左冬敏：《【云龙关注】苗尾水电站非搬迁村庄实现生态宜居》，http://www.yunlong.yn.cn/c/2021-09-29/621626.shtml。

④ 周莘：《以绿色能源助力乡村振兴》，《金融时报》2022 年 2 月 10 日。

长效机制。引来活水，授人以渔，一方面企业获取了源源不断的收益；另一方面贫困户获得了自食其力走向富裕的技能，变被动为主动，变输血为造血，双向互动，实现了经济效益与社会效益的双赢①。美丽乡村建设与绿色能源系统建设之间是相辅相成的。绿色能源体系建设可以为美丽乡村建设奠定基础；美丽乡村建设的实施，也有助于绿色能源在农村地区的推广。美丽乡村建设是乡村振兴战略的重要组成部分。产业振兴是乡村振兴的重要内容。绿色能源体系的构建，有助于农村经济的发展，也可以在促进农村基础设施建设的基础上，促进农村地区环境质量的提升。美丽乡村建设与农村绿色能源系统建设之间具有相辅相成的关系。农村绿色能源系统建设工作的开展，有助于乡村地区的产业振兴与生态振兴。农村绿色能源系统建设是农村地区经济社会发展的必然趋势。在利用宣传手段提升农村居民绿色能源使用意识的基础上，对绿色能源服务体系进行完善，可以为美丽乡村建设奠定坚实基础。国家政策鼓励、经济支持和技术研发之间的有效结合，也可以为绿色资源的高效配置提供保障②。

第三，发挥产业振兴示范带动作用。当前，农村经济社会持续稳定发展，农村能源消费总量不断提升，新的能源应用场景，特别是可再生能源应用场景快速涌现。以风、光、水、地热、生物质能等为代表的可再生资源被大规模开发，未来将在农村经济、社会发展进程中发挥积极作用。农村地区是清洁能源开发建设的主战场，也是落实碳达峰、碳中和目标的重要领域。

发展农村清洁能源有利于培育经济发展新动能。能源产业具有投资规模大、上下游拉动作用强等特点。"十三五"期间，可再生能源的开发有力地带动了装备制造、建筑施工、交通运输、新能源汽车、能源存储转化等产业的快速发展。我国农村地区有着巨大的清洁能源开发潜力和市场前景，加快农村清洁能源产业发展，将进一步带动相关产业投资，大幅增加农村地区的就业岗位③。

---

① 薄鸿：《让清洁能源持续赋能乡村振兴》，《太原日报》2022年10月8日。

② 张盾：《农村绿色能源系统建设研究》，《节能》2019年第2期。

③ 董梓童：《清洁能源产业成乡村振兴新引擎》，《中国能源报》2022年8月22日。

坚持"统筹兼顾、因地制宜"的原则,处理好顶层设计和差异化发展的关系。一方面,进一步提升农村能源绿色转型在乡村振兴战略中的地位,完善农村能源绿色转型顶层设计,推动农村能源绿色转型助力乡村振兴。另一方面,综合考虑资源禀赋等差异性因素,最大限度发挥能源资源优势,统筹规划不同地区、不同经济规模的农村能源转型方式,为农村提供多元化、综合性用能解决方案,逐步形成不同类型、不同特点的农村能源建设新格局。坚持"有序开发、分期推进"的原则,将农村能源体系建设目标和乡村振兴总体目标有机统一起来,处理好短期目标和长期目标的关系。在短期目标方面,进一步加强农村清洁绿色能源基础设施建设,保障其基本用能需求;在长期目标方面,聚焦于农村清洁绿色能源规模化发展,实施农村综合能源系统建设工程,充分发挥农村能源绿色转型的综合效应,实现农村生态、能源、经济、社会的良性循环,支撑乡村振兴战略,助力实现碳达峰、碳中和目标[1]。近年来,云龙县紧紧抓住国家实施清洁能源战略的机遇,始终坚持开发与保护并重,立足境内丰富的资源优势,加大新能源开发利用力度,大力发展以水电、风电、光伏发电为重点的清洁能源产业,着力将绿色能源优势转化为经济优势、发展优势,努力把云龙建成大理州的绿色能源重点县[2]。

综上所述,发展绿色能源产业首先改善了农户的生活环境,同时提供了新的就业机会;其次带动了县域经济发展,增加了投资并激发了经济活力;最后发挥了产业振兴示范带动作用,最大限度发挥了资源优势。

第三节 农文旅融合助力产业振兴全面发展

在乡村振兴背景下,推动农村一、二、三产业融合发展,为实现农业、文化、旅游产业一体化提供了发展新机遇。随着人民对美好生活的向往需

---

[1] 李斌:《农村能源绿色转型助力河南乡村振兴的实现机制与路径研究》,《农村·农业·农民》2022年第14期。
[2] 周瑜洁、杨伟松、旷宏飞:《【答好"大理之问"推动云龙之变】云龙:打好"绿色能源牌"建设绿色能源重点县》,http://www.yunlong.yn.cn/c/2022-02-18/634594.shtml。

求日益增强，农文旅融合发展已成为新时代发展农村经济和产业的新业态、新趋势[①]。云龙县委相关负责人指出，县域经济的良性循环就是要推动一、二、三产业融合发展。云龙县要依托滇西区域性交通枢纽，深入挖掘农业、生态、文化等资源，发展休闲旅游、健康养生等新产业新业态，推进大健康、农文旅相融合[②]。近年来，云龙县乡村农业、文化和旅游产业融合的速度不断加快，旅游等产业与乡村经济有机融合，拓展了产业发展空间，成为经济增长的新引擎。云龙县认真推进旅游革命工作、实施"厕所革命"，稳步推进"一部手机游云南"，积极打造精品自驾旅游路线，着力打造诺邓太极文化、高原特色文化、民族传统文化等品牌[③]。"十三五"期间，云龙县共接待海内外游客 502 万人次，实现旅游社会总收入 82 亿元[④]。

本节根据实地调研和云龙县政府工作报告分别从基于天池自然保护区、太极图等自然景观的生态旅游，基于地标农产品基础农业的美食餐饮，基于古村、盐、民族等文化的休闲文旅三方面介绍云龙县农文旅融合助力乡村振兴全面发展的表现。

一 基于自然景观的生态旅游

作为国家级自然保护区，天池共有高等植物 60 多科 200 余种，国家二、三级保护动物 19 种。天池地区一天之内，从早至晚，变幻无穷、风光无限。天池周边有五宝山环绕，五宝山最高海拔 3225 米，可东望点苍雄姿、北眺玉龙雪山、西览怒山峻岭、南观澜沧峡谷。在天池东南面，有两个圆形半岛，南北相对，从高处俯瞰或从远处眺望，极像两只绿色的乌龟低首伏水对视。天池地区为云南松母树林保护基地，这里的云南松高大挺拔，枝干

---

① 谭朋、罗武才、孙瑞达：《乡村振兴背景下湘桂边界省际民族团结示范村农文旅融合发展探索——以湖南江华瑶族自治县湖广同心村为例》，《现代农机》2023 年第 5 期。

② 郭芸芸、杨瑞雪、姚媛：《高山河谷探新路——云龙县高原特色农产品转型升级之路》，http://www.yunlong.yn.cn/c/2023-05-30/657607.shtml。

③ 资料来源于《云龙县文化和旅游局"十三五"工作总结"十四五"规划和 2020 年工作总结 2021 年工作计划》，材料由云龙县政府提供。

④ 资料来源于《云龙县文化旅游产业发展情况对比分析报告》，材料由云龙县政府提供。

苍劲，西面的大浪坝等处，更有宽阔的牧场，林高草茂，绵延起伏的草场风光绮丽、景色迷人①。

云龙县环山绕水的天然太极图，因形似 S 状的太极图而闻名。尤其在雨后，雨雾缭绕，深受游客喜爱。这幅由山和水形成的"太极图"方圆约 2 平方公里，因其在云龙县城的北郊所以又被称为"云龙太极图"。在通往天池的途中距县城约 8 公里处，能在观景台欣赏到天然太极全貌②。天然太极图文化墙由太极理念、太极与八卦、伏羲作八卦、神农立农、文王演周易、老子出道六大板块组成。传说很久以前，庄坪坝子里的农民正在红土地上挥汗如雨、热火朝天地劳动着，突然天空乌云翻滚、电闪雷鸣，倾盆大雨瓢泼而至。大雨连续下了七天七夜，山洪暴发，像一头凶猛的野兽冲向沘江，沘江河水猛涨，冲垮河堤，淹没农田，卷走民房，民不聊生。老百姓的哭声惊动了南天门的天兵，天兵立即禀告天庭，玉皇大帝马上派了一位仙人下凡治水。仙人来到凡间，看到水魔冲毁了石门、宝丰一带农田、房屋。他认真察看灾情，了解受灾原因后，便带领百姓修筑河堤，重建家园，并决定在庄坪坝子上建造一个太极图镇住水魔。仙人和百姓一起不辞辛劳地把五宝山上的土石背到庄坪坝子堵住河道，整整背了七天七夜，正好形成一个 S 形的太极图案，顿时水势减弱，百姓终于得救了③。"云龙太极图"不仅有瑰丽的自然风光供游客们观赏，动人的神话传说赋予的神秘色彩更加使游客着迷。

2 月下旬后，天灯村海坪村小组沿路的山林里会开满杜鹃花。海坪有山有水，既有湿地风光，又有高原风情，白天可享受踏青怡情，夜间可以躺在草坪上看星星。当地的自然环境良好，生态优美，生物多样性在这里有明显的体现，草地上的牛群和湖中的鹅，或是林间的鸟和湿地里的蝶与蛙，

---

① 《宝顶日出、百鸟争鸣、古道斜阳……大理云龙天池，24 小时之景，皆是不同》，http://www.yunlong.yn.cn/c/2021-05-18/614745.shtml。

② 云龙县融媒体中心：《五月云龙美景等你来打卡！》，http://www.yunlong.yn.cn/c/2022-05-06/642524.shtml。

③ 文学明：《【云龙文化】名山胜水太极图》，http://www.yunlong.yn.cn/c/2021-04-06/611870.shtml。

都是生态中的一个结，扣在一起就是一幅充满无限活力的生态美景图①。天灯村是直过民族傈僳族聚居的传统民族村落，狩猎曾是傈僳族群众重要的谋生手段，而弩弓则是傈僳族人民狩猎的重要武器，以往傈僳族人民上山都是弩弓不离身。至今，射弩已成为一项传统的体育竞技活动，每逢传统节庆，天灯村的傈僳族同胞们都会举行射弩比赛。近年来，天灯村以弘扬傈僳族文化、增强文化自信为出发点，大力推动特色村寨建设，多形式开展射弩比赛，民族歌舞进校园、进村寨等丰富多彩的活动，从点到面将传承和弘扬傈僳族文化提升到新的高度，在全村形成了浓厚的傈僳族文化氛围，进一步促进了民族大团结，提振了民族精气神，增强了民族自豪感和自信心②。影视剧《去有风的地方》中男主角在海坪开马场的剧情给海坪带来了热度，也使云龙县的旅游知名度提升，这正带来了旅游业的开发思路，可以在海坪开发骑马、露营、农家乐、射弩等综合旅游体验项目，带动当地村民的经济收入，为云龙县的旅游业增添新的活力。图4-5为海坪村小组风光。

云龙县漕涧镇，不光以古镇而出名，也以"温泉之乡"而著称。这里的温泉属高热硫磺泉。每年的9月份到次年的3月份，是这里洗浴的旺季，周边的怒江州、保山市等地的人们也慕名而来，人们扶老携幼，一住就是十天半月，利用天赐温泉疗疾健肤。志奔山九十九塘的杜鹃花每年6月娇艳盛开，向慕名前来的人们展示它的美艳与多姿。志奔山九十九塘位于云龙县漕涧镇西北部，大理、怒江两州交界线从此经过，属漕涧林场国有林区范围，海拔3200米。近年来，随着国家生态保护力度不断加大，志奔山林区植被得到了较好的保护，林区植物种类丰富、环境优美，生态保护成效显著，该区域已成为植物爱好者研究的热点地区和户外徒步登山爱好者的天堂。这里具有独特的气候条件，孕育着丰富多彩的动植物资

① 赵亮：《【云龙文化】春夏到有风的地方——云龙海坪吹吹风》，http://www.yunlong.yn.cn/c/2023-02-02/654729.shtml。
② 杨学禹、旷宏飞：《端午节当天苗尾乡天灯村在海坪举行传统射弩竞技比赛》，http://www.yunlong.yn.cn/c/2020-06-29/598704.shtml。

图 4-5 海坪村小组风光

资料来源：调查小组自摄。

源，拥有一批国家重点保护植物以及具有观赏性、药用性和极具科研价值的植物类群，是动植物繁衍生息的理想王国[①]。此外，漕涧分水岭有丰富的自然生态资源，人们在附近开设农家乐或饭馆，使游客们可以享用到当地美食，如山嵛、树头菜、牛尾巴菜、竹节菜、大白花杜鹃、鱼腥草等[②]。

二 基于地标农产品的农旅融合

天池麦地湾梨庄园，因其梨园盛开的美景而成为观光胜地。"鸟语花香旖旎景，山光水色满园春"，这是麦地湾梨庄园亭子上的一副对联。阳春三月，云龙县天池村万亩梨园进入盛花期，与周围的湖光山色融为一体，形成一幅美丽画卷。因天池梨园紧邻天然太极景观台，背靠天池国家级自然

① 字松芳、李云芳：《花开正好，这个周末，一起去赏杜鹃花!》，http://www.yunlong.yn.cn/c/2017-06-27/511210.shtml。

② 左荣彪：《笔记漕涧》，http://www.yunlong.yn.cn/c/2013-07-11/504825.shtml。

保护区，有得天独厚的自然条件，天池林果场在党支部的带领下，立足区位优势，做大做强麦地湾梨产业，不断拓宽群众增收致富的路子。此外，天池村不断延伸产业链条，着力发展乡村旅游产业和林下经济产业，在林下种菜、养鸡、种植中药材等。云龙县天池有万亩梨园，平常百姓家也有梨花，梨花不仅好看，也可以吃。梨花花瓣可煮粥，焯水泡后可炒酸菜①。麦地湾梨在向外输送销售的同时，游客们的到来也带动了销量增加。2023年3月，云龙县万亩梨园上演了民族时装秀。在梨园原生态T台上，当地群众身着白族、彝族、傈僳族、阿昌族、苗族、回族、傣族等民族的服饰，展示民族服饰文化。民族时装秀，展示了当地浓浓的民族风情和自信自强的精神风貌②。天池村某干部说："现在梨园已经有5户农家乐，这几天每天都会有200人至300人到梨园赏花，周末人还会更多，有500人至600人，有时会达上千人，每天有5000元至6000元左右的收入。"

诺邓火腿作为云龙县的五大地理标志产品之一，近年来，其知名度和美誉度不断提升。目前，云龙县共有诺邓火腿加工企业7家。其中省级龙头企业2家、州级龙头企业2家。2022年火腿加工产量达2000多吨，销售量达1143吨，其中企业集约化生产895吨，销售309吨。"大理·云龙梨花节暨火腿美食节"期间，工作人员现场切诺邓火腿供游客品尝。切一片薄薄的诺邓火腿，如玫瑰般鲜亮红润的瘦肉上，细密地分布着雪白的脂肪，二者交织构成精致的纹理，在时光中发酵出油润咸鲜的香醇，入口感觉紧实耐嚼，回味无穷。

三　基于悠久文化的文旅融合

第一，盐文化。它是云龙县历史发展中物质文明和精神文明建设成果的结晶，是推动云龙县社会历史前进的重要力量，因为盐文化的发展，促

---

① 《春雷响，万物长，云龙人要一口口"吃春天"》，http://www.yunlong.yn.cn/c/2021-03-11/610362.shtml。

② 杨铁军、高正达：《我县在天池梨园举行民族时装秀》，http://www.ylx.gov.cn/ylxrmzf/c106983/202303/1e08a9daac834f41991dcecf35737000.shtml。

成了云龙县古桥梁群、古建筑群、传统村落及民间艺术的发展，而盐马古道成为串联起古桥梁、古建筑及传统村落的重要纽带①。相传在山高谷深、溪水潺潺的原始森林里，有一个放牧的人，他的羊、牛总是争先恐后地冲向河边，抢着舔食附着在石头上一种洁白的粉末。他觉得奇怪，就用右手食指沾了一点用舌头轻轻品尝，不尝不要紧，一尝惊一跳，这是一种古代很"金贵"的东西：盐。他惊喜得大叫起来。于是一传十、十传百。诺邓古村就这样渐渐在盐井旁陡峭的山坡上一家家、一户户地成型了。于是在文学作品中我们就读到了这样的文字："峰回路转，崇山环抱，诺水当前，箐簧密植，烟火百家，皆傍山构舍，高低起伏，差错不齐，如台焉，为榭焉，一瞩而尽在眼前。"盐户、商人、政客、马帮从四面八方聚拢而来。"万驮盐巴千石米，百货流通十土奇。行商作贾交流密，铠铃时鸣驿道里"，生动描写了诺邓古村当年经济的繁荣景象。盐水从地面渗出或汩汩流过后，在石头上结晶出洁白的细微粉末，这是神奇的物理变化。云龙县诺邓盐文化博物馆和家庭生态博物馆里展示的石磨、马鞍、铠锣、马灯等物件，短短二三十年的时间，就纷纷变成"古董"，有的甚至永远消亡了。"进京九千九，下省一千三百九。"这句流传在当地的老话，说出了诺邓村极为偏远的位置。但因为盐的发现，诺邓的茶马古道四通八达，向东到大理和昆明，向南至保山、昌宁，向西翻越怒山和高黎贡山到达腾冲，向北经过兰坪和丽江，到达西藏。把诺邓当地的盐运出去，换回了外面的粮食、茶叶等常用的生活用品，丰富了当地人民群众的生活②。云龙县得天独厚的地理环境，造就了云龙县丰富的旅游资源，诺邓古村是云龙县旅游最大的一个看点，其是一个拥有千年历史的白族古村落，至今村里仍保留着大量的明、清两朝的古民居建筑，这是时间留给人们的财富。沘江也是一大功臣，因为有它，这里才有世界奇观天然太极图，沿沘江而上，有安澜桥、通京桥、水城藤桥、彩凤桥等，这些桥梁形态各异，弥足珍贵，它们历经风雨沧桑，

---

① 毛廷沛：《白庆武率队开展盐马古道专题调研》，http://www.yunlong.yn.cn/c/2023-05-19/657358.shtml。

② 字学明：《【游云南正当时】触摸诺邓古村》，http://www.yunlong.yn.cn/c/2022-06-06/645059.shtml。

仍然屹立在沘江之上。彩凤桥位于白石镇顺荡村，横跨沘江，据"云龙州官告示碑"记载，彩凤桥最初为石板桥，现为单孔伸臂式木梁桥，桥身用木方交错架叠，层层向河中挑出，西桥亭北侧墙面立有清乾隆四十七年（公元1782年）的"云龙州官告示碑"一块，碑头上书"永禁遵守"四个大字，碑文记载着古桥的历史及修桥的有关情况，以及行人、马帮过桥注意事项等。整座桥建筑精美奇巧，因桥内多施以彩画，又俗称"大花桥"。该桥既是云龙县通往兰坪、鹤庆、丽江、剑川的要津，又是顺荡食盐外运的重要通道，至今保存完好。据考证，该桥始建于明崇祯年间（公元1628~1644年），历代均进行维修①。盐文化与诺邓古村文化相辅相成，源源不断地吸引游客前来探寻，诺邓村从事休闲旅游业的家庭有178户之多②，极大促进了当地经济的发展。对于盐文化的传播和文旅融合的发展，云龙县文化和旅游局相关负责人W1提到："之后希望游客们可以体验到我们的这些民俗文化，我们的盐巴怎么样熬制，可以看看我们的这个传统。"③图4-6为诺邓盐博物馆的盐。

第二，民族文化。地处大理州西部的云龙县有着悠久的历史，民族风情浓郁，白族、汉族、彝族、苗族、傈僳族、阿昌族、回族等20多个民族在这片土地上繁衍生息，在漫长的历史进程中，因受地理环境、自然条件、民族风俗等因素的影响，在与中原文化的交流中，形成了风格多样、异彩缤纷且又独具特色的民族文化，各民族都保留着自己的传统文化，形式多样，有山歌、舞蹈等④。白族舞蹈"力格高"（白语，人之舞），动作粗犷，踢踏有力，被誉为"东方踢踏舞"；彝家寨子里的"辘鲁则"，集体打歌，舞步欢快有力，整齐划一，演绎生产生活；阿昌族的"春秋刀舞"，融武术与舞蹈为一体，将他们的尚武勇敢、豪放无畏体现得淋漓尽致，他们用自己的民

---

① 《许千年诺"盐"品百味雅"肴"｜云龙县"五一""三月街"假期旅游线路攻略》，http://www.yun-long. yn. cn/c/2023-04-28/656917. shtml。
② 根据2022年云南大学中国乡村社会大调查（云南）村居问卷调查资料，由调查小组统计整理得到。
③ 访谈时间：2022年11月28日。访谈地点：云龙县文化和旅游局。
④ 《"三月街"里的云龙文化》，http://www. yunlong. yn. cn/c/2023-05-09/657104. shtml。

图 4-6 诺邓盐博物馆的盐

资料来源:调查小组自摄。

族歌舞来记录生活的点滴,赞颂美好幸福的生活①。云龙县白族吹吹腔主要靠唢呐伴奏,又称"唢呐戏",具有鲜明的民族风情和浓郁的地方色彩,由明朝初期的江南汉族移民带入白族地区,后不断融合了白族的文学、歌舞艺术、民族传统礼俗逐渐发展成为独具白族文化艺术特色的民族剧种,距今已有 500 多年。吹吹腔遍布云龙县境内的绝大部分白族村寨,深得群众喜爱。云龙县吹吹腔民族文化艺术工作团、云龙县太极文化健身活动中心,广泛开展文化惠民演出工作,每年完成 80 多场次的文艺惠民演出,观众达 2 万人次②。

第三,非遗文化。云龙县的非遗文化丰富多彩,在几千年的历史长河中,创造了独特的本主文化、图腾文化、白族"吹吹腔"、五井洞经音乐、

---

① 《【云龙关注】太极福地 山水云龙》,http://www.yunlong.yn.cn/c/2021-03-22/610886.shtml。
② 黄忠:《云龙白族吹吹腔 吹开民族团结进步之花》,http://www.yunlong.yn.cn/c/2020-12-15/602378.shtml。

桥梁博物馆、梵文碑火葬墓群、道教建筑群、摩崖石刻、八三街、澡塘会、春牛舞、耳子歌、田家乐等民族文化遗产，这些文化遗产独具魅力，在今天的经济社会发展中仍起着重要的推动作用。受地理环境、自然条件、生产风俗等因素的影响，云龙县白族文化形态与洱海周边的白族文化形态存在一定差异性，形成了独具特色的山地民族文化，除了物质文化遗产外，还有丰富多彩的非物质文化遗产，有耳子歌这一国家级非物质文化遗产项目；有云龙县白族吹吹腔、山地白族刺绣、诺邓传统文化保护区等省级非物质文化遗产项目；有宝丰乡白族传统文化保护区、山地白族服饰、傈僳族"瓜七七"、宝丰白族接本主习俗、云龙县表村造纸技艺、白族泥塑、白族纸扎、团结乡彝族传统文化保护区、云龙县白族力格高、云龙县诺邓火腿制作技艺等州级非物质文化遗产项目。这些丰富多彩的非物质文化遗产，是全县各民族人民在生产生活中智慧的结晶，体现了云龙县文化的丰富性和多样性①。云龙县建设了7个传习所和9座白族吹吹腔古戏台，将诺邓镇诺邓村、团结乡河南村申报为省级民族传统文化生态保护区，将宝丰乡宝丰村申报为州级民族传统生态文化保护区。每年组织开展70多场"非遗进校园"活动，利用每年的"文化和自然遗产日"组织开展系列非遗展演活动，对云龙县非物质文化遗产进行大力宣传推广。

云龙县文化和旅游局相关负责人 W1 介绍文旅融合时说："少量的比如说是以自然景观为主的一些森林公园，还有一些保护区这些除外，基本上我们整个云龙的旅游发展，是离不开文化的。村子没有这些文化的内涵在里面，它就没有意义了，也就失去意义了。"② 来云龙县游玩的人们都可以切身体会到浓郁的民族风情，在休闲娱乐的同时感受不一样的民族文化。云龙县的农文旅融合统筹宣传推广，一是打造了一条从县城到天池的盐马古道徒步旅游线路，在线路示范段完成了标识牌安装。二是完成全年四季不同主题的乡村精品旅游线路规划，全面丰富了全县周边游、一日游、周

---

① 杨学禹：《文化遗产：悠久灿烂独具魅力》，http://www.yunlong.yn.cn/c/2016-06-08/508032.shtml。

② 访谈时间：2022 年 11 月 28 日。访谈地点：云龙县文化和旅游局。

末游和研学科考、自驾游、乡村游线路产品，拓展多元化消费渠道。三是根据省州关于新文旅 IP 策划工作要求，依托全县旅游资源优势，以"太极福地·千古盐邦"为核心，策划出云龙县"许一生相惜，诺一世不弃"爱情表白精品线路，并进行了广泛宣传。建立和完善政府主导、区域联动、行业联合、企业联手的旅游宣传促销方式，针对目标客源地市场，采用多种手段，通过"畅游云龙"微信公众号和制作云龙县旅游宣传专题片、景区宣传折页、手绘地图，参加旅游推介会等形式，全方位开展宣传工作。特别是抢抓"大理中国最佳爱情表白地"发展机遇，以"诺邓盐文化"为着眼点，以创建"大理中国最佳爱情表白地的最美'打卡点'"为目标，深入打造诺邓古村、天然太极、天池麦地湾梨庄园、天池国家级自然保护区、大浪坝 5 个爱情表白幸福"打卡点"①。

盐文化、诺邓古村文化、民族文化、非物质文化遗产共同推动了云龙县的文旅融合发展，云龙县统筹宣传推广，形成了文化旅游新格局。

第四节　可持续增长的产业振兴路径模式

本节以云龙县的实地调研数据作为分析依据，通过对问卷调查等量化数据的分布特点进行统计归纳，对访谈数据、观察日志以及相关部门提供的内部资料等质性文本开展系统分析，得出定量与定性数据的综合分析结果，并据此构建绿色生态赋能云龙县乡村产业振兴工作可持续增长的分析框架，具体分为高原立体生态农业、绿色能源产业和农文旅产业三个模块（见图 4-7）。

一　绿色能源产业协同高原立体生态农业发展

绿色能源产业协同高原生态农业发展有三个环节，生态保护使农业环境适宜，持续性收入稳定农业季节性收入波动，光伏农业提高土地利用率。

---

① 资料来源于《云龙县文化旅游发展情况报告》，材料由云龙县政府提供。

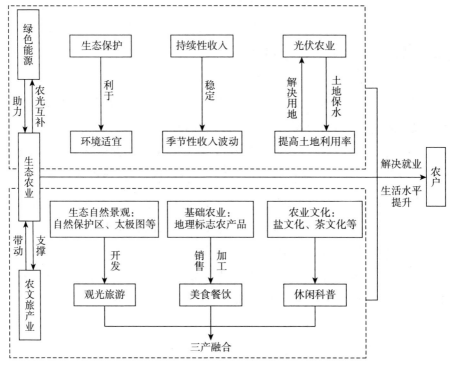

图4-7 乡村产业振兴可持续发展模式

资料来源：调查小组根据本章撰写内容总结整理得到。

第一，生态保护。农业发展依赖于土壤资源和水资源，传统能源的开采和使用常常对环境造成破坏，例如石油和煤炭的开采会污染水源和土壤。相比之下，绿色能源的开发利用，有利于生态环境保护。云龙县动植物种类多样，传统能源的开发和使用对生物多样性造成负面影响，例如石油开采可能破坏动植物的栖息地。而绿色能源的发展更加依赖自然资源，能够减少对生物多样性的破坏，有利于保护生物多样性。

第二，持续性收入。农业是一个季节性较强的产业，农作物的种植和收获时间通常有一定规律性，因此农民的收入也存在季节性波动。农闲季节农户缺少农业收入来源，开发绿色能源可以稳定农民季节性收入波动。电站建设占用土地采取租赁方式，确保了持地农户通过土地流转得到稳定收入，项目具体收入如图4-8所示；其次电站雇用农户，使农户在农闲时节出工获取劳务报酬。

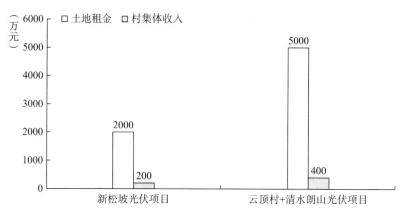

图 4-8　光伏项目收入

资料来源：根据 2022 年云南大学中国乡村社会大调查（云南）访谈调查资料，由调查小组统计整理得到。

第三，光伏农业（见图 4-9）。光伏农业将太阳能与农业结合，能真正实现低碳农业，达到良好的社会效益、经济效益和生态效益，其在提供大型光伏电站大面积建设用地的同时，又能提供大量优良的农业用地。多项研究指出，光伏组件遮阴能提升作物生长水分利用效率，促进晚季作物产量增加，实现旱地作物增产增效[①]。目前云龙县基于复合型光伏产业，开发光伏种植、光伏养殖、光伏水利、光伏村舍。

综上所述，绿色能源产业协同高原立体生态农业发展就是将绿色能源产业和立体生态农业结合起来，形成一种相互协同、相互促进的发展模式。云龙县由于地形地势复杂、气候条件特殊，传统农业的发展面临许多困难和挑战。然而，这种独特的气候条件适宜太阳能和风能等绿色能源的利用。通过建设太阳能光伏电站、风力发电站等绿色能源项目，可以为地区提供清洁、可再生的能源，实现对传统能源的替代，减少对环境的污染，并能在有限的土地上，通过光伏农业提高土地的利用效率。将绿色能源产业和立体生态农业结合起来，可以实现两者的协同发展。绿色能源产业可以为

---

① 魏雯婧、罗久富、杨路培等：《农业光伏互补开发与盈利模式研究》，《太阳能学报》2023 年第 3 期。

图 4-9　光伏农业

资料来源：调查小组自摄。

立体生态农业提供清洁的能源，而立体生态农业则可以为绿色能源产业提供土地使用等方面的支持。通过协同发展，绿色能源和立体生态农业可以相互促进，实现资源的最大化利用和环境的最大限度保护，促进经济的可持续发展，改善当地居民的生活条件，同时也可以保护高原地区的生态环境，实现生态文明建设目标。

二　农文旅产业协同高原立体生态农业发展

农文旅产业协同高原立体生态农业发展体现在基于生态自然景观的观光旅游、基于基础农业的美食餐饮业、基于农业文化的休闲科普游三方面。

第一，基于自然景观的生态旅游。生态旅游在我国起步较晚，但是发展迅速。我国的生态旅游主要是依托自然保护区、森林公园、风景名胜区等发展起来的。生态旅游要实现可持续发展必须以科学的规划和合理的开发为基础，而科学规划、合理开发的前提就是要分析保护区内生态旅游资源的吸引力，明确吸引力的强度和方向①。云龙县依靠优美的生态环境，动植物物种丰富的天池自然保护区（见图4-10）、环山绕水的天然太极图、有山有水的海坪村、以"温泉之乡"著称的漕涧镇等，吸引游客到来，周围的农户们纷纷开设饭馆或农家乐，在满足游客需求的同时，也增加了自身的收入。

图4-10 天池自然保护区

资料来源：选取"云龙关注"微信公众号。

第二，基于基础农业的美食餐饮业。云龙县的农旅融合离不开云龙县的高原生态特色农产品，诺邓火腿（见图4-11）和麦地湾梨都是云龙县独有的美味。首先，麦地湾梨不仅好吃，在梨园梨花盛开的季节，更是非常值得观赏的美景。其次，诺邓火腿不仅依靠云龙县得天独厚的黑猪养殖优势，还依托独特的制作工艺。随着火腿销量的增加，企业带动越来越多的

---

① 蒋晨丽、陈钦兰：《基于AHP法的国家自然保护区生态旅游资源吸引力评价——以梅花山为例》，《长江大学学报》（社会科学版）2021年第3期。

农户进行火腿腌制，严格把控质量。对于未来的发展，可以考虑让游客参与体验火腿的腌制过程，在品尝美食的同时增加娱乐体验感。加强传统农业、农产品加工业和乡村旅游服务业等产业的联系，更好地促进农旅融合①。

图 4-11 诺邓火腿

资料来源：选取"云龙关注"微信公众号。

第三，基于农业文化的休闲科普游。文旅融合不仅有利于历史文化的传承，而且其在助力文化振兴的同时也可以助力产业振兴全面发展。在盐文化、茶文化基础上，可以开发制盐、采茶等休闲活动，既传播传统农业文化，也带动旅游业发展。

综上所述，农文旅产业协同高原立体生态农业发展就是在传统农业生产的基础上，融入文化和旅游元素，通过农产品加工、农村特色旅游、文化活动等方式，提升农业品牌价值和产品附加值。同时，文化和旅游产业也可以借助农业资源来拓展自身的发展空间。农文旅产业与高原立体生态

---

① 刘敏：《乡村振兴背景下农旅融合发展路径研究》，《农村·农业·农民》2023 年第 17 期。

农业可以相互促进，实现资源的共享和互补，农文旅产业可以为高原立体生态农业提供市场需求和销售渠道，提升农产品的附加值；而高原立体生态农业则为农文旅产业提供可持续发展的环境支持。此外，农文旅产业协同高原立体生态农业发展也可以促进当地经济的多元化发展，提升农民的收入和生活水平，改善农村地区的就业和发展环境。通过可持续的生态农业和文化旅游发展，保护和传承当地的自然资源和文化遗产，促进生态环境的保护和可持续利用。生态农业观光、农产品加工美食餐饮、文化休闲科普游的融合构成了旅游发展的新格局。

第五章 生态优势下云龙民族文化的传承与延续

第一节 特色民族文化的保护与传承

根据实地调研情况，本书将特色文化传承保护的路径分为官方介入、空间再造和主客回归三类。

一 官方介入保证文化保护传承环境

官方介入包含机制适配与等级赋值两个部分。其中，机制适配涉及文化资源特点与政策体制安排、乡村社会秩序与政府意志的匹配度，等级赋值涉及文化资源的物质支持与精神肯定。

第一，机制适配是指政府制定和实施的文化保护传承机制与乡村文化资源特点、乡村社会秩序相匹配。乡村文化本身具有本土性，政府部门在统筹和规划文化保护传承工作时需要立足于本地资源的特性，使相关机制同时适配于当地的文化场域和社会场域。一是官方介入的机制适配于文化场域，要针对当地多元化的乡村文化实行差异性的保护，以充分利用内生性文化资源展现乡村文化本色[①]；二是官方介入的机制适配于社会场域，要结合当地风俗、乡村社会秩序等社会文化，使相关的政策制度符合民情民意，以避免乡村文化保护与政府意志的脱节。

在与乡村文化特点适配方面，针对云龙县独特的物质文化及非物质文化资源，云龙县人民政府规划制定了专项规章制度，在政策方向上为云龙县文化资源的保护与传承保驾护航。其一，在保护物质文化方面，云龙县以古镇村落的保护传承作为典型，于2006~2013年发布了《诺邓国家级历史文化名

---

① 方坤、秦红增：《乡村振兴进程中的文化自信：内在理路与行动策略》，《广西民族大学学报》（哲学社会科学版）2019年第2期。

村保护详细规划和道路及综合管线专项规划》《宝丰历史文化名村保护规划》《师井村保护发展规划》《云南省云龙县诺邓国家级历史文化名村保护详细规划》等，逐渐建立起云龙县古镇村落保护传承的政策体系，为云龙县乃至云南省内历史文化名村的保护提供了一个可参考的样本；其二，在保护非物质文化遗产方面，云龙县根据大理州国家级文化生态保护实验区的整体规划，制定了《云龙县非物质文化遗产项目保护与管理办法》《云龙县非物质文化遗产项目代表性传承人认定与管理办法》《云龙县河南村彝族传统文化生态保护区规划》等，明确规定了非物质文化遗产保护主体及其职责，找准文化保护重点，设定文化保护红线，为文化保护传承创造良好的制度环境。

　　在与乡村社会秩序适配方面，一是将民族文化元素融入公众日常基础设施建设，将具有民族特色的地方图腾文化、建筑风格、民族习俗彩绘等文化元素进行创新创造，融入移民新村建设、新农村建设、美丽乡村建设工作中，一方面展示了民族民居建设风貌，另一方面以文化采风和保护成果美化了人居环境。同时，云龙县推动县城文化公园或主题广场的旅游功能改造，以文旅升级工程提高环境绿化率，增设休闲娱乐设施，以符合民族审美的文化符号装点基础设施，彰显民族民居建设风貌。二是重点办好两个特色馆，为人民群众提供丰富多彩的特色文化展示和传承服务。云龙县博物馆的前身为云龙县委党校学院楼，后在修建过程中发现了地下深埋的"石门古盐井"遗址①。云龙县博物馆的建成一方面有效保护了古井遗址的原貌，另一方面也为人民群众了解地域文化提供了场所。云龙县白族吹吹腔文化艺术博物馆是全国首个以"吹吹腔"为主题建成的场馆，为当地群众增强本土文化共建共赏意识提供了条件，同时馆内还建有一个白族吹吹腔阅览室，阅览室除了采购了有关"吹吹腔"的相关读物之外，还采购了一批其他适宜民众的读物，吹吹腔文化艺术博物馆的工作人员介绍道："周围的老人和小孩经常到我们馆内看书、借书，主要集中在一些小说、农技类

---

① 资料来源于《云龙县文化和旅游局公共文化服务体系建设自检自查报告》，材料由云龙县政府提供。

的读本，吹吹腔文化艺术博物馆已经成为功果桥镇的公众阅读中心了。"①本因保护非物质文化遗产而建成的博物馆，还兼有提供公众阅读服务的职能，成为具有多重社会职能的文化阵地，实现场馆功能上的迁移和延伸。

第二，等级赋值是指国家政府按照文化资源的珍稀程度为其赋予的官方标签和级别，并以此参与和主导乡村文化的保护和传承。传统的文化保护工作面临着本土文化解构、城市文化冲击和资金使用受限等多重困境，这些困境仅靠基层解决存在较大困难，需要借助政府等国家部门的力量。政府部门对于文化资源保护传承的支持既要体现在物质奖励上，也要体现在精神荣誉激励上。国家符号的置入一方面使基层机构与群众能够利用专项资金或上级资金解决文化保护过程中的资金短缺问题；另一方面促进处于主体遗忘边缘的文化资源转化为区域内的重要荣誉，向内催生出群体归属感和文化凝聚力，从而激发群众对于自身文化进行保护和传承的意识与动力。

云龙县的非遗文化资源丰富，但是面临县政府财政资金紧张、项目落地难、群众配合度低的问题。中华优秀传统文化的魂是非物质的②，为了保护和传承文化资源，云龙县积极挖掘县内优秀文化因子，以"应报俱报"的原则申请了一批国家、省、州、县级的非物质文化遗产，以争取国家官方对县内文化资源的等级赋值。等级赋值生效后，云龙县通过利用上级专项资金和政策扶持等方法，解决县政府难以解决的难题，云龙县文化和旅游局的工作人员 W4 介绍道："我们耳子歌的国家级传承人，因为他的等级已经上升到国家级，所以他的抢救性记录等相关工作都是由省文化和旅游厅下来做的，我们县级就没有这个资金条件。"③

此外，对于部分难以进行产业化的文化项目，由于无法及时产生直接的经济效益，群众积极性不高，加之年轻人口的大量流失，文化传承主体

① 访谈时间：2023 年 2 月 8 日。访谈地点：云龙县白族吹吹腔文化艺术博物馆。

② 吴正海、范建刚：《资源整合与利益共享的乡村旅游发展路径——以陕西袁家村为例》，《西北农林科技大学学报》（社会科学版）2021 年第 2 期。

③ 访谈时间：2022 年 11 月 28 日。访谈地点：云龙县文化和旅游局。

缺位现象严重，以人为载体的歌舞类表演型非遗文化项目难以延续其生命力。官方符号的介入使得传承人及民间艺人能够得到官方部门的肯定，官方通过鼓励相关文化主体结合自身兴趣开展公益性演出，激发其自身的积极性。

综上所述，官方介入保证文化保护传承环境的路径分为两条：一是提高机制与当地乡村文化场域、乡村社会场域的适配性；二是通过等级赋值为文化保护涉及的物质与精神要素置入官方层面的支持与肯定。官方的介入为文化传承保护营造了良好的制度环境与人文环境。

二　空间再造凸显文化原真性保护传承

空间再造包含全域空间规划和文化空间重现两部分。其中，全域空间规划体现在保护理念的全方位和保护措施的细分化，文化空间重现关注文化场景修复与核心文化挖掘。

第一，全域空间规划关注区域内整个文化空间的规划与保护。对文化资源的全域保护能够进一步保证人类文明发展进程中文化产物的完整性，然而无论从经济学的视角还是从社会学的视角来看，对所有的文化资源进行一致的保护都是不现实的，并且也不足以满足文化活态保护的需求，还需要针对文化资源的内涵和价值、保存程度等对文化资源进行区分和定位。因此，在文化保护与传承过程中需要树立全域保护的理念，但是也要采取分区活态的保护策略。一是明确全域整体的文化保护理念，要求文化主体不能只关注个别代表性的文化资源，而漠视和忽略其他文化遗产，文化的保护工作也不能仅仅停留在保护一个"文化孤岛"上，而是应该坚持整体全域保护的原则，关注多样性的文化。二是设立全域文化资源有层次、分重点的保护策略，文化资源本身具有多种表现形式，划定保护等级时一方面要考虑保护文化资源的成本和可能产生的经济效益；另一方面也要考量文化资源在当前社会中对公众文化需求的满足程度，针对不同类型、不同价值的文化资源采取不同的文化保护标准。

在保护理念上，云龙县始终坚持全方位、多层次的保护原则，出台整体文化保护方案，分类细化文化保护对策。云龙县文化资源分布呈现出聚集与分散并存的特点，主要体现在文化资源在局部范围内较为聚集，形成了相对集中的文化集群，但是在整体上却又较为分散，未形成连片的文化资源区间。依据生态自然条件和文化资源分布情况，云龙县因地制宜，形成"两带三区六集群"的全域文化保护格局，其中"两带"为"澜沧江文化带""沘江文化带"，"三区"为沘江河谷盐文化区、澜沧江河谷农耕文化区和关坪河谷农牧文化区，"六集群"包含白石、检槽、长新、诺邓、功果桥、宝丰六个历史文化资源集群①。通过带、区、集群的文化体系，将文化保护传承理念延伸至整个县域，保护对象涉及不同类型的物质文化和非物质文化，涵盖历史文化名村、传统村落、文物保护单位、盐马古道、民族歌舞表演等。云龙县群众对于在地特色文化的了解程度较高，本次调查中，65.31%的受访者表示了解本村的特色文化，87.76%的受访者认为本村特色文化很有价值。

在保护措施上，云龙县采取分区细化的保护方案。云龙县将山、水等自然环境资源融入文化空间保护体系，通过对重点文化保护区域的分类分区管理和细化文化空间保护措施，构建起层次分明的文化空间保护布局。以诺邓村为例，云龙县按照区域价值的等级将诺邓名村保护区划分为核心保护区、建设控制区、环境协调区三个区域，将核心保护区划定为真实展现诺邓古村完整历史风貌的部分，将建设控制区划定为核心保护区外围与规划区范围确定的部分，将环境协调区划定为诺邓古村周边形成的村庄、山脉、水系、林地及河流和现有的农田及田园风景区部分②。明确区域范围后，云龙县以地方规章制度限定不同区域的保护措施：在环境协调区中可进行与名村环境相协调的建设和改造活动，在建设控制区中要求可在征得住建部门的同意后进行适当的整治与修建，在核心保护区中要求不得进行新建、扩建活动，同时对核心保护区加强生态监测并完善防火装置，诺邓村村干部

---

① 云龙县自然资源局：《云龙县国土空间整体规划（2021—2035年）公示》，http://ylx.gov.cn/ylxrmzf/c106966/202305/ac4a4c47e7684ca6b00ab692ab97c97f.shtml。

② 云龙县人民政府：《诺邓历史文化名村管理办法公告》，http://www.ylx.gov.cn/ylxrmzf/c106966/201411/902235f922874e4ab91adb6a542364a2.shtml。

N1 介绍道："诺邓村内配置有专门的地质监测点和监测员，发现异常会自动报警；专职消防队每天会去古村客栈保护院落巡逻，还特别安装了消防报警器，如果有烟就会报警。"① 整体来看，诺邓村形成了覆盖全域、重点突出的文化保护方案，以协调推进文化资源的传统性保护和原真性传承。

第二，文化空间重现关注文化资源附属空间场景的重构与复现。博厄斯的文化整体观强调文化在历史过程中的发展，而且各个文化要素在历史过程中整合为一个整体②。每一种文化事项都有其具体的生存环境和发展背景，对文化资源的保护既要保护其自身的符号和仪式程序，也要对它们所依赖的文化环境进行保护；然而如果过分强调保护文化空间环境，重构脱离文化核心要义的形式基础，将会导致文化资源丧失其生存和发展的动力，因此文化场景的修复也需要凸显共同的文化要素，即挖掘场景中的核心性文化因素。基于此，文化保护的重点在于恢复和营造文化环境，难点在于挖掘和掌握文化核心本质，文化空间重现一方面要修复和还原原有的文化附着空间，另一方面也要挖掘、提炼核心文化因素，赋予文化空间以实际内涵。一是文化空间修复，要求不仅涵盖承载文化资源的静态载体，还包括文化资源产生时所处的历史条件、地理位置以及文化延续发展的动态流变基础，即一方面要展示文化变迁过程，另一方面也要保留与文化资源相对应的空间场景。二是挖掘场景中的文化核心要素，要求充分提炼在地文化，根据当地文化生态的具体情况开展文化采风活动，形成具有一个核心、多维圈层的民族文化同心圆，从而有效构建保护文化生存和发展的基础。

在文化场景修复方面，云南省人民政府办公厅 2020 年出台《关于加强传统村落保护发展的指导意见》，明确加大对云南省 25 个世居少数民族，特别是沿边跨境少数民族、15 个独有民族以及多民族杂居传统村落的保护力度，避免任何一个少数民族的原生态聚落空间消亡③。云龙县内少数民族

---

① 访谈时间：2022 年 12 月 5 日。访谈地点：诺邓村村委会。
② 范可：《文化、族群性与认同政治：学术生涯的若干片段》，《广西民族大学学报》（哲学社会科学版）2022 年第 2 期。
③ 《云南省人民政府办公厅关于加强传统村落保护发展的指导意见》，https://www.yn.gov.cn/zwgk/zcwj/zxwj/202005/t20200525_204539.html。

文化众多，少数民族特色文化是在千百年的沉淀和发展中形成的文化符号和仪式程序，在其生活的场景中得到鲜活展示①，对少数民族文化的生活场域进行场景恢复是云龙县在存续民族文化记忆方面进行的有益尝试。云龙县针对各民族文化特点，探索出"七个一"的发展思路，帮助少数民族聚居地区重新构建起民族文化传承的生活场景。在云龙县团结彝族乡河南村，"七个一"的保护思路得以体现。一是建设一个民族文化广场，为日常民族文艺活动开展搭建平台；二是修建一个民俗文化展廊，对佬倵服饰、生产生活用品、民风民俗、传统工艺等进行展示；三是办好一个民族节日，筹办好每年的火把节；四是编辑一本画册，从和谐彝乡、幸福彝乡、魅力彝乡三个方面全方位、多角度展示彝乡民族风采；五是制作一盘歌碟，制作发行民族民歌专辑，让群众唱佬倵歌、说佬倵话、穿佬倵服，坚定树立文化自信；六是修缮一个墓碑，修缮明朝万历年间修建的"字君偕配墓志铭碑"及字文才墓，保护少数民族居住地范围内的历史文物；七是成立一个彝学活动小组，成立以县彝学学会会员为骨干的乡彝学活动小组，并定期开展彝学研讨活动，为民族文化生活的繁荣提供建议与指导。在"七个一"的发展思路下，云龙县营造文化遗产生存和发展的良好文化环境，在本次调查的 6 个样本村中，村文化广场、图书馆配备率达到 100%，村文化站、村史馆的建设也在逐步完善。云龙县通过对民族地区文化生活空间的保护，营造富有民族特色的社会文化氛围。

在挖掘空间内核心文化要素方面，云龙县积极开展文化采风工作，充分发挥文化传承人、民间艺术高手、少数民族群众等主体的作用，挖掘民族文化的核心内涵，提炼总结适合于乡镇具体情况的文化关键词，并围绕其开展文化保护工作。以非物质文化遗产为例，云龙县整合"诺邓白族乡土建筑群"、"沘江古桥梁群"和"顺荡火葬墓群"，并设为重点文物保护单位，开发千年来"村名未变、居住民族未变、从事产业未变"的诺邓古村。此外，开发红色文化资源，云龙县先后开发出功果桥抗战遗址、漕涧抗战

---

① 肖远平、王伟杰：《非物质文化遗产助力乡村振兴的"西江模式"研究》，《文化遗产》2019
年第 3 期。

教育基地、大栗树滇缅公路抗战文化区、检槽红色革命教育基地等项目。通过文化采风与文献考证，云龙县挖掘各乡镇的文化资源，并积极实现文化资源"上云"，云龙县文化和旅游局相关工作人员 W4 介绍道："我们通过借助云南文化云这个数字平台，把云龙县的文化资源上传到平台，实现云龙县的文化资源与全省文化资源在这个平台上的共享。"①

综上所述，空间再造凸显文化原真性保护传承的路径分为两条：一是在保护理念与保护措施上注重全域空间的整体规划；二是通过文化场景修复、挖掘核心文化要素重现当地乡村的文化空间。在空间再造的过程中，通过全覆盖、有重点的文化保护策略凸显当地文化资源的原真性。

三　主客回归形成文化保护合力

主客回归包含文化主体回归和文化客体回归两部分。其中，文化主体回归关注当地群众对文化保护、传承和发展的自由意志，文化客体回归强调增强文化供给，并且为适应外来群众需求适当地加工、改造本土文化。文化主客体的回归保证了文化资源的在地性和普适性，从而拓展文化保护的主体以形成保护合力。

第一，文化主体回归，文化主体包括文化所有者、保护者和传承者。文化保护活动具有社会属性，政府、群众、专业机构、民间组织等社会力量都在以各自的方式参与文化保护活动，这既是一个合作互补的过程，也是一个利益博弈的过程。一是关注文化所有者——当地群众，该主体处于文化保护和传承的首要位置，文化保护工作的延续有赖于对文化传承人的保护，尊重文化传承人和文化共享者的利益是多方力量协调合作的前提和基础，即使从短时间来看会损害到个别主体的利益，但是从长远和全局的利益来看所有人都是受益者，因此应该充分尊重文化保护过程中传承人和共享者对文化保护、传承和发展的自由意志。二是关注文化保护过程中政府、专业机构等其他社会力量的作用，在坚持维护群众利益原则不动摇的

① 访谈时间：2022 年 11 月 28 日。访谈地点：云龙县文化和旅游局。

基础之上，根据实际情况灵活制定在文化保护工作中各利益方的准入原则，向多元社会主体借力，形成文化保护合力。

云龙县以政府为主导，强化规划引领，坚持制度先行，从地方规章层面明确各利益方的职责和权利，不拘泥于一种保护形式，而是在整合群众诉求的基础上，采取灵活的准入原则，在文化保护工作中引入科研机构提供科学指导，在民间资源丰富的地区鼓励群众自觉保护，在文化开发前景良好的景点引进企业等，并将文化保护成效反馈给社会各方，有效激发保护主体积极性。以诺邓村为例，云龙县开发政府主导、农户自主管理的发展模式，设立了两个以家庭为单位的生态博物馆，在不剥夺农户对文化资源拥有所有权的前提下，将门票利益实惠让渡给博物馆所在家庭，有效激发文化拥有主体的保护积极性，探索出诺邓村乃至大理州文化遗产保护工作的新途径。

在保护合力上，云龙县联合多方文化保护主体，构建起"政府+民间组织+高校机构+博物馆"的组织结构，形成了云龙县文化资源保护传承的合力。其一，云龙县政府作为主导力量，引导其他主体参与形成了普查、保护、展示、传承、研究、发展"六位一体"的文化保护传承发展体系，发挥了政府的统领作用。其二，云龙县成立云龙县诺邓村遗产保护与旅游开发协会、云龙县白族吹吹腔艺术协会、云龙县沙式传统武术研究会、云龙县宝丰乡宝丰古镇民间文化艺术团等多个民间组织，负责民间文化活动策划和非遗传承人培训，"截至2022年，全县共有200支文化业余队伍，通过近3年的培训，人数基本上在1000人次以上"[①]。其三，云龙县联合高校，将县内"盐马古道"的整体保护利用作为高校专题研究项目，为云龙县文化研究、古村建设等方面提供咨询参考。

第二，文化客体回归，文化客体主要包括文化市场、文化产业指向的目标对象。一方面文化市场资源的保护与传承需要关注社会效益，当地群众除了是文化保护主体，还是文化保护成果的享有者与欣赏者，因此文化

---

① 资料来源于云龙县文化和旅游局工作人员 W3。访谈时间：2022年11月28日。访谈地点：云龙县文化和旅游局。

保护与传承要以文化惠民活动、精品文化供给等方式丰富当地群众的文化
生活。另一方面关注经济效益也是文化主体维系相关保护工作的一种理性
选择，经济效益的发挥也要符合市场消费群体的需求，因此本地文化在保
护传承中不可避免地需要进行变通性、择弃性改造，在这一过程中，当地
群众将对外界的理解、想象融入自己的思维观念和行为方式中，从而进行
筛选和复兴自身文化[①]，并以此加工、改造本地文化，构建起新的文化形
态，从而吸引相关的市场客体返回文化市场，以充分发挥文化保护传承的
经济效益。

在当地群众方面，云龙县创新开发现有文化资源，以公共文化基础设
施体系为载体，大力开展文化惠民活动，为人民群众提供了一批文艺精品
产品，通过群众喜闻乐见的方式有效丰富了群众文化生活。一是精品文化
产品供给增强，依托现有资源，立足时代背景，云龙县编排了大批现实题
材的文化作品，增强精品文化服务供给。2019 年，云龙县喜迎新中国 70 周
年华诞，唱响时代主旋律，编排了一场大型吹吹腔音乐情景剧《情满大栗
树》，该剧在全县 11 个乡镇巡演，在县内引起社会热烈反响，并应邀到大
理白族自治州群众艺术馆演出 4 场、到永平县演出 3 场，为全州人民群众提
供思想文化教育和文化生活产品。2020 年，云龙县以抗击新冠疫情为主题，
编排了一场以云龙县传统艺术吹吹腔为载体的原创中型白族吹吹腔剧《连
心曲》，歌颂云龙县人民群众在抗疫期间的感人事迹，肯定全县人民的抗疫
成果，获得全县社会各界的好评。此外云龙县还组织民间文艺队伍通过编
排节目参加州级、省级表演，均取得较好成绩。二是开办文化惠民活动有
声有色，2022 年云龙县累计完成春节送戏下乡和文化惠民演出 49 场、"彩
云之南等你来"夜间群众文艺演出 20 场、濒危剧种白剧公益性演出 15
场[②]。同时云龙县内还开展非遗传习活动，全县平均每年举行 70 余场的非
遗进校园活动，并从 2017 年开始每年不间断地举行非遗进社区、非遗进景

---

① 杨文炯：《理解现代民族国家的中国范式——费孝通先生"多元一体"理论的现代价值》，
《青海民族研究》2018 年第 2 期。

② 资料来源于《文化馆 2022 年工作总结》，材料由云龙县政府提供。

区和非遗进机关活动，通过利用每年的"文化和自然遗产日"组织开展系列非遗展演活动，对非物质文化遗产进行大力宣传推广。

在市场客体方面，云龙县国家级非物质文化遗产吹吹腔在表演语言、剧本主题等方面的革新，正是变通传承的体现，市场主体的回归得以成为现实。云龙县吹吹腔现有的表演形式与传统的表演形式存在差别，其一表现在语言上，传统的吹吹腔表演全部为白语演出，而现在为了兼顾不懂白语的观众，吹吹腔开始采用汉白结合的方式进行演绎；其二在表演主题上，除了传统的曲目和剧本外，现有的吹吹腔开始尝试融入新时代话题，例如疫情防控、党的二十大精神等主题。这些改革创新一方面保持了吹吹腔的原有风味，避免了因迎合市场而产生的文化他者化；另一方面也为外部观众的融入预留了可行的市场空间，激发出内外部群众对于吹吹腔文化的需求。云龙县吹吹腔在表演语言、剧本主题等表演形式上的革新，正是变通传承的体现，非遗文化的创新性发展得以成为现实，吸引市场主体回归以丰富非遗文化保护路径。

综上所述，主客回归形成文化保护合力的路径可分为两条：一是通过关注当地群众的文化利益、联合多元保护主体形成合力，实现乡村文化建设主体的回归；二是将文化资源进一步贴近当地群众以及外部市场的文化需求，以变通性与择弃性保护传承吸引文化客体的回归。在主客体回归的过程中，确保既能保证文化精准供给，也能满足他者的文化鉴赏需求，从而激发多元主体延续文化资源传承的动力，形成文化保护合力。

第二节　铸牢中华民族共同体意识工作的推进

根据实地调研情况，本节将铸牢中华民族共同体意识，重塑文化建设形态的路径分为体系互融、内容互联和服务互嵌三类，并提出通过铸牢中华民族共同体意识工作与文旅产业之间的情感联结、利益联结，推动文旅产业发展。

一　体系互融创新协调机制

体系互融是指铸牢中华民族共同体意识工作与民族文化建设工作在顶层设计中形成合力，以推动两项工作的对接，这涉及乡风文明建设、易地扶贫安置两类工作。体系互融的工作机制创新性地将民族工作与文化工作串联起来，提升二者在乡村文化振兴工作中的效率。

一是在乡风文明建设过程中，乡村文化振兴与铸牢中华民族共同体意识工作存在内在的关联，一方面铸牢中华民族共同体意识为乡村文化振兴提供精神动力和政治思想基础，另一方面乡村文化振兴是铸牢中华民族共同体意识的实现路径和重要载体[①]。在民族地区，乡村文化振兴中一个重要的目标是丰富乡村文化生活和打造文明乡风，铸牢中华民族共同体意识指明了乡村文化生活的发展方向。因此，在乡村文化建设工作，特别是在乡村丰富文化生活和文明风尚培育工作中，融合铸牢中华民族共同体意识，在工作体系上使其相互连接是民族地区文化振兴工作的题中应有之义。乡风文明建设与铸牢中华民族共同体意识工作顶层机制的对接思路即将乡风文明建设工作与民族工作挂钩，在民族工作推进过程中统一部署与安排，同时将乡风文明建设作为民族工作考核成效的一个维度。

云龙县以"点、线、面"的发展思路积极开展乡风文明建设工作，在各级政府的带领下引导激励多元主体共同参与乡风文明建设，完善体制机制。云龙县民族宗教事务局工作人员 M2 介绍道："云龙县以'大党建+大统战'创新党建引领机制，一方面以党政一把手为组长，成立民族团结示范工作小组，赋予全县工作以铸牢民族团结共同体意识的意义；另一方面，县、乡、村三级政府联动，县领导挂钩包保 11 个乡镇，乡镇领导挂钩包保各个村，发挥党员在'铸牢民族团结共同体意识+乡村振兴'工作中的先锋模范作用，并将其纳入党支部书记述职、乡镇党委政府主要领导述职内容。"[②] 此

---

① 杨超杰、郭丹凤：《乡村全面振兴背景下西藏铸牢中华民族共同体意识的有效路径探究》，《西藏研究》2022 年第 1 期。

② 访谈时间：2022 年 11 月 28 日。访谈地点：云龙县民族宗教事务局。

外，云龙县还将新时代文明实践中心（站、所、点、公园、基地）作为乡村民族工作开展的重要平台，截至 2022 年，全县 11 个乡镇共建成新时代文明实践中心 1 个、新时代文明实践所 11 个、新时代文明实践站 90 个、新时代文明实践点 196 个、新时代文明实践公园 1 个、新时代文明实践基地 1 个，11 支乡镇志愿服务队和 10 余支文明单位志愿服务队①，在乡风文明建设工作的实体平台上，云龙县围绕民族工作的不同维度，成立理论宣讲、文化文艺、助学支教、医疗健康、科学普及、法治宣传、生态环保、扶贫帮困、文明劝导 9 支志愿服务队，推动全县的精神文明建设。

二是在易地扶贫搬迁安置过程中，民族身份作为一种先赋存在，往往使得群众在社会交往中存在一种心理与认知上的区分，这种区分表现为地理空间上形成以自体民族群体为主的生活圈层，生活在不同圈层的群众虽然彼此之间保持着生产生活的联系，但是在精神上可能还因文化之间的差异而存在交流障碍。而以政府介入为主的易地扶贫搬迁行为打破了这些生活圈层，在居住上以多民族混居的形式打破原有的民族圈层，在精神上则通过重塑各民族群众的文化认同维护文化秩序、黏合文化断裂点。在易地扶贫搬迁安置过程中把握新社区规划机遇、嵌入民族工作思想具有一定的必要性。易地扶贫搬迁安置工作与铸牢中华民族共同体意识工作顶层机制对接的基本思路为把握搬迁社区规划时机，通过民族工作先行实现民族文化秩序与社会秩序重构，从而营造民族和谐的社区氛围。

云龙县内易地扶贫安置点数量多、规模大，"十三五"期间，云龙县共投资 76.73 亿元，完成 24 处易地搬迁安置点建设，新建 86 个村（社区）级活动场所，其中位于诺邓镇的福堂社区是大理州最大的易地扶贫安置点，该社区共安置云龙县 10 个乡镇 591 户 2098 人易地扶贫搬迁群众，社区内共有白族、傈僳族、彝族、汉族、藏族、侗族、哈尼族、瑶族 8 个民族②。云

---

① 杨丽：《云龙县：村民当主角 乡风更文明》，https://www.dalidaily.com/content/2022-07/13/content_32223.html。

② 云龙县全国民族团结进步示范县创建办：《【云龙县民族团结进步创建工作】云南云龙：以铸牢中华民族共同体意识为主线奋力开启新时代民族团结进步事业新征程》，http://www.ylx.gov.cn/ylxrmzf/c103283/202101/e919a2bc5eed4b35960c15aa483201fa.shtml。

龙县把握新社区建设规划时机，通过社区规划和民族团结进步创建工作一把抓的方式，推进新社区居民适应和融入新环境，促进民族文化深度交流交融，一方面为铸牢中华民族共同体意识工作树立典范，为互嵌式移民社区的文化建设工作提供优秀样本；另一方面在群众安置工作中淬炼出勇担责任的移民精神，为全县的乡村振兴工作提供精神动力。

综上所述，体系互融创新协调机制的路径分为两条：一是在乡风文明建设过程中，关联铸牢中华民族共同体意识工作；二是在易地扶贫搬迁安置的规划工作中，嵌入民族创建工作。在机制融合的过程中，在宏观统筹层面将民族工作与乡村文化建设工作结合，创新二者在促进乡村文化振兴方面的统筹协调机制。

二　内容互联支撑思想进步

内容互联指将乡村思想文化建设与铸牢民族团结共同体意识工作内容相联结、融合。从文化振兴工作的角度来看，铸牢中华民族共同体意识的途径就是要促进多民族在文化上的交流交融，增强文化开放性以实现多民族文化的共享、共有、共建、共赏①。在文化建设工作中以社会主义核心价值观作为各民族交往交流交融的行为准则，可以为实现乡村文化振兴提供精神指引。乡村文化建设与民族工作的内容互联应涵盖道德修养、移风易俗、法治观念和民族关系等方面，并以社会主义核心价值观为主线贯穿各项工作。

一是道德修养方面，云龙县通过以评立德的方式，在各民族乡镇评选社会道德模范先锋，树立文明乡风导向，帮助提高全县群众的素质修养。截至 2022 年，全县创建申报省级文明单位 16 家、州级文明单位 38 家，有省级第二届文明家庭 1 户，州级文明家庭 5 户、"最美家庭" 8 户、"绿色家庭" 2 户，获得 "新时代大理好少年" 称号者有 2 人②。同时，云龙县自

---

① 张力文：《中华民族共同体意识表达中的多民族共享文化符号视角——基于黑龙江省街津口赫哲族乡的调查研究》，《民族学论丛》2022 年第 2 期。
② 云龙县财政局：《中国共产党云龙县委员会宣传部 2023 年部门预算及 "三公" 经费预算情况公开说明》，http://www.ylx.gov.cn/ylxrmzf/c102545/202302/7819eeb960a24326bcf055d12cd1370a.shtml。

2008 年起每年开展一次县级文明单位、文明村镇和文明校园创建工作，于 2014 年开始每年开展一次县级道德模范评选活动，于 2019 年开始每年开展一次县级文明家庭户创建活动，并在云龙县各官方媒体宣传报道各类模范故事，形成了树正气、学先锋的社会风尚，云龙县民族宗教事务局工作人员 M2 介绍道："福堂社区的群众从山上搬下来以后，一些老年人出现一些不适问题，比如坐电梯、取包裹、乘坐公交车，我们的群众就是非常的淳朴，他们会主动来帮助这些老年人，解决这些问题。"①

二是移风易俗方面，以中华民族共同体意识工作为总抓手，为发展改革工作注入民族团结进步的意义，在提倡科学生活方式、开展思想道德教育时，促进各民族群众相互学习交流，帮助各族人民去除思想糟粕、保留文化精髓。云龙县以活动宣讲、村规民约为载体，通过村干部和党员带头示范，相互落实监督，倡导喜事新办、丧事简办，改变大操大办、讲排场、比阔气的不良风气，实现各民族团结和谐相处的局面。在本次云龙县的调研过程中，除去未婚的村民，有 88.65% 的村民表示自己结婚时男方未给彩礼，剩下的村民中收取彩礼的最高为 3 万元②。

三是法治观念方面，云龙县民族宗教事务局协同人民法院、地震局、民政局、红十字会、残联等兄弟部门，依托民族团结进步宣传活动月、国家普法日、民族街子天等，宣讲预防性环境司法理念，利用双语讲解推进全县法律宣传教育工作，引导群众运用法治思维和法治方式解决问题，积极发挥文化思想引领作用。云龙县 2018～2022 年均获"全国信访工作'三无'县市"称号，曾被评为"云南省先进平安县"，社会法治工作成效明显，2022 年依法办理刑事案件 222 件，涉及 284 人，分别同比下降 18% 和 21%；批准逮捕 32 件，涉及 55 人，分别同比下降 34% 和 21%；提起公诉 154 件，涉及 178 人，分别同比下降 18% 和 20%③，和谐法治社会建设取得

---

① 访谈时间：2022 年 11 月 28 日。访谈地点：云龙县民族宗教事务局。

② 根据 2022 年云南大学中国乡村社会大调查（云南）个人问卷调查资料，由调查小组统计整理得到。

③ 云龙县融媒体中心：《云龙县第十八届人民代表大会第三次会议举行第二次全体会议》，https://mp. weixin. qq. com/s/cDvsrUUdBy1eXyy8uUJKaQ。

实质性进展。

四是民族关系方面，云龙县民族宗教事务局等相关部门通过举办干部座谈会、火塘会，到村入户开展专门的宣讲教育活动等形式，传播乡村邻里和睦、群众相互帮助的良好社会理念。在云龙县，通过工作人员自上而下的协调引导以及群众自下而上的沟通交流，易地扶贫搬迁地区文化交流活动得以顺利开展，在社区工作人员的帮助和引导下，生活在安置点的不同民族的群众加深文化交流，"共唱一支歌、共跳一支舞"，云龙县民族宗教事务局的工作人员 M2 谈道："之前不同民族的群众跳的是不同的舞蹈，就会出现抢地盘的情况，在社区工作人员的协调下，现在大家会互相学习对方的舞蹈和歌曲。"①

民族工作贯穿至道德修养、移风易俗、法治观念、民族关系四方面的乡风文明建设工作中。民族工作取得成效主要表现在群众内心的民族认同感和国家认同感得到实质性的提升。云龙县通过民族团结进步工作以及铸牢中华民族共同体意识创建工作的开展，群众对民族团结一家亲的意识和态度均较为积极。本次调研显示，有 96.79%的群众表示对于自己身为中国人而感到自豪。

综上所述，内容互联支撑思想进步的路径分为四条：一是在道德修养方面，通过以评立德方式树立道德修养典范，提高民族群众基本素养；二是借助移风易俗成效，构筑积极向上的精神家园；三是在法治观念方面，以相关节庆活动为契机开展法治知识普及，提升法治社会建设成效；四是在民族关系方面，以民族交往交流为契机，营造民族和睦的良好氛围。在内容互联的过程中，以社会主义核心价值观为准则规范，有效推进民族工作开展。

三　服务互嵌搭建共享平台

服务互嵌主要指铸牢中华民族共同体意识工作与乡村文化服务整合、

---

① 访谈时间：2022 年 11 月 28 日。访谈地点：云龙县民族宗教事务局。

互嵌互通。服务互嵌包括民族团结思想教育、公共文化服务、生活服务的互嵌。云龙县通过服务互嵌，为民族工作与文化工作搭建可行平台。

第一，民族团结思想教育互嵌。民族团结思想的教育和宣传是少数民族群众聚集地区意识形态工作的重要组成部分。一方面将铸牢中华民族共同体意识融入乡村意识形态教育工作，以发放宣传册、开办宣讲会等方式，在会议厅、田间地头、赶集街道等区域，将其核心内容由上级"关键少数人"辐射到基层党组织、党小组，再由基层党组织辐射到周围村民，从而实现精准灌溉教育。另一方面以铸牢民族团结共同体意识作为乡村文化教育的主要内容，构建起包含实体社会和网络社会的民族团结思想传播体系，既可以为民族地区群众的思想道德教育提供有效载体，帮助民族团结进步工作打通"最后一公里"，延伸到基层群众的日常生活中，又可以为加强少数民族群众的文化交流交融搭建平台，丰富少数民族群众文化生活。

云龙县将铸牢中华民族共同体意识作为乡村文化教育的重要内容体现在如下几个方面。一是在社会教育基地方面，全县投资1200多万元建成云南省首个县级铸牢中华民族共同体意识主题教育馆，成为第一批云南省民族团结进步教育基地，后投资300余万元建成天池、苗尾、漕涧、检槽4个乡镇宣教中心①，在全县构建起具有示范作用的教育基地网格。二是在传播媒体方面，云龙县整合电视台、报刊和学习强国、七彩云端、抖音等客户端，云龙关注、云龙党建先锋、云龙统一战线、大理云龙教育微信公众号等县内外传播端口，完成互联网融媒体矩阵的搭建。三是在宣传资料方面，制作铸牢中华民族共同体意识知识读本、标语、画帖，发放宣传资料50余万份，打造思想传播阅读范本。四是在宣教主体方面，全县按照新时代好干部标准，严格挑选县域领导班子，截至2021年全县少数民族干部占全部干部人数的90.3%，少数民族干部组建101支宣讲队，以《领导干部带头宣讲铸牢中华民族共同体意识工作方案》为引领，由少数民族领导干部带

---

① 尹云丽：《［我们的新时代］云龙：全城打造"绿色云龙石榴红"集群品牌》，https://mp.weixin.qq.com/s/gqhojs_4C8_KLwjTFzoMSQ。

头开展民族意识形态工作，累计开展群众宣讲会 9000 余场①，宣传教育成效进一步增强，民族团结进步思想深入人心，带动民族团结工作有效开展。五是创建思想教育引领示范区，云龙县将宝丰乡作为乡风文明引领创建示范区。作为云龙县优秀文化缩影，宝丰乡以"一馆一桥一古镇"为核心，在云龙县铸牢中华民族共同体意识主题教育馆周边 500 米范围内，打造民俗文化广场、"力格高"文化广场，董泽故居等教育基地。作为全县的乡风文明建设和民族团结建设示范区，宝丰乡成为其他乡镇参观学习建设经验的目的地，为其他乡镇发展提供了优秀经验。

第二，公共文化服务互嵌。习近平总书记曾提出："要推动公共文化服务标准化、均等化，坚持政府主导、社会参与、重心下移、共建共享，完善公共文化服务体系，提高基本公共文化服务的覆盖面和适用性。"② 公共文化服务是乡村文化建设的重要内容，铸牢中华民族共同体意识工作与乡村公共文化服务互嵌互通有助于打造各民族文化平等交流、包容发展的精神平台，推动公共文化服务建设的均等化和效能化。通过用好前期工作建成的基础设施网格，盘活现有基础文化服务设施。根据不同乡镇、村寨的实际情况，调整行政村乡村文化站、议事点、村民活动广场等空间的实际功能，将其建设为集老年活动、文化体育、党建活动、议事点于一体的多功能综合活动场所，同时充分挖掘不同地区的文化资源，整合设计铸牢中华民族共同体意识的示范引领路线。

在云龙县的苗尾乡天灯村，居住着 1700 余名傈僳族群众，作为直过民族，其居住地边远、生活空间封闭，曾是云龙县脱贫攻坚最艰巨的行政村之一。云龙县充分利用脱贫攻坚和创建民族团结示范工作的成果，在该行政村内投资 300 万元新建了 9 个活动场所，实现活动场所零的突破，每个场所占地面积达 250~300 平方米，其数量之多、规模之大居全县第一③。活动

---

① 资料来源于《以绿色为底色　守好祖国西南生态安全屏障——云龙县全国民族团结进步示范县创建工作情况》，材料由云龙县民族宗教事务局提供。

② 《习近平谈治国理政》（第三卷），外文出版社，2020，第 314 页。

③ 李少君、左东敏：《云龙天灯村："点燃"直过民族脱贫精神动力》，https://mp.weixin.qq.com/s/ONelvlioMDtq9WSIA7cqow。

场所建成后天灯村党支部充分利用活动场所开展党建活动，积极发挥党员示范带头作用，常态化开展村民政策学习活动和民族歌舞活动，每周固定两天晚上组织群众学习新政策、唱傈僳族歌曲、跳傈僳族舞蹈。此外，在综合场所新建民族传统体育活动"射弩"训练基地，定期开展训练和比赛活动，在保护和传承民族体育运动的同时，也让村民感受到政府对于自身民族特色的尊重，帮助村民建立起文化自信。在一站多能的综合运用下，直过民族群众精神面貌得到巨大转变，健康文明的文化生活日渐丰富，文明乡风建设取得较大进展。云龙县苗尾傈僳族乡天灯村的村干部介绍道："每年的 12 月 26 日是我们这边傈僳族的新年，以前我们过节是去狩猎，现在我们就改进了，现在过节是各个村民小组，在各自的点位一起吃吃喝喝，然后唱唱跳跳。"①

第三，产业服务互嵌。《德意志意识形态》指出："人们是自己的观念、思想等等的生产者，但这里所说的人们是现实的、从事活动的人们，他们受自己的生产力和与之相适应的交往的一定发展——直到交往的最遥远的形态——所制约。"② 大力发展地区生产力、解决区域群众的基本物质需求有助于提高其思想道德素养，巩固中华民族共同体意识工作成果。铸牢中华民族共同体意识需要打造各民族广泛交往、全面交流、深度交融的生活平台，满足民族群众的基本生活需求，从而推动民族文化保护与传承、交往与交流取得丰硕成果。

云龙县诺邓镇福堂社区是大理州最大的易地扶贫安置点，"原来他们是分散在不同山头的民族，现在我们让这几个民族搬到这里，发生了从小聚居到大杂居的变化。为了避免矛盾，我们主要是通过六个互嵌，引领民族团结、社会和谐"③。该社区自建立以来，以创建民族团结进步社区为契机，围绕"空间、产业、就业、教育、治理、文化"六个互嵌，帮助当地群众建立生存生活的物质基础，从而成为当地的民族团结工作优秀样本。一是

---

① 访谈时间：2022 年 12 月 10 日。访谈地点：天灯村村委会。
② 《马克思恩格斯选集》（第一卷），人民出版社，2012，第 152 页。
③ 资料来自云龙县民族宗教事务局工作人员 M2。访谈时间：2022 年 11 月 28 日。访谈地点：云龙县民族宗教事务局。

空间互嵌，社区以建设集中安置房为载体，将学校、医院等公共服务配套设施与安置房同步规划、同步建设，合理配置超市、广场、健身场地等，设立智慧社区、儿童服务中心、图书阅览室、广播室、文体活动室、村史馆，促进"大杂居"多民族社区融合发展。二是产业互嵌，福堂社区大力发展食用菌、蔬菜种植，同时引进以生产销售少数民族服装、校服为主的"永福服装生产车间"作为扶贫车间，谋划实施物流仓储园区建设等项目，引导各族群众共同参与特色产业种植、少数民族服饰缝制销售、民族特色餐饮等，鼓励各民族群众想在一起、干在一起，帮助各族搬迁群众互嵌共事，在共事空间中形成民族交流交往交融条件。三是就业互嵌，福堂社区按照技能培训就业一批、就近就地就业一批、自主创业就业一批、劳务输出就业一批、扶贫公益性岗位就业帮扶一批的"五个一批"就业机制推进居民就业工作，各族群众不分你我，共同外出、共同工作、共同致富。四是教育互嵌，2020年福堂社区建成社区幼儿园，多民族教师采用多种语言进行教学，既能让幼儿尽快适应环境，又能相互学习各民族的优秀传统文化，让各族幼儿从小生活在一起、学习在一起、成长在一起，接受同等教育，切实推动共育共学。五是治理互嵌，福堂社区选举"两委"班子成员、党小组长、支部委员、居民小组长、群众代表，成立红白理事会、监事会等民间组织，通过多民族议事决策、多民族约定村规民约、多民族群防群治等方式加强民主管理，同时开展"社区+社会组织+社会工作者+社区志愿者+社会慈善资源"，围绕"社会救助、养老服务、儿童服务、基层社区治理、残障服务"实施"五社联动"试点项目，打造社区治理新格局。六是文化互嵌，结合端午、春节等传统节日，火把节等特色节庆活动，福堂社区广泛开展文化惠民演出、非遗展演、"同跳一支舞、同唱一首歌"等形式多样的民族团结进步的主题活动，让各族群众在主题活动中学会文明礼仪、尊重彼此风俗，促进各民族相互欣赏、增进交流。在六个互嵌的基础上，社区群众的基本生活诉求得以满足，促进民族和谐相处等工作得以开展。

综上所述，服务互嵌搭建共享平台的路径分为三条：一是共建民族团结思想教育平台，同时开展民族团结思想教育与乡村文化教育；二是共建公共文化服务平台，盘活基础公共文化服务；三是共建生活服务平台，对接各民族群众的基本生活服务。

第三节　生态文旅产业的培育与反哺

根据实地调研情况，本节将生态文旅产业培育文化自觉意识的路径分为资源整合、融合共生和赋能还权三类。

根据布迪厄的文化资本理论，文化资本可划分为具体化文化资本、客体化文化资本、制度化的文化资本三大类[①]。其中，具体化文化资本主要指内化为个体身体或精神的一部分的文化资源，如手工技艺、节庆习俗等；客体化文化资本主要指具体化文化资本的物化形式，如手工艺品、房屋建筑、生产生活工具等；制度化文化资本主要指经过社会制度认可并且具有市场化价值的文化资源，如地区获得的社会口碑、社会称号等[②]。云龙县通过开发民族地区不同类型文化资源，实现文旅融合，为促进文化资本向经济资本转化与拓展提供多元途径。

一　资源整合发挥禀赋优势

资源整合途径下关注具体化文化资本通过文旅产业向经济资本的转化。具体化文化资本包括民族工艺品、民族歌舞、饮食等，这些文化资本是少数民族地区群众在历史发展过程中积累沉淀的宝贵文化财富，其中蕴含着少数民族群众在农耕过程中积累的民族智慧与人文精神，也是传统农耕文明的核心部分和主要载体[③]。因此，以农耕文化及其衍生物作为核心思想，在文旅产业中整合农业产品与农业文明，是一条实现农文旅融合共生的可行路径。

结合云龙县实际，云龙县的农业手工艺品以及民族节庆活动在具体化

[①]　徐望：《文化资本理论溯源述评》，《艺术百家》2017 年第 S1 期。

[②]　王蓉、代美玲、欧阳红等：《文化资本介入下的乡村旅游地农户生计资本测度——婺源李坑村案例》，《旅游学刊》2021 年第 7 期。

[③]　徐玉特：《嵌入与共生：民族传统节庆文化创造性转化的内生逻辑——基于广西 DX 县陇峒节的考察》，《中南民族大学学报》（人文社会科学版）2021 年第 12 期。

文化资本中具有相对优势。在农产品手工技艺方面，云龙茶和诺邓火腿等是云龙县的区域优势农产品，该类型文化资本的产生得益于云龙县生态资源禀赋，因此转化该类文化资本时需要将文旅产业在横向上进行资源整合，融入农产品的文化内涵、拓宽农产品的文化附加价值；在民族节庆方面，云龙县内民族种类多样性造就了丰富多元的民族歌舞类型及民族节日，该类型的文化资本的产生则得益于云龙县民族文化的延续与创新，因此转化该类文化资本时需要将文旅产业在纵向上进行资源整合，深挖民族歌舞文化，以民族节庆叙事等方式挖掘文旅产业的价值内涵，即在云龙县内，具体化文化资本的转化与升级途径在于发展"乡村特色农产品+民族节庆+旅游"的资源整合型文旅产业，促进文旅产业实现资源横向、纵向的深度融合。

一是横向整合。在横向资源融合上，结合云龙县农业资源禀赋优势，其发展思路为：将生态优势转化为农业优势，再将农业优势转化为旅游优势。具体做法是将文旅产业深入农业体验等环节，有效融合文旅产业和农业资源，一方面满足旅游市场多样化的需求，另一方面提升农产品附加值。

云龙县文化和旅游局负责人介绍："我们怎么把文化融入景区？比如说让外来的游客和我们一起体验火腿是怎么腌制的、盐巴是怎么熬制的……我们诺邓是一整个保护单位，我们不仅是为了保护而保护，还是希望通过保护以后活化利用，最终转化为经济性的收入反馈给我们的百姓。"[1] 为了吸引游客，云龙县将自身的地标产品打造为系列伴手礼，推出速食火腿午餐肉、矮脚鸡预制菜、梨汁、小罐茶等特色产品，将文化节作为农产品外销的推介途径，有效结合农文旅的特色优势，实现产业互促互融。在农耕旅游体验方面，依托诺邓火腿自身具有的"流量"，云龙县打造出"千年盐邦，太极福地"旅游品牌，开发出盐的开采、熬制和火腿的制作等观光游览项目，这不仅是展示农产品的加工过程，更是展示具有千年历史积淀的文化仪式。在旅游的过程中，游客不仅可以品尝到当地正宗的火腿，更能体验这项传统工艺的生产链条和蕴含其中的劳动人民智慧。云龙县通过挖

---

[1]　资料来源于云龙县文化和旅游局负责人 W1。访谈时间：2022 年 11 月 28 日。访谈地点：云龙县文化和旅游局。

掘农产品背后的文化内涵和价值，使来自五湖四海的游客都能在旅游的过程中了解和参与这项传统技艺，满足游玩、体验、求知的多元旅游需求，增加旅游业"留量"，同时也能让游客了解到美食背后的工艺，激发游客的购买欲望，拓宽火腿的销售渠道，进而促进农文旅品牌融合和一体化发展。图 5-1 为 2023 年云龙梨花节暨火腿美食节现场。

图 5-1　2023 年云龙梨花节暨火腿美食节

资料来源：选取自"云龙关注"微信公众号。

二是纵向整合。传统文化资源的现代性嵌入是实现传统文化的创造性转化和创新性发展的基础[①]，云龙县实现传统节庆文化的现代化转型，主要思路为对其进行内容和方式上的实体嵌入，在内容上，融入现代化的社会主义核心价值观和中华民族共同体意识；在方式上，借助现代化的科技手段，拓宽文化表达的载体，促进文化传播。

云龙县注重文旅产业与其他产业的互促互融，例如以伴手礼等方式丰富乡村文旅农产品类型，促进产业链延伸，探索出以游促销、以销增游的文旅新增长点。为了进一步发挥特色优势、促进产业可持续发展，云龙县积极促进农、文、旅三个产业的融合，走出了一条既具有本地特色又具有借鉴价值

---

① 徐玉特：《嵌入与共生：民族传统节庆文化创造性转化的内生逻辑——基于广西 DX 县陇峒节的考察》，《中南民族大学学报》（人文社会科学版）2021 年第 12 期。

的发展之路。云龙县民族特色节庆活动丰富，宝丰村、福利村、检槽村、诺邓村共有特色节庆活动 9 个，特色节庆活动持续 20 余天（见图 5-2）。在文化节庆方面，云龙县深挖自身资源，打造出区别于其他地区的特色文化节日，包括"梨花节暨火腿美食节"、"八三街"物资交流会、"咚咚喹"冬至节等，在节庆活动中，云龙县积极融入文化元素，例如以少数民族非遗的形式创作和展演与文化节日主题相契合的文艺作品，开展火腿技艺比赛、民族体育比赛等文化活动。

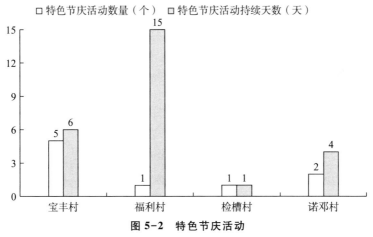

图 5-2　特色节庆活动

资料来源：根据 2022 年云南大学中国乡村社会大调查（云南）村居问卷调查资料，由调查小组统计整理得到。

综上所述，资源整合发挥禀赋优势的路径分为两条：一是将文旅产业延伸至特色农业环节，将农业资源横向整合至文旅产业中；二是深挖传统特色文化资源，对相关文化资源进行创新性转化以实现文旅产业资源的纵向整合。在资源整合的过程中，深入挖掘乡村的资源禀赋，从而促进一、二、三产业的相互融合。

二　融合共生保障业态稳定

融合共生途径下关注具体化文化资本通过文旅产业向经济资本的转化。这些文化资本需要民族地区民族团结进步、铸牢中华民族共同体意识等相关工作的引导，2021 年习近平总书记在中央民族工作会议上指出，"要赋予所有改革发展以彰显中华民族共同体意识的意义"①，民族工作与文旅产业创新融合发展具有天然的共生条件。因此，以民族工作为总抓手，结合区域红色文化、民俗文化开展文旅产业成为稳定民族地区文旅业态的可行路径。

结合云龙县实际，云龙县内存有兼具观赏和文化价值的民族非物质文化遗产，有体现民族抗战精神、红色教育价值极高的历史文化资源等一系列人文资源。在前期工作的基础上，这些文化资源保存良好并实现了创新性发展，特别是云龙县民族非遗文化在结合当代主流趋势的基础上不断丰富展演题材，可以向游客展示极具当地特色的文化内容和形式。该类型文化资本的产生得益于民族工作的介入与指导，因此转化该类文化资本时需要从共生角度结合开展文旅产业与民族工作，即在云龙县内，具体化文化资本的转化途径在于充分利用民族工作成果，发展"乡村民俗文化+旅游"的融合共生型文旅产业。

共生理论源于生态学领域，由德国生物学家德贝里于 1879 年提出，指自然界不同物种的有机体之间产生的相互依存的自然联系②。目前，共生理论已经由自然科学领域扩展到了社会科学领域。文旅产业和铸牢中华民族共同体意识工作具有双向优化的紧密关系，这与共生理论强调的互利互助、共同进化理念具有很好的契合度。因此利用共生理论分析二者的融合关系具有一定的可行性。在共生理论视角下，要求以共生单元、共生模式和共生环境三大要素通过共生界面相互作用从而形成一个互惠、稳定的共同体，该理论指明了文旅产业和民族工作之间实现融合共生的可行路径。

一是增强同质单元共生力度，促进深度融合，民族工作涉及对民俗文化的收集整理、修复重构等内容，这些内容恰好是文旅产业发展的核心要素，以此为结合点可以增强二者的共生力度。

在共生单元上，云龙县以少数民族文化符号作为民俗文化的表征形式，

---

① 习近平：《论坚持人民当家作主》，中央文献出版社，2021，第 328 页。
② 熊海峰、祁吟墨：《基于共生理论的文化和旅游融合发展策略研究——以大运河文化带建设为例》，《同济大学学报》（社会科学版）2020 年第 1 期。

充分挖掘文化资源要素，云龙县内少数民族人口众多，呈现民族文化多元的特点。受地理环境、自然条件、生活习俗等因素的影响，云龙县民族文化形态与其他地方呈现出一定的差异性，非物质文化遗产是区域文化的重要组成部分，具有明显的区域性特征①，云龙县的非物质文化遗产整体呈现出区域民族文化的多元特色风格。在充分挖掘民族文化要素的基础上，云龙县尝试将其进行符号化，以游客喜闻乐见的方式将各种民族符号融入景区规划、路线、讲解等过程，民族文化资源得以在文旅产业中体现实际价值。

二是畅通共生界面，减少共生阻尼。共生界面包括有形界面和无形界面，对于有形界面，可从完善文化服务基础设施、构建共享服务平台等措施入手；对于无形界面，推动民俗文化市场化、畅通监督反馈渠道、引入社会资本等方法都是可行的手段。

在共生界面上，云龙县一方面完善基础设施，另一方面引入社会资本以培育文旅项目。在完善基础设施方面，云龙县借助民族团结进步示范区的创建，不断加强基础设施供给，特别是在"吃、住、游、行"四方面不断提高要素品质，促进文旅产业发展。在吃方面，云龙县以诺邓火腿、云龙特色小吃为依托，以绿色高原农产品为抓手，打造特色餐饮品牌体系，同时举办云龙县梨花节等文旅活动。以诺邓火腿为例，诺邓村村内有34家餐厅或农家乐能够为游客提供特色餐饮服务②，饮食要素供给能力进一步提升。在住方面，截至2021年，仅诺邓村一个村庄能提供住宿服务的客栈就有27家，客房136间，床位204个，游客接待服务体系基本能够满足游客需求③。同时，云龙县实施了旅游公厕建设工程，确保乡村旅游公厕全覆盖。在游方面，云龙县充分挖掘现有资源，打造"千年盐马古道"国家历史步道、自驾游精品线路、生态旅游体验区、露营地、康体养生、田园风光、古村落古民居等一批乡村旅游项目，同时依托"一部手机游云南"官

---

① 李红飞、李杉杉、慈福义：《区域文化生态视野下非物质文化遗产价值与高质量发展路径研究——以贵州少数民族非物质文化遗产为例》，《贵州民族研究》2022年第2期。
② 资料来源于云龙县诺邓镇诺邓村村干部N1。访谈时间：2022年12月5日。访谈地点：云龙县诺邓镇诺邓村村委会。
③ 资料来源于《关于加快云龙县民宿业发展的对策建议》，材料由云龙县政府提供。

方数据平台全方位推介宣传云龙县旅游资源，旅游出行优质项目培育充分。在行方面，云龙县以"大漾云""云兰""云永""云泸"等高速公路建设规划为契机，积极改善A级旅游景区和重点景点周边的交通状况，同时开通公交旅游线路、规划建设旅游景点停车场，保证文旅项目的交通条件。

在培育文旅项目方面，云龙县搭上大理州文旅发展快车。2019年，云南启动了大滇西旅游环线建设项目，联合大理州、迪庆州、丽江市、保山市、德宏州、怒江州共同推进大滇西旅游环线建设，助力沿线人流、物流、资金流、信息流自由流动，给予交通、旅游、文化、科技等多方面的支持[①]。在文旅产业发展持续向好的基础上，云龙县于2021年3月引进贵州某旅游公司，统一规划、管理诺邓镇的文旅资源[②]。2023年3月云龙县与北京某传媒有限公司就天灯海坪文旅项目进行对接洽谈，对开展内容性、互动性、沉浸式文旅影视项目进行规划[③]。以云南省政府规划为主导，引进外部企业参与，云龙县内文旅项目发展得到有效管理和培育，民俗文化旅游项目进一步落地实施。

三是优化共生模式，构建多元共生关系。共生模式深度由弱到强可分为点共生、间歇共生、连续共生、一体化共生四种模式，针对不同的民族文化类型的发展条件可采取不同的共生模式。

云龙县在总结自身优势的基础上，以文旅产业的社会效益作为民族工作开展的社会基础，探索出铸牢中华民族共同体意识融合文旅产业的模式。其一，在民族团结进步示范县创建时期，云龙县以民族团结进步示范县创建"进景区"为抓手，将民族团结示范县创建工作与景区规划相结合，发挥景区的民族团结教育功能，拓宽中华民族共同体意识的教育途径。在宝丰乡民族团结示范单位创建工程中，云龙县将董泽公园打造为铸牢中华民族共同体意识教育馆，其中全面展示了云龙县的民族历史和民族文化，并围绕民族团结进步展示了各民族的动人故事，将铸牢中华民族共同体意识的理念实体化、形象化，使其能够使参观游客产生共鸣。其二，云龙县多

① 《大力打造"8字形"大滇西旅游环线》，https://www.yn.gov.cn/ztgg/dl-dzddxlyhx/index.html。
② 资料来源于《云龙县文化旅游市场主体倍增工作情况报告》，材料由云龙县政府提供。
③ 李继明、杨学禹：《我县举行招商引资专场活动》，http://www.ylx.gov.cn/ylxrmzf/c102593/202303/1c6c3288004e472ea820064247c65fa1.shtml。

民族聚居、交错杂居，同时云龙县在历史上以盐文化著称，盐的交易带动各地的商人聚集到云龙县，在云龙县实现了多元文化的相互交流，塑造了云龙县文化资源包容统一、多元融合的文化特征，云龙县文化和旅游局负责人 W1 介绍："我们整个云龙县有 10 多个少数民族……加上盐的开发，民族大迁徙流入的外来人口。我们不光是现在在做民族团结的工作，我们是自古以来就有民族团结的这种传统的。"① 因此展示云龙地区的民族文化和盐文化本身就是在展示民族交往交流交融过程，契合铸牢中华民族共同体意识的时代使命。云龙县以铸牢中华民族共同体意识为抓手，大力发展民族特色旅游业态，不仅推动了民族地区旅游业高质量发展，也营造出民族团结进步的良好氛围，为各族儿女交往交流交融、为创造美好生活奋斗等创造条件。图 5-3 为云龙县铸牢中华民族共同体意识教育馆一隅。

图 5-3　云龙县铸牢中华民族共同体意识教育馆一隅
资料来源：调查小组自摄。

　　四是改善共生环境，创造有利外部条件。外生环境涉及政策支持、制度规划、人才建设、资金支持等。

————————

① 访谈时间：2022 年 11 月 28 日，访谈地点：云龙县文化和旅游局。

在共生环境上，云龙县借助民族团结、铸牢中华民族共同体意识等工作的开展，对文旅项目进行同步规划，促进经济增长，而后经济收益又将投入民族文化的保护和传承过程中，实现二者互为增益的良性循环。云龙县抓住大滇西旅游环线建设、省级全域旅游示范区创建以及乡村振兴建设等政策机遇，打造出以诺邓景区为核心、辐射带动澜沧江高峡平湖景区和怒江峡谷门户景区的"一核两区"文化旅游产品。其一，景区创建工作逐步推进。截至 2021 年，云龙县共有 1 个国家 3A 级旅游景区——诺邓国家3A 级旅游景区，于 2017 年创建；1 个省级旅游名村——诺邓村，于 2020 年申报。结合全县文旅产业发展态势和要求，县内已着手虎头山、宝丰古镇及云龙国家级森林公园 3 个国家 3A 级旅游景区创建的前期工作，并且已启动诺邓 4A 级旅游景区创建工作①。其二，将当地的生态比较优势、文化先天优势、旅游后发优势转化为云龙县的经济发展优势、特色优势、区域竞争优势，以丰富文旅产品供给，根据《云龙县坚持绿色主导加快推进百亿级全域文化旅游产业发展实施意见》，云龙县在全域打造出四条精品旅游线路，即以天然太极为中心的"千年盐马古道"旅游线、以诺邓特色小镇为中心的古镇古村古桥"历史文化"旅游线、以天池国家级自然保护区和云龙国家级森林公园为中心的"生物多样性体验"旅游线、以苗尾·功果桥水电站库区为中心的"澜沧江健康休闲"旅游线②，文旅产品涵盖自然景观、历史、民俗、生态、康养等类型，形成具有地方特色的旅游发展格局，进一步丰富文旅产品供给。

综上所述，融合共生保证业态稳定的路径分为四条：一是增强文旅产业与民族工作的同质单元共生力度；二是畅通二者的共生界面；三是优化二者的共生模式；四是改善二者的共生环境。在文旅产业与民族工作融合共生的过程中，二者形成稳定的共生体，从而促进乡村民族文化赋能旅游产业业态的可持续发展。

---

① 资料来源于《云龙县文化旅游产业发展情况对比分析报告》，材料由云龙县政府提供。
② 资料来源于《云龙县坚持绿色主导加快推进百亿级全域文化旅游产业发展实施意见》，材料由云龙县政府提供。

三 赋能还权激发主体动力

赋能还权途径下关注制度化文化资本通过文旅产业向经济资本的转化。制度化文化资本形成的途径包括两类：一是正式途径，通过统一的评价标准，赋予文化资源以特定的"头衔"，从而通过增加社会认可增加文旅产业流量；二是非正式途径，确立地方文化资本的区位优势、相对优势，从而获得社会认可。

结合云龙县实际，通过正式途径，云龙县获得众多文化资本头衔，见表5-1，包括国家级少数民族特色村寨3个、云南省少数民族特色村寨4个，具有一批特色突出、文化资源禀赋较高、可持续发展能力较强的民族村落，获得中国传统村落命名的有17个，2023年被云南省住建厅评为云南省传统村落集中连片保护利用示范区。特色民族村落、民族建筑获得国家官方认证，因此转化该类文化资产时需要保留相关文化资产的原真性，直接向世人展示官方部门背书的民间文化资源，促进文旅产业的快速发展。在非正式途径下，作为大理州民族大县，云龙县保留了具有乡村性和特色性的民族文化，包括各少数民族的民族语言、饮食、节庆等，社会认可度高成为民族文化赋能旅游发展的新增长点。转化该类文化资本时需要延续当地群众的生活场景与精神面貌，以维系文旅产业的乡土气息。可见，在云龙县内，制度化文化资本的转化与升级途径在于发展赋能还权型"乡村文化遗产+旅游"文旅产业。

表5-1 云龙县少数民族特色村寨、传统村落

文化资本"头衔"	等级	批次	
国家级少数民族特色村寨	国家级	第一批	诺邓镇诺邓村
		第三批	宝丰乡宝丰村、漕涧镇仁山村委会丹梯村
		累计	3个
云南省少数民族特色村寨	省级	第一批	检槽乡清朗村委会瓦窑村
		第二批	宝丰乡宝丰村、长新乡包罗村大达村、漕涧镇仁山村丹梯村
		累计	4个

续表

文化资本"头衔"	等级	批次	
中国传统村落	国家级	第一批	宝丰乡宝丰村、检槽乡师井村大村、诺邓镇诺邓古村
		第二批	关坪乡字衙村、长新乡长春村、长新乡包罗村大达社、检槽乡检槽村委会大村、苗尾傈僳族乡表村村委会表村、苗尾傈僳族乡松坪村
		第三批	漕涧镇漕涧村委会、诺邓镇和平村委会天井村、诺邓镇象麓村委会大井村、功果桥镇下坞村委会
		第四批	白石镇顺荡村
		第六批	检槽乡清朗村、检槽乡文兴村、白石镇云顶村
		累计	17个
云南省传统村落集中连片保护利用示范区	省级	2023年	云龙县

资料来源：根据云龙县文化和旅游局提供材料，由调查小组统计整理得到。

无论是官方认可还是社会认可的文化遗产，将其赋能乡村文旅产业都离不开当地文化主体的参与，《"十四五"旅游业发展规划》明确指出要"充分发挥各类市场主体投资旅游和创业创新的积极性"。实践已经多次证明，乡村文旅项目的开发需要国家、社会和村民的多元参与，在此基础上，进一步促进乡村公共价值体系和乡村共同体的建构。民族地区的特色文化对当地的旅游事业有着不言而喻的重要作用。乡村文化的保护和传承需要在增强民族文化认同感的途径中完成，以实现乡村共同价值体系的回归。云龙县的思路与做法是尝试将村民作为文化诉求和文化创造的主体，以政府赋能还权的方式满足文旅发展的内生需求。

一是在开发方式上，借助乡村特有文化遗产，就地开发古村资源，打造旅游特色IP，打造具有特色品牌的旅游产品，避免同质化，帮助当地的文化资源回归主位。

云龙县文化资源丰富且历史悠久，在挖掘本地文化元素的基础上，云龙县以"千年白族村"为宣传名片、以非物质文化遗产诺邓火腿为特色，明确了以历史资源和非遗传统技艺为主导的旅游发展方向。诺邓古村的开

发突出文化的场景化，将"古"融入村内的不同场景。当地群众的房屋和
建筑保留土木结构，使用泥土混合稻草的方式覆盖在房屋外墙上，以"修
旧如旧"的原则保持千年古村落的形态；道路结合地形采用石块铺设，物
资运输采用马背方式，还原盐马古道的历史记忆；特色民宿建立在古村标
志物三百年大青树旁边，提供地道传统美食，体现古村的历史发展痕迹
（见图5-4、5-5、5-6）。除去村内建筑："村内保留定期祭孔、祭祖、祭龙
王的传统习俗，其中祭孔比较隆重，基本上都是宰牛宰羊大办"[①]。

图 5-4　诺邓村内建筑

资料来源：调查小组自摄。

二是在开发模式上，政府主要起宏观调控的作用，通过引导景区内群
众建立农家乐、民宿、家庭博物馆等形式开展旅游接待服务，最终帮助群
众获益。

云龙县以诺邓古村作为试点，试点出"政府主导，社区开发"的文旅
开发模式，其中效果最为明显、最具特点的就是家庭生态博物馆的建立，

---

① 访谈时间：2022年12月5日。访谈地点：诺邓村村委会。

图 5-5 诺邓村内道路

资料来源：调查小组自摄。

图 5-6 诺邓村内保留的原始搬运方式

资料来源：调查小组自摄。

主要思路为通过建立生态博物馆的方式将群众的家庭资源变为资产，将其
生产生活场所与旅游景点合并，以合作的方式形成政府与群众利益联结模

式，使当地群众获益。云龙县依托诺邓村千年古村的名声，在村内积极开展文物摸底工作，最终选取了两家文物保护完整、数量多、代表性强的白族民居作为家庭生态博物馆（见图 5-7），将群众住宅及其附着物作为景点，通过向游客展示其家传文物、白族传统民俗艺术、饮食文化、建筑文化等民族资源的方式，打破千篇一律的古村旅游模式。这种开发模式的成功点在于：其一，有效解决了资金短缺的问题，鼓励群众吸收自身的闲散资金进行旅游开发，将当地群众作为项目开发者和项目受益者，减轻政府开发负担；其二，有效激发群众的参与热情与文化保护意愿，群众为了自身的经济利益，一方面会积极参与整个社区的旅游开发过程，另一方面也会为了提升自身的竞争力而加强对于自家建筑、文物等文化元素的保护，有效激发当地群众的内生动力；其三，促进文化和旅游有效融合，诺邓古村的开发模式强调文物、建筑、饮食等文化元素原真性展示和就地性保护，有效将各种人文旅游资源保存在社区环境中，向游客展示最原汁原味的地方特色文化，通过收取门票、住宿餐饮费用等方式将文化资源进行经济变现，促进文化和旅游的相互融合；其四，解决村内人口流失问题，文旅产业的发展帮助当地群众解决就业问题，促进群众增收，逐渐向好的经济效益能够吸引大量劳动人口回村发展。

综上所述，赋能还权激发主体动力的路径分为两种。一是在开发方式上，以文化原有特质赋能旅游业特色 IP 的打造，还原乡村文化特色。二是在开发模式上，政府宏观调控文旅产业的利益分配机制，将文旅产业积累的财富归还文化主体。在赋能还权的过程中，激发当地群众作为文化遗产的创造主体的积极性。

第四节　云龙县文化振兴工作的生态优势转化与协同持续发展

本节以云龙县实地调研数据作为分析依据，对问卷及访谈数据、观察日志以及相关部门提供的内部资料等进行归纳统计，得出定量与定性数据

图 5-7　诺邓村家庭生态博物馆之一

资料来源：调查小组自摄。

的综合分析结果，并据此构建云龙县乡村文化振兴工作协同驱动与持续发展的分析框架，具体分为文化传承保护、民族工作、文旅产业三个模块（见图 5-8）。

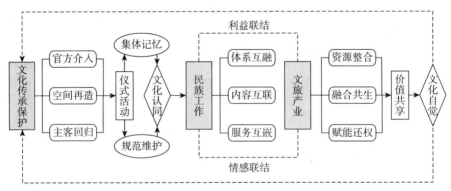

图 5-8　乡村文化振兴工作协同驱动与持续发展的分析框架

资料来源：调查小组根据本章撰写内容总结整理得到。

一　文化传承保护衔接铸牢中华民族共同体意识工作

文化传承保护衔接铸牢中华民族共同体意识工作涉及仪式活动、集体记忆、规范维护和文化认同四个主要环节。

第一，仪式活动。在官方介入、空间再造和主客回归的基础上文化资源留存于世，文化仪式得以开展，仪式活动是某种思想符号外在化的具象表现，仪式互动的实现塑造了在场的文化记忆。涂尔干指出，集体意识来自个人之间的社会互动形式，即现在被称为"仪式"的那些形式，当人们聚集到一起，在共同的时间、空间中将注意力集中到某个对象时，共同的思想、情感在人们中间流转并得到强化，所以必须有周期性的仪式活动将个体和集体融合在一起[1]。

第二，集体记忆。记忆理论将记忆分为三种：第一种为"社会记忆"，指所有在一个社会中借各种媒介保存、流传的"记忆"；第二种范围较小，被称为"集体记忆"，指在前者中有一部分的"记忆"经常在此社会中被集体回忆，而成为社会成员的共同记忆；第三种范围更小，在社会的"集体记忆"中，有一部分以该社会所认定的"历史"形态呈现与流传，为"历史记忆"，此种历史常强调民族、族群或社会群体的根基性情感联系[2]。

第三，规范维护。在先赋民族身份的作用下，仪式活动的流程与意图承载的是一方水土的文化共识，通过举办仪式活动，不断唤醒、复刻、加深、巩固乡村群众原有的身份感知，从而维护族群内部原有规范的稳定性。

第四，文化认同。文化认同指向人们对于文化的认知和接受程度。文化认同既是一个历史性积淀的纵向结构，又是一个现实呈现的横向结构。在历史层面，人的过往经验发生在家、社会、国家等特定的场域，从而产生来自不同场域的记忆——包括个人记忆、集体记忆和文化记忆，形塑了人复杂的认同感并存储在一个"认同库"当中；在现实层面，只有当现实中对应的语境和表达出现时，认同感才会被唤醒并呈现，否则其将处于休

---

[1]　涂尔干：《宗教生活的基本形式》，渠东、汲喆译，上海人民出版社，1999。

[2]　王明珂：《历史事实、历史记忆与历史心性》，《历史研究》2001 年第 5 期。

眠状态①，乡村中优秀的民族文化无处不在，然而乡村文化主体长期浸润在习以为常的文化意义之网中，对于自在的文化保护存在着一种应然性的集体无意识状态，与之对应的文化认同感也处于休眠状态。

仪式活动的开展一方面帮助在场的群众产生集体狂欢式的情感体验，催生共同记忆，人们每完成一次仪式，实际上就是完成一次集体记忆的投射和强化，最终产生共同体内成员的共识和归属感，从而产生文化认同；另一方面帮助在场的当地群众唤醒原有族群的身份感知，以巩固先赋身份下所拥有的身份认同。对本民族的文化认同是民族团结工作的实现路径之一，也可以说民族文化认同是民族团结的基础②。

云龙县拥有丰富的民族文化、历史文物、红色文化资源，文化保护工作效果显著、文化产业培育初具成效、文化活力逐步增强，具有民族特色与地方特色的相关文化仪式活动得以开展。

【案例】诺邓村的宗族祭祀仪式活动

在云龙县诺邓古村，保存了黄氏子孙在立春进行宗祠祭祀的习惯，调研团队于2023年2月5日参与诺邓村的祭祖活动。祭祖前一天，黄氏子孙齐聚一堂，井然有序地组织节目彩排、食材洗拣、卫生打扫、捐款整理等工作，祭祀当天的仪式程序包括：宗族话事长当众发言并点燃鞭炮，家族孩童穿着白族服饰托举贡品列队站立，黄氏后人跪拜在旁聆听话事长教诲等。在该仪式活动中，除去黄氏族人还有游客等人参与，他们在该活动中观看仪式程序，认知、理解黄氏族人的民族文化符号。通过仪式活动，黄氏族人内外群体共享相同的文化符号，产生共同的文化感知力。

综上所述，文化传承保护衔接铸牢中华民族共同体意识工作的路径如

---

① 杨文炯：《理解现代民族国家的中国范式——费孝通先生"多元一体"理论的现代价值》，《青海民族研究》2018年第2期。

② 罗强强：《在推进共同富裕中铸牢中华民族共同体意识——基于云南省兰坪县易地搬迁的分析》，《中州学刊》2022年第7期。

下。首先是通过官方介入、空间再造、主客回归对文化资源加以保护和传承，围绕文化资源开展仪式互动。其次是通过仪式活动激发群众的文化认同，具体包括两种情况：其一，借助仪式活动加深群众原有的身份感知；其二，借助仪式活动产生新的集体认同。最后是民族文化保护和传承工作以产生文化认同为目标有效关联到民族团结工作中。

二　铸牢中华民族共同体意识工作衔接生态文旅产业发展

2021 年 8 月，习近平总书记在中央民族工作会议中指出，"中华文化是主干，各民族文化是枝叶，根深干壮才能枝繁叶茂。要正确把握物质和精神的关系，要赋予所有改革发展以彰显中华民族共同体意识的意义"[1]。把握好物质与精神的关系，促进民族工作和生态文旅产业交往交流的实现路径可体现为情感联结和利益联结的双向交流。

第一，情感联结，主要指生态文旅产业为铸牢中华民族共同体意识工作的开展提供各民族情感交往交流的场域。铸牢中华民族共同体意识工作强调在不同民族交往交流过程中，突破由民族先赋身份所带来的局限性，从而能认可、承认不同民族的文化及其要素，在此基础上增进民族间的亲近感[2]，最终实现各民族文化各美其美，美美与共。

民族地区的生态文旅产业为各民族群众增进文化交流、加深文化认知提供载体。民族地区旅游业往往伴随着民族文化与大众文化的交流与对话，大众文化主体对民族文化的神秘性产生好奇心，在此心理的驱动下主动前往民族旅游目的地，在该过程中当地民族群众既是自我民族文化的展示者，也是游客大众文化的接收者。一方面当地群众依托自身特有的自然资源、文化形态、民族习俗等要素，向游客展示具有浓郁地方特色的民族风情；另一方面，大众文化主体及其价值观念、生活习惯也会对当地民族文化带来一定的影响，特别是在城镇文化的冲击下，当地乡村群众的行为观念也可能会出现趋同的现象。民族文化与大众文化彼此展示了自身的文化形态，

---

① 习近平：《论坚持人民当家作主》，中央文献出版社，2021，第 328 页。
② 吴其付：《民族旅游与文化认同：以羌族为个案》，《贵州民族研究》2009 年第 1 期。

从而产生不同文化之间的碰撞与整合，有效推进铸牢中华民族共同体意识工作的开展。

基于此，生态文旅产业通过民族情感共振联结民族工作的路径有两种。一种是将文化要素嵌入文旅发展产业各环节以丰富产业内涵，充分展示地方民族特色以吸引大众文化的入场。另一种是通过大众文化的反馈，结合自身民族文化与大众文化的横向对比，引导当地群众融合"他者"文化凝视与"自我"文化审视，从而进一步加深当地群众对自身民族文化的认知，激发其文化认同感和群体归属感。

在生态文旅开发过程中云龙县以核心文化要素的传承保护为基础。由于盐业的兴盛，古代的云龙县一度成为滇西地区的商业中心。以盐井为中心的白族历史文化群落空间，因其种类特殊、时间跨度大、保存较为完整，成为云龙县文旅产业发展的重点项目。云龙县利用现有的民俗文化，开展一系列节庆活动，深挖本土文化资源，推动文旅产业发展。一是立足于现存的民俗活动和非遗文化，形成"一歌"（携手一家亲）、"一舞"（力格高）、"一宴"（火腿宴）、"一技"（吹吹腔）、"一节"（火把节）、"一绣"（山地白族刺绣）、"一祭"（祭孔）、"一赛"（太极拳）"八个一"文化品牌。二是依托自然资源和民族资源优势，积极开展"太极文化暨天池万亩梨花周""祭孔暨优秀传统民族文化表演活动""云龙梨花节暨火腿美食节"等系列文化节活动。云龙县 2022 年接待游客 113.2801 万人次，同比增长 32%[①]；2023 年云龙梨花节暨火腿美食节相关视频全网累计浏览量超过 500 万次[②]。云龙县文化品牌影响力、渗透力进一步增强，特色的文化魅力也不断地被认知。云龙县文化和旅游局相关负责人 W3 介绍："我们云龙县的白族吹吹腔、力格高、瓜七七以及彝族、苗族等民族的山歌，确实是独具一格，我们这种民间的东西它有它自己的独特魅力。"[③] 图 5-9 为千年古村诺邓风貌，图 5-

---

① 云龙县财政局：《云龙县文化和旅游局 2022 年预算公开目录及预算编制公开说明》，http://www.ylx.gov.cn/ylxrmzf/c106975/202202/66e4e9498e0349cd950a132be4cd4228.shtml。

② 尹涵：《云龙做活做精"土特产"助推高原特色农业发展》，https://www.dalidaily.com/content/2023-03/31/content_45501.html。

③ 访谈时间：2022 年 11 月 28 日。访谈地点：云龙县文化和旅游局。

10、5-11 分别为云龙县藤桥、碑刻。

图 5-9　千年古村诺邓

资料来源：调查小组自摄。

图 5-10　云龙县内现存最古老的藤桥

资料来源：选自"云龙关注"微信公众号。

第二，利益联结，主要指民族地区的生态文旅产业为铸牢中华民族共

图 5-11　梵文清晰可辨的顺荡火葬墓群碑刻

资料来源：选自"云龙关注"微信公众号。

同体意识工作的开展提供经济建设基础。

民族地区的生态文旅产业可以为铸牢中华民族共同体意识工作提供物质和精神两方面的利益纽带。民族生态旅游业的开展能够产生经济效益。经济收益一方面能够直接反哺于民族地区的基础设施建设、文化保护和群众生活，推动民族工作持续发展，为铸牢中华民族共同体意识打下经济基础；另一方面能直接让主体感知到文化的有用性，从而强化其对自身文化的感知与认同。

云龙县生态文旅产业顺势发展，结合生态资源与自然条件优势，培育出代表性的文化产业，产生良好的经济效益，从而为当地文旅产业的发展提供支持。诺邓火腿是国家级传统技艺性质的非遗项目，其制作工艺独特，发酵过程对温度、湿度的要求高，味道咸香美味。诺邓火腿呈现出的地方依附性使得其成为云龙县最具代表性的产品。云龙县海拔跨度较大，团结乡海拔恰好适宜种植茶叶，结合绿色循环的生产模式，云龙县打响了大栗树茶、佬伍茶两个茶品牌。除此之外，云龙县还有一批具有产业化潜力的文化资源，据云龙县文化和旅游局相关工作人员 W3 的介绍："云龙县白族刺绣的传承人数量多，生产能力较强，在开发出市场之后可以实现批量化生产；漕涧镇的包氏纸扎工艺精美有趣，创作的十二生肖形象受到当地群众和游客喜爱，也具有较强的开发潜力。"①

　　云龙县将当地的生态比较优势、文化先天优势、旅游后发优势转化为经济发展优势、特色优势、区域竞争优势，不断丰富文旅产品供给，根据《云龙县坚持绿色主导加快推进百亿级全域文化旅游产业发展实施意见》，云龙县在全域打造出四条精品旅游线路，见表 5-2。从不同的文旅线路中可汲取出云龙县人民的四大精神体系：一是民族抗战精神，云龙县功果桥是抗日战争中的对外运输线路的咽喉，面对敌军的破坏，我方军民以血肉之躯、钢铁之志确保了功果桥的畅通，淬炼出万众一心、坚韧不拔的民族抗战精神；二是水电移民精神，云龙县有功果桥水电站和苗尾水电站两大电站，实施了 24 个易地搬迁安置点建设工程②，唱响"搬迁不搬民族志，移民不移团结心"的主旋律，以实际行动支持国家建设，淬炼出担当尽责、负重拼搏的水电移民精神，为民族团结进步工作树立典范；三是脱贫攻坚精神，云龙县通过 6 年攻坚战，如期完成 4 个深度贫困乡镇摘帽和 47 个贫困村出列、12522 户 48251 人全面脱贫②，兑现了"一家人都要过上好日子"的庄严承诺，淬炼出苦干实干、顶住硬干的脱贫攻坚精神，激发广大群众的内生动力；四是艰苦创业精神，云龙县内有一生只种一棵茶、一生只种一棵梨、一生只卖一支腿的动人创业故事，如今又涌现出 6 度出征、勇夺 25 枚金牌的新时代革命军人标兵模范杨建松和大山里"跑"出来的长跑冠军张德顺等先进人物，淬炼出不忘初心、矢志不渝的艰苦创业精神。

---

① 访谈时间：2022 年 11 月 28 日。访谈地点：云龙县文化和旅游局。

② 云龙县全国民族团结进步示范县创建办：《【云龙县民族团结进步创造工作】云南云龙：以铸牢中华民族共同体意识为主线奋力开启新时代民族团结进步事业新征程》，http://www.ylx.gov.cn/ylxrmzf/c103283/202101/e919a2bc5eed4b35960c15aa483201fa.shtml。

表 5-2　云龙县旅游路线规划及产品

路线	类别	推出产品
以天然太极为中心的"千年盐马古道"旅游线	自然奇观	天然太极观景台、"千年盐马古道"国家历史步道、盐马古道徒步路线
以诺邓特色小镇为中心的古镇古村古桥"历史文化"旅游线	历史文化、民俗文化	国家 3A 级旅游景区诺邓、诺邓村白族传统文化保护区、大理诺邓太极文化旅游节、云龙古桥梁展示区、功果桥汤邓吹吹腔民俗文化村、团结乡河南村彝族传统文化生态保护区
以天池国家级自然保护区和云龙国家级森林公园为中心的"生物多样性体验"旅游线	生态文化	云南云龙国家级森林公园、天池国家级自然保护区、天子山、道人山、喇嘛枯山旅游景区
以苗尾·功果桥水电站库区为中心的"澜沧江健康休闲"旅游线	水利建设、康养文化	太极文化养生园、漕涧温泉康养文化小镇、炼场坪国家级地质公园等项目。苗尾·功果桥水电站库游开发项目、澜沧江山水生态休闲度假区、汤涧滨水型营地、苗栏坝自驾车（房车）营地、清水河生态景区

资料来源：根据云龙县文化和旅游局提供资料，由调查小组统计整理得到。

　　综上所述，铸牢中华民族共同体意识工作衔接生态文旅产业发展的路径如下：首先是独具特色的生态和文化资源吸引游客，生态文旅产业发展通过构建民族文化与大众文化交往交流的情感平台，推动民族工作开展；其次通过文旅产业产生的经济效益，反哺民族地区民族工作开展，同时也为民族工作注入新时代精神，从而建立利益纽带以支撑民族工作发展。

三　生态文旅产业衔接文化保护传承

　　在资源整合、融合共生、赋能还权的路径下，生态文旅产业实现可持续发展，生态文旅产业的发展红利助力实现当地群众价值共享。价值共享是整个文化圈层最顶层、核心的部分，是文化自信走向文化自觉的重要途径，蕴含的是一种文化使命感和责任感，也是旅游产业向文化产业转型要实现的目标。

　　生态文旅产业的价值共享转变为文化自觉需要经历以下三个步骤。

首先是价值认知，主要通过以下途径实现。一是产业发展，文旅产业的发展可以带动相关产业链的繁荣，例如餐饮、住宿、交通、购物等，同时，文旅产品的创新和升级也可以促进当地企业的转型升级，提高经济效益；二是增加就业机会，文旅产业的发展需要大量的工作人员和服务人员，可以为当地群众提供更多的就业机会和岗位，缓解就业压力；三是提升生活品质，文旅产业为满足游客多样化的消费需求，需要提供更加丰富多样的旅游产品，从而间接地提升当地群众的生活品质。

其次是价值认同。在价值认知的基础上，当地群众需要进一步认同这些价值，主要包括三种途径：一是提高群众了解度，通过开展座谈、讲座、技能培训等活动，增进当地群众对文旅产业的了解，使其深刻认识到文旅产业对当地经济的推动作用；二是分享文旅产业收益，鼓励当地群众积极参与旅游产品开发，例如经营农家乐、民宿、特色商店等，使其能够分享旅游收益，从而提高对文旅产业经济价值的认同感；三是培育地方品牌，将当地的特色文化、自然景观等元素进行深度挖掘和开发，形成具有独特性的地方品牌，提高当地文旅产业的知名度和美誉度，从而促进群众对文旅产业经济价值的认同。

最后是价值实践。当地群众认可文旅产业的收益，从而自发地参与文旅产业的各个环节，如旅游产品开发、文化创意展示、传统手工艺传承等，在增加自身收益的同时也丰富当地的文化资源，同时，在实践中不断反思和总结经验，完善和更新当地文化的表现形式与现实内涵。

费孝通先生于 1997 年提出"文化自觉"的概念，意指一个民族通过深入了解自身文化，并将之转化为构建美好生活的实际行动的能力[1]，通过以上三个步骤，当地群众可以将生态文旅产业的价值共享转变为文化自觉，文化自觉通过以下途径又可以反哺文化资源的传承和保护：一是增强文化保护意识，当地群众认识到自身文化的独特性和价值，从而更加积极地参与到文化保护中来；二是培养文化传承人才，当地群众自发参与文化教育、

---

[1]　方坤、秦红增：《乡村振兴进程中的文化自信：内在理路与行动策略》，《广西民族大学学报》（哲学社会科学版）2019 年第 2 期。

技艺传承等活动，培养更多的文化传承人才，让当地文化的传承得到更多的关注；三是创新文化传承方式，当地群众积极探索新的方式和方法来传承和弘扬当地文化，提高当地文化的知名度和美誉度，从而更好地保护和传承当地文化；四是促进文化交流与融合，通过开展文化交流活动，将当地文化与不同地域的文化进行交流和融合，借鉴其他地区的成功经验，进一步完善自身的文化保护和传承工作；五是加强文化资源开发利用，当地群众结合当地的资源优势，开发具有当地特色的文创产品和文化旅游项目，从而进一步推广和传承当地的文化。通过提高文化保护意识、培养文化传承人才、创新文化传承方式、促进文化交流与融合以及加强文化资源开发利用等方式反哺文化保护传承，从而形成文化振兴的良性循环。

云龙县抓住大滇西旅游环线建设契机，把生态文化旅游业作为县域三大支柱产业之一发展，以诺邓为龙头，建设文化旅游"十百千"工程，力争把云龙县的生态文化旅游产业建设成为百亿元产业，现已取得初步成效。云龙县文化旅游产值在"十三五"期间进入高速发展时期，"十三五"期间云龙县累计旅游收入达91.10亿元。2016~2022年，云龙县总接待旅游人次和旅游总收入除个别年份外整体呈增长趋势，如图5-12、5-13所示。

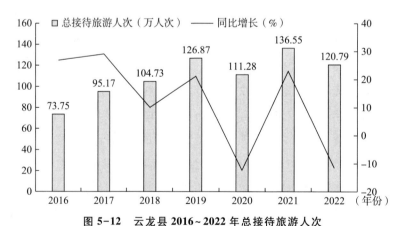

图5-12　云龙县2016~2022年总接待旅游人次

资料来源：根据云龙县政府提供资料，由调查小组统计整理得到。

此外，云龙县整合地方生态资源优势，按照"绿色主导"的发展理念，积极推进"千年盐邦·太极福地"品牌建设，实施全域捆绑营销，扩大盐

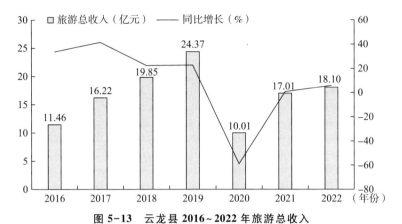

图 5-13　云龙县 2016~2022 年旅游总收入

资料来源：根据云龙县政府提供资料，由调查小组统计整理得到。

马古道、诺邓古村、太极奇观、高原茶叶等文旅品牌的市场影响力。云龙县为扩大文旅融合品牌的知名度，还大力打造了诺邓火腿和云龙茶两个支柱性文旅品牌。2003 年云龙县同昆明中国国际旅行社合作，以"千年白族村"作为招牌将诺邓推向国外，树立起历史文化名村的旅游形象，2004 年底就开始有大量欧美游客走进诺邓村[①]，2012 年《舌尖上的中国》用 7 分钟介绍了诺邓火腿，2014 年云龙县抓住机遇将诺邓火腿成功申报为地理标志产品，将诺邓火腿产业培育成为云龙县的文旅发展新增长点，成功吸引众多游客慕名前来品尝和购买。云龙茶的品牌建设区别于诺邓火腿，而是以"政府推进、企业主导"的方式扩大影响力，以"最接近天堂的茶叶"的宣传语，在滇西地区打响名声，成为云龙县的重要文旅产品。云龙县在云龙茶的原产地团结乡开发茶叶采摘、制作等农文旅体验项目，并将云龙茶销往大理州、迪庆州、怒江州各地，生态绿色茶叶的知名度也随之提高。

　　在本次调研的群众中，78.85% 的受访者认为知晓本民族的传统食物较为重要，92.95% 的受访者认为与本民族同胞说本民族语言较为重要，75.64% 的受访者表示了解本民族的特色手工艺业较为重要，除去非少数民

---

　　① 云龙县人民政府：《云龙旅游事业发展简介》，http://www.ylx.gov.cn/ylxrmzf/c102594/2015 06/d12f53b83d2643a3b8fc8b2466f8e287.shtml。

族受访者，有 90.73%的群众认为欢度本民族的传统节日很重要。

综上所述，生态文旅产业衔接文化保护传承的路径如下：首先是借助生态文旅产业，推进资源整合、融合共生、赋能还权，实现价值共享；其次是通过群众对生态文旅产业的价值认知、价值认同、价值实践，将文旅产业的价值共享转变为文化自觉；最后在文化认同下，群众文化保护意识提高、文化传承人才涌现、文化传承方式创新、文化交流融合、文化资源利用开发，最终反哺文化保护传承，实现文化振兴。

第六章　云龙县乡村振兴特色发展中的典型案例分析

第一节　天池·诺邓

一　背景介绍

云南省位于我国西南地区，地理位置特殊，有充足的光热资源，气候类型多样，降水丰富。虽然多山，但是土壤自然肥力较高，适合多种植物生长[①]。除了拥有适合发展农业的优质条件外，云南省还是文化和旅游大省，拥有丰富多样的民族文化、生态资源等。2023年1月，云南省发布了全国首个文旅融合标准体系，该体系将文化类、旅游类和文旅融合类标准模块分别单独设置，在全国首次尝试将文化类和旅游类标准进行合并编制，顺应了文旅融合的发展趋势[②]。在乡村振兴进入全面推进关键阶段，云龙县充分挖掘乡村资源，以农文旅融合发展全面推进乡村振兴。

云龙县地处云南省大理白族自治州西北部，2022年云龙县政府工作报告[③]中指出，要坚持以"一业"为引领，打造百亿级高原特色产业；推动诺邓火腿和"太极造物"区域公共品牌做大做优做强；积极推动天池梨园、

---

① 张宏成、胡彬、黑荣光等：《云南高原特色设施农业发展现状及对策》，《现代农业科技》2021年第17期。

② 王欢：《云南发布全国首个文旅融合标准体系》，https://www.yndaily.com/html/2023/yaowe-nyunnan_0130/123094.html。

③ 云龙县人民政府办公室：《2022年政府工作报告（县十八届人民政府）》，http://www.ylx.gov.cn/ylxrmzf/c102551/202201/e298fc0cf03648ebb3f31a90999f5f26.shtml。

大栗树茶园和澜沧江田园综合体等农文旅融合发展示范基地建设。

天池·诺邓指的是云龙县诺邓镇的天池村与诺邓村。天池村位于云龙县境中部，诺邓镇西北部。全村平均海拔2050米，年平均气温15.9℃，年平均降雨量729.5毫米，森林覆盖率75%，适宜种植经济林果。诺邓村位于云龙县西北部，属山地地形，最高海拔2940米，最低海拔1750米，年平均气温在17℃左右，平均年降水量为800毫米，矿藏丰富，以盐业闻名。

二　地标打造，助农发展

地理标志标示某商品来源于某地区，该商品的质量、信誉或其他特征，主要由该地区的自然因素或者人文因素所决定①。云龙县有五大著名的地标农产品，分别是云龙矮脚鸡、麦地湾梨、诺邓火腿、云龙茶、诺邓黑猪，其中麦地湾梨、诺邓火腿和诺邓黑猪都来自天池·诺邓。天池·诺邓通过地标打造，利用当地独特的气候优势、海拔优势、原材料优势以及独特的生产加工工艺，扩大农产品品牌影响力，提升其在同类产品中的竞争力，助力群众增收。

天池·诺邓地标产品之麦地湾梨。麦地湾梨产业是云龙县大力发展的地方特色优势产业，也是全省最具推广价值的特晚熟水果产业之一。根据《云龙年鉴》和天池村相关干部的介绍，麦地湾梨产业发展始于20世纪80年代②。云龙县具有大陆性亚热带高原季风气候，适宜种植麦地湾梨的区域占其总面积的5%左右③。麦地湾梨植株高大，树势强健，结果早，丰产稳产，在海拔方面，海拔2000~2400米的地区，其热量条件最适合麦地湾梨的种植。在温度方面，麦地湾梨喜温凉湿润气候，有梨树耐寒、耐旱、耐涝、耐盐碱的特性，云龙县最热月平均气温22.3℃，最冷月平均气温8.4℃；历年极端最高气温35.9℃，极端最低气温-4.2℃，非常适宜梨树的生长④。天

---

① 张玉敏：《地理标志的性质和保护模式选择》，《法学杂志》2007年第6期。
② 云龙县地方志编纂委员会办公室编《云龙年鉴》，云南民族出版社，2021。
③ 资料来源于《麦地湾梨产业发展报告》，材料由云龙县农业农村局提供。
④ 杨坤琳、字善生、李斌亮等：《云龙县"麦地湾梨"优质高产的气候条件分析》，《安徽农业科学》2018年第12期。

池村海拔、气温都处在适宜麦地湾梨生长的区域。麦地湾梨树十分有特点，未经过人工干预时枝条呈现向上生长的趋势。根据学者对云龙县麦地湾梨的调查，麦地湾梨"幼树枝姿直立，成年树树姿较开张"，"3月中旬开花，10月下旬至11月中旬果实成熟，12月上中旬落叶"[1]。如图6-1所示，调查组于12月拍摄，可以很好呈现麦地湾梨树独特的树枝姿态。为了提高果实的品质和产量，经过一段时间自然生长的果树需要经过人工干预，使用铁丝将枝条拉平，便于后续的剪枝套袋工作[2]。

图6-1 枝条向上的麦地湾梨树

资料来源：调查组自摄。

云龙县政府在天池村招商引资建设了天池林果场麦地湾梨冷链物流项目，进一步延长新鲜水果供应时间，提高了麦地湾梨产业的经济、社会和生态效益[3]。成立于2007年的天池林果场可以说是当地龙头企业，拥有麦

---

① 张兴旺、张昭、汪长进等：《云龙麦地湾梨调查》，《河北林果研究》1998年第1期。
② 来源于天池村村民C的介绍。访谈时间：2023年2月3日。访谈地点：村民C家的麦地湾梨园里。
③ 云龙县人民政府：《云龙县天池麦地湾梨冷链物流建设项目》，http://www.ylx.gov.cn/ylxr-mzf/c102593/201603/b55ca2e7d3444bdfaabd8786c71c1d75.shtml。

地湾梨核心基地 1000 多亩，天池林果场管理员曾介绍公司仅在 2021 年 1 月至 9 月就实现免税销售收入 862 万元①。借着麦地湾梨的影响力，每年林果场都会吸引数以万计的消费者前来体验采摘乐趣。同时梨园还能带动周围村民致富，麦地湾梨成熟之际，村民会前来打工，获得可观的收入。此外，林果场带动了天池村近 200 户群众种植麦地湾梨，全村总面积能达万亩。根据《云龙年鉴》，到 2020 年末整个诺邓镇种植麦地湾梨面积累计 1100 公顷，年产值能达到 5569 万元。

天池·诺邓地标产品之诺邓黑猪、诺邓火腿。诺邓黑猪是诺邓火腿区别于其他火腿的关键原料。诺邓黑猪是云龙县本地猪的代表品种，具有体长膘厚、抗逆性强、肉质细嫩、味道香美的特点②。根据《云龙县志》，诺邓黑猪有三种体形，根据其外表体形特征，大、中、小型三种猪又拥有"八卦头猪""二虎头猪""葫芦猪"三种俗称。诺邓黑猪四肢结实、大腿发达，本地农户多将其散养，育肥达 100 千克体重的猪，肌肉脂肪能在 6% 以上，肉质优良，成为诺邓火腿的最佳原料猪。此外，诺邓以盐业闻名，诺邓古盐井位于诺邓村口两河的交汇处，开凿于唐代，到 1996 年停产，是中国历史上延续时间最长、保存最完好的盐业遗址③。

近年来云龙县持续抓好以诺邓火腿为支撑的生猪产业，开发诺邓火腿系列预制菜④，制定出台诺邓火腿产业标准，进一步做实诺邓火腿协会，按诺邓火腿产业标准制定准入门槛和退出机制，以龙头企业带动农户产品入市，带动更多农户受益⑤。依托诺邓制盐工艺和诺邓黑猪原料，腌制诺邓火腿成为农户致富的重要路径，还吸引着一批又一批外地游客前来品尝，具体关于诺邓火腿的案例介绍在本章第四节展开。

---

① 郑成艳：《云龙：税宣助力打造高原特色品牌》，https://www.dalidaily.com/dlrb/pad/202111/09/content_23427.html。

② 云龙县地方志编纂委员会编《云龙县志（1978~2005）》，云南人民出版社，2016。

③ 殷群：《诺邓古村历史文化与景区化发展研究》，中央民族大学出版社，2019。

④ 云龙县人民政府办公室：《2023 年政府工作报告（县十八届人民政府）》，http://www.ylx.gov.cn/ylxrmzf/c102551/202302/b835121b8f994756bba6b822851d8f28.shtml。

⑤ 资料来源于《政府工作报告（2023 年）》，材料由云龙县人民政府提供。

三　绿色自然留存，文化保护传承

天池·诺邓汇集绿色自然文化与人文文化，其中天池以大自然的鬼斧神工形成的绿色自然风光闻名（见图6-2），而诺邓则因其流传千年的古村文化与盐文化受到广泛关注。

图6-2　云龙天池

资料来源：调查小组自摄。

云龙天池国家级自然保护区。作为云南省建立最早的省级自然保护区之一，云龙大池国家级自然保护区于1983年经云南省政府批准设立。其位于云龙县城西部20余公里的天池山中，该保护区属于野生动物类型的小型自然保护区，并且保护区分为重点保护区域与一般保护区域，前者是为了保护区域内自然资源和自然环境，使其不受人为干扰；后者为试验区域，主要是为了改善自然生态环境和合理利用资源，可在法律法规允许的情况下开展人为活动[1]。

天然太极图。在云龙县城诺邓镇北郊，沘江绕出了一个"S"形的大湾

---

[1]　石伟：《自然保护区非大众型旅游开发研究——以云龙天池国家级自然保护区为例》，硕士学位论文，云南大学，2017。

子，形成类似道教"太极"图案的天然地貌奇观，北部的庄坪坝子和南部的连井坪坝子组成两个鱼形图案，活似太极图的阴阳两仪，被称为"天下奇观"。在天然太极图南面山头有虎头山道教建筑群，东面山头则有玉皇阁道教建筑群①。

诺邓盐文化。西汉元封二年（公元前109年）置益州郡，下辖比苏等24县，比苏县即在以诺邓为中心的沘江流域，白语中"比苏"为"有盐的地方"。调查小组从诺邓盐文化博物馆了解到，古代称云龙为"五云"，是指云龙县有"五井"，即五个盐井。明初五井专指诺邓、顺荡、山井、师井和大井，清代至民国时期则把诺邓、天耳、大井、石门、宝丰称为新"五井"。

迁入云龙县的大多数群众与井盐生产经营有关，可以说云龙文化是建立在盐业经济基础上的。云龙数百年来随着历史变迁，也经历了盐业的兴衰，清乾隆以来由于乔后盐井的开采，云龙五井逐渐失去了滇西盐业经济核心地位。20世纪中后期，云龙县重新开办盐厂，1996年因经济效益和环境保护的双重考虑盐厂正式关闭，诺邓大规模盐业时代结束②。诺邓盐厂见证了诺邓盐业的兴衰，虽然盐业已经不是农户的致富产业，但是对于如今的云龙县来说，盐在其中仍有着难以撼动的地位。诺邓古盐井至今依旧保留，从图6-3中可以看出古盐井内依旧有管道，村民可以从中抽取卤水自己熬制盐。

诺邓的制盐方式为古法制盐，制盐步骤很简单，从古盐井中抽取卤水，利用大锅烧柴火来煮盐，并在此过程中去除杂质。去除杂质后的盐还要经过滤，再将其装入磨具中。当前，制作好的盐还会做成工艺品售卖给游客（图6-4为调查小组自摄诺邓古井旁卖手工制盐的小店）。

诺邓古村文化。当前诺邓村仍集中完整地保留着很多明清时期的古建筑群和明清文化遗存，村中现有州级文物保护单位1项，县级文物保护单位24项，100多座依山而建、风格典雅、形式多变的古代民居院落，有玉皇阁、棂星门（又称"腾蛟、起凤"坊，见图6-5）、文庙、武庙、龙王庙

---

① 李湘莹、张艳：《大理云龙县太极文化养生旅游发展模式及对策研究》，《旅游纵览》（下半月）2018年第12期。

② 王睿妮：《作为媒介的盐：村落历史记忆的建构与呈现——基于诺邓古村的田野调查》，硕士学位论文，云南大学，2021。

图6-3 诺邓古盐井

资料来源：调查小组自摄。

（"三庙"）等明清时期的庙宇建筑20多座，此外还有盐井、盐局、盐课提举司衙门旧址等盐业经济遗留的产物，200多株百年以上树龄的古树名木，洞经花灯音乐、民间传统习俗、节事庆典活动等非物质文化遗产，1万多件各式古董、文物、字画牌匾、古老家具等。

云龙县由于地理环境特殊，地形陡峭、地势高，社会经济发展也因此受到一定限制，加上外来文化的冲击和社会现代化转型速度加快，白族古村落诺邓村少数民族传统文化受到冲击。保护白族千年古村诺邓的文化传统与建设诺邓生态旅游示范村是保护古村落文化的必要措施[1]。为了保护好盐业兴盛时期留下来的古建筑群、宗祠庙宇、家族历史等，云龙县做了大量的工作。在诺邓古村的保护利用上，云龙县从古文物、古建筑修缮，水

---

[1] 杨国才：《白族千年古村"诺邓"的保护与发展研究》，《云南民族学院学报》（哲学社会科学版）2002年第2期。

图 6-4 诺邓古井旁卖手工制盐的小店

资料来源：调查小组自摄。

电路、消防建设，地质灾害治理，公共配套设施建设等方面开展工作。2006
年，云龙县政府聘请了文物修护专家对"三庙"的修复进行研究和讨论，
后又聘请了工匠对这三座庙宇进行补漏、换瓦、粉刷、绘彩。2006 年底，
主殿的表面工程基本结束。2007 年，三座庙宇修复完成①。2015 年 4 月，
云龙县又对诺邓古村中保存下来的大量明清时期建筑进行修缮，通过原貌
还原，达到修旧如旧与原有环境完美融合的效果，许多古院落按原状成为
民居式的旅游接待单位，在服务游客的同时也促进了诺邓古村全民参与保
护工作。这些保护工作延续了诺邓的古建筑文化，为诺邓古村旅游奠定了

---

① 梁虎：《复活的仪式——大理诺邓白族村现代祭礼民族志》，硕士学位论文，云南大学，
2010。

图 6-5 棂星门

资料来源：调查小组自摄。

良好的基础。

　　除了诺邓古建筑文化外，诺邓古村文化还包括古村村民的行为文化。诺邓古村有一些独具特色的节日，如本主节、田家乐、祭孔节等，古村里每逢节日家人们都会欢聚一堂。本主节是为庆祝本主诞辰，田家乐是农耕节日，祭孔节是为了纪念孔夫子。与其他地方的祭孔活动不同，诺邓祭奠的是布衣孔子。诺邓祭孔活动整个过程包括迎神、请神、献礼、撤礼等仪式，仪式庄严隆重、规模宏大，诺邓祭孔活动从嘉靖九年（1530 年）开始，至今已延续 400 多年[①]。图 6-6 为诺邓古村孔庙留存的横幅。

　　诺邓因当初盐业的兴旺，吸引了大量外籍居民迁入诺邓，宗族繁多，因此村中姓氏也十分多样化。村中有一句话能够概括几大姓氏的特征，"徐家的财，杨家的人，黄家的名"。前四个字指出了诺邓古村徐家人普遍较为有钱；中间四个字指出了杨氏居民来自各地；最后四个字则表示黄氏家族重视教育，考取功名的人最多[②]。诺邓古村自元明清以来，大约形成了 20 个姓氏，除了前面提到的徐、杨、黄之外，还有李姓、张姓、孙姓等。目

---

① 董亚竹：《诺邓民族村文化变迁与旅游经济互动关系研究》，硕士学位论文，大理大学，2018。

② 王睿妮：《作为媒介的盐：村落历史记忆的建构与呈现——基于诺邓古村的田野调查》，硕士学位论文，云南大学，2021。

图 6-6　诺邓古村孔庙留存的横幅（活动举办时间为 2022 年）
资料来源：调查小组自摄。

前宗族文化逐渐发展为以姓氏为纽带，超越亲属、地域、行业、身份等关系的"同姓文化"，除了编修家谱之外，宗亲交流活动也深入展开①。在调研过程中，调查小组恰巧见证了诺邓村民在黄氏宗祠举行祭祖仪式，黄氏子孙在黄氏宗祠布置活动现场、排练节目，祠堂外村民在空地掌勺备菜，现场十分热闹。活动当天几乎是全村村民出动，除了黄氏子孙外，还邀请旁邻亲友和游客参加，共同见证这场大型宗亲交流的文化活动（见图 6-7）。

乡村文化被认为是农耕文明的根基，是实现乡村振兴战略的核心②。宗族活动能够使村民宗族个体化的观念向乡村"家文化"观念转变，增强村民对诺邓古村文化的认同感，有利于激发乡村文化内生活力，助力实现乡村文化振兴。

---

① 陈野：《宗族文化的当下解析：内涵、特征与传承》，《文化艺术研究》2022 年第 5 期。
② 宗喀·漾正冈布、王振杰：《民族杂居地区乡村文化振兴与社会治理的耦合逻辑——基于文化资本视角的分析》，《西北农林科技大学学报》（社会科学版）2021 年第 5 期。

图 6-7　黄氏祭祖活动通告

资料来源：调查小组自摄。

四　整合当地资源，发展特色旅游

2006 年以来，云龙县先后编制《云南省云龙县诺邓国家级历史文化名村保护详细规划》《诺邓特色小镇建设规划》《诺邓旅游发展规划》等，为诺邓古村的保护、规划、建设和管理提供保障。云龙县完善了诺邓古村的基础设施，实施电网改造工程、生态河道治理等项目，并完善诺邓景区游客服务中心、旅游厕所、景区标识标牌等旅游服务设施。诺邓古村的基础设施条件得到了明显改善，旅游相关配套设施也逐步健全。此外，在创建国家 3A 级旅游景区过程中还修复了古巷道、人马驿道，重修了古戏台、盐井房，建成诺邓盐文化博物馆，在井盐制作技艺的挖掘、传承、展示上下了功夫，让井盐更好串联起诺邓的自然文化资源①。

---

① 云龙县人民政府：《云龙县创建国家 3A 级景区的主要做法》，http://www.ylx.gov.cn/ylxrmzf/c102594/201708/8eae3cd3d9cb4616bbd3e52b516f34c3.shtml。

　　此外，古村民宿业快速发展。截至 2021 年，诺邓古村能够提供住宿、餐饮、休闲等服务的客栈达到了 27 家。这些客栈除了有外地群众来此创建的之外，还有许多本地群众将具有当地特色的家屋改造成的特色民宿（见图 6-8），这拓宽了当地群众的收入渠道，其能够在地推销自己种植的农产品和小规模制作的诺邓火腿，形成收入正向循环。

图 6-8　当地特色民宿

资料来源：调查小组自摄。

　　诺邓旅游业随着交通等基础设施的改善得到快速发展，来诺邓旅游的人数快速增加。2023 年 6 月云龙县在诺邓村举办"品诺邓韵味·讲千年故事"诺邓古村讲解员技能竞赛。自 2017 年诺邓古村成功创建为国家 3A 级旅游景区以来，县、镇、村三级因地制宜发展旅游业和高原特色产业，围绕古村旅游和诺邓火腿抓产业、抓就业，为诺邓古村发展和群众致富增添了强劲动力，农文旅融合发展局面就此形成。2023 年诺邓谋划旅游新业态、新项目，重点围绕盐文化体验、火腿制作品鉴体验、民俗演艺、民俗节庆等沉浸式旅游体验，强化诺邓文化 IP①，扩大诺邓影响力，继续打造和完善这张亮眼的名片。

　　2016 年云龙县开始建设云龙县天池养生度假休闲及自驾车基地项目，地点位于云龙县天池国家级自然保护区实验区。其优越的自然条件和绿色文化资源为旅游业的发展奠定了基础。如今以天池为中心的实验区已开辟为云南省省级旅游度假区，天池景色宜人，山顶视野开阔，保护区内有道路 8 公里，林中有小道可进行森林浴，还可进行观光、科普、科考、康体健身等活动，设有天池宾馆，早在 2006 年就已经接待游客 4524 人，收入 6.22 万元②。云龙县着手创建国家 3A 级旅游景区工作后，完成天然太极景观保护建设工程及天池公路柏油路建设等。在此基础上，规范设置外部旅游交通标识牌 6 个，规范设置导游全景图、导览图、景物介绍牌、各种公共信息图形符号引导标识等 100 多个，设立游客休息设施和观景设施③。云龙天池可进行旅游的区域包括天池水域环线，旅游项目主要是观鸟、徒步、菌子采集、露营及野炊。加上近年来云龙县委、县政府高度重视天然太极图的保护利用工作，加大投入力度，加强旅游软硬件基础设施建设，先后建成太极游道、太极文化墙、太极绿化亮化等惠民工程④。云龙天池的生物、水

---

① 《〈瞭望〉聚焦云南大理：文化点亮传统村落（诺邓篇）》，https://mp.weixin.qq.com/s/bkTz8d9JP1aM1UdqctYX-w。

② 李菊雯：《云龙天池自然保护区实验区内森林生态旅游开发与管理探讨》，《林业调查规划》2008 年第 5 期。

③ 云龙县人民政府：《云龙县创建国家 3A 级景区的主要做法》，http://www.ylx.gov.cn/ylxrmzf/c102594/201708/8eae3cd3d9cb4616bbd3e52b516f34c3.shtml。

④ 洪永忠：《初秋的大理云龙"太极图"一瞥》，https://mp.weixin.qq.com/s/1CUKMvu7t5x25vRk13dOBw。

文和动植物景观结合自然形成的太极奇观，已成为旅游者畅游云龙欣赏自然风光，舒缓生活压力的"世外桃源"。

除了政府领头建设之外，天池·诺邓的特色旅游业还离不开媒体的宣传报道。2023 年 3 月"大理·云龙梨花节暨火腿美食节"开幕后，云龙县融媒体中心采编人员按照宣传工作方案要求，开展新闻推广工作，在采取直播等方式宣传好"大理·云龙梨花节暨火腿美食节"开幕式的同时，分组、分批派出采访组，深入高原特色农产品展示展销、云龙特色小吃和火腿宴品鉴、招商引资项目集中签约和经济发展顾问聘用、乡贤座谈会、赏花采风写生、第二届"诺邓火腿巧匠"技能竞赛、民族服装秀等活动现场，进行活动亮点和特色采访报道[1]。

五 农文旅融合发展成效

群众增产创收生活幸福美满。云龙县全力推动诺邓火腿产业发展，有效带动了当地群众就业。据统计，云龙全县有近 3 万人从事火腿腌制、销售等相关工作[2]。除了规模性火腿加工生产外，旅游业的发展也让群众家庭腌制的火腿能够作为旅游特产进行小批量售卖，或是做成饭菜供游客享用。云龙县天池村立足麦地湾梨的优势和特色，不断做大做强麦地湾梨品牌，辐射带动全县 11 个乡镇 6000 多户农户种植麦地湾梨，每年可解决 12000 人的农村劳动力就业[3]。2021 年，麦地湾梨种植面积 4.8 万亩，产量 31664 吨，产值 0.95 亿元；2022 年麦地湾梨种植面积 4.8 万亩，产量 6.24 万吨，产值 1.872 亿元[4]。天池·诺邓正一步一步将当地的地标产品"品牌化"。随着云龙县地标农产品知名度的提升，产销量也有所增加。天池自然保护区建立后，对森林防火、防盗采及野生动植物资源的保护力度加大。护林、

---

① 赵雪梅：《【动态】云龙县融媒体中心开展"品舌尖上的美食、赏万亩梨园美景"拍摄创作主题党日活动》，https://mp.weixin.qq.com/s/hFIXviCm—RBctUa7Ma9hg。

② 《高山河谷探新路》，https://mp.weixin.qq.com/s/t6K0fdTFVf3HYTQ8mKmMjA。

③ 张艳霞、段学兵：《天池村麦地湾梨带动群众致富奔小康》，http://www.ylx.gov.cn/ylxrmzf/c107130/202202/c55cb8e10f7841589634f5397ade8a87.shtml。

④ 资料来源于《麦地湾梨产业发展报告》，材料由云龙县农业农村局提供。

消防等工作人员需求量也进一步增加，对当地资源、路况、环境熟悉的周边社区农户成为自然保护区管理局护林员、消防员的首选。

天池·诺邓名气渐旺。截至 2023 年，云龙县成功举办两届梨花节，精心打造集观光、休闲、采摘于一体的农业生态农家乐 4 家，按照以短养长，以长扶短，发展林下种植、养殖产业及乡村旅游，拓宽群众致富途径[①]。据统计，2022 年诺邓古村接待游客约 20 万人次，带动当地百姓收入共计 2000余万元[②]。2023 年春节假期期间，全县共接待旅游者 8.79 万人次，其中，诺邓景区累计接待旅游者 1.118 万人次，同比增长 365.67%[③]。

云龙农文旅融合发展前景光明。农业、文化与旅游业之间相辅相成，相互融合发展能够实现三方资源共享与优势互补。天池·诺邓的地标农产品，是当地厚重历史文化的物质表现，也为旅游业发展提供了物质基础，开辟了一条新的路径。其农业的发展为亲近乡村和自然的农家乐体验式旅游奠定了极佳的基础，是带有独属于云龙天池·诺邓特色的旅游条件。近年来云龙县依托云龙地标产品良好发展态势，结合绿色与民俗文化，全面谋划全域文化旅游产业发展。

六　小结

天池·诺邓案例经验模式为以地标农产品为基础，结合绿色文化与盐文化、古村文化，推动发展当地特色旅游的农文旅融合发展模式（见图 6-9）。本节介绍了麦地湾梨、诺邓火腿和诺邓黑猪三大天池·诺邓地标产品的打造，总结天池·诺邓的绿色文化与人文文化，分析了天池·诺邓目前特色旅游发展情况，展示了其农文旅融合发展成效。

利用当地自然条件优势对地标进行品牌化，为当地特色旅游产业发展提供资源基础，扩大天池·诺邓的知名度和影响力。天池·诺邓的旅游业

---

① 资料来源于《天池村乡村振兴工作总结》，材料由云龙县乡村振兴局提供。
② 资料来源于《诺邓村 2023 年乡村振兴工作方案》，材料由云龙县乡村振兴局提供。
③ 云龙县融媒体中心：《春节期间这么多游客来云龙！》，https://mp.weixin.qq.com/s/0c4m-EahtgJwer7iQp1WVLQ。

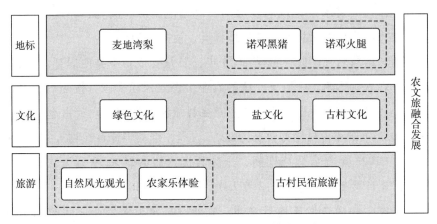

图 6-9　天池·诺邓案例经验模式总结

资料来源：调查小组根据本节撰写内容总结整理得到。

蓬勃发展反哺了当地农业产业，进一步推动了当地文化事业发展，实现了良性循环，最终实现农户增产增收的致富的目标。

天池·诺邓的农文旅融合发展模式，结合农业、文化和旅游各自优势，促进了乡村多元化发展，是当地实现乡村振兴的有效路径。

第二节　大栗树·河南村

一　背景介绍

乡村振兴这一重大战略是在党的十九大中被提出的，其内容指出要聚焦产业促进乡村发展，推进农业农村绿色发展，促进农户就地就近就业创业。产业振兴不是某个人、某个组织或者某个企业独自出力就能实现的，其需要多元主体共同协作。在中国农村产业发展中，党组织在产业发展中发挥着统领作用。云龙县的党建引领工程，紧紧围绕"党建引领高质量发展"这个中心，充分发挥各级党组织、党员、干部和人才的作用。

除了党组织的引领，参与农村产业发展的主体还有农户本身、村民自治组织以及当地龙头企业等。这些主体若毫无合作各自开展活动可能会出现一系列问题，合作社、企业可能会出现在"熟人关系圈"中难以施展拳脚，农户则需要承担较高风险且难以同合作社、企业竞争。因此这些主体通过互动模式，明确每个主体需要承担的责任和利益诉求，提升产业发展效益，最终实现多元主体利益最大化[1]。多元主体互动是指党支部牵头引领，农户加入专业合作社成为社员，合作社提供收购、服务、技术一体化指导服务，企业与专业合作社捆绑，负责从采货到加工、包装销售服务的过程。党支部、企业、合作社和农户这几大主体，通过彼此之间的沟通交流形成特色农业发展的互动网络。

在乡村振兴战略背景下，中国农业发展面临着资源与环境的双重约束，治理农业污染任重道远，因此在绿色发展理念指导下，推动农业绿色发展是破解新时代社会主要矛盾的重要内容之一[2]。农业生态环境治理必须同农业发展、农户增收有机统筹。生态农业强调生态循环、绿色高效，要求通过合理开发和利用农业资源，实现农业生态环境保护治理。

依照乡村振兴战略的要求和绿色发展理念的指导，云龙县的茶业龙头企业走出了一条结合当地优势的独特道路，逐渐形成了地标产品"云龙茶"。"佬俄""大栗树"是云龙茶名号最响亮的两个牌子，分别来自团结乡河南村和宝丰乡大栗树村。云龙县的佬俄茶厂和大栗树茶厂分别作为河南村和大栗树村的龙头企业，随着规模的扩大，不断吸引农户加入，在降低多元主体各自所需承担的风险的同时，实现产业发展利益最大化。

学者总结了云龙茶生长发育的气象条件，发现云龙茶树为亚热带多年生植物，喜温暖湿润气候，怕冻、怕旱。云龙县的部分山区，河谷暖湿气流上升后会在夜间到早上形成云雾，春季积温较同海拔地区高，弥补了高海拔地区年平均气温不足的问题，有发展绿色、有机茶园和生产独具特色的高山生态茶的环境气候条件[3]。云龙县大栗树·河南村的茶业发展主要为

① 廖紫依：《乡村振兴视域下农村产业发展行为主体互动关系研究——以贾西村合作社为例》，硕士学位论文，贵州民族大学，2022。
② 于法稳：《新时代农业绿色发展动因、核心及对策研究》，《中国农村经济》2018 年第 5 期。
③ 字善生、杨坤琳、李城亮等：《云龙茶种植气候条件分析》，《现代农业科技》2018 年第 10 期。

绿色地标产品的多元主体互动模式。本节选择了两个茶业发展典型村子，团结乡河南村和宝丰乡大栗树村的龙头企业来介绍这种发展新模式。

二　各司其职的多元主体持续互动

仅靠单打独斗是没办法实现持久发展的，经济和社会发展需要多元主体不断合作互动。但在互动过程中，如果不明确各方责任，就无法实现"1+1>2"的效果。多元主体互动机制，在于多元主体各自职责分工明确，发挥主体功能优势。从党支部、政府、企业到农户个人，不同的主体都扮演着不同的社会角色，掌握着不同的资源。

多元主体之党支部。党支部在茶产业发展过程中的引领作用不可被忽视。为充分发挥基层党组织的战斗堡垒作用和党员的先锋模范作用，促进企业不断发展。在团结乡党委的指导下，2010年佬倵茶厂成立了党支部。在全力抓茶生产的同时，支部书记不断加强党组织、工会等的建设，积极支持地方各项事业。在党支部的带领下，茶厂逐渐实现规模化、规范化和专业化发展，让群众看到了茶业的效益，吸引了持观望态度和曾经放弃的农户逐步试探加入。同样，处在大栗树村的大栗树茶厂也成立了党支部，为茶厂提供组织保障，充分发挥党建引领作用，农户分散种植、业主统一加工、茶厂统一销售、利益合理分配的模式不断发展。

多元主体之政府。制度性资源和涉农资金是政府所提供的两大重要资源[①]。云南省农业农村厅和云南省市场监督管理局一同印发的《云南省地理标志农产品培育和保护行动方案》[②] 指出，要深入调查区域独特生态环境、独特品质等资源，梳理具有市场前景和发展潜力的特色产业产品，建立地域特色农产品资源目录。该方案还提到通过积极支持农业龙头企业、农村专业合作社、行业协会等组织申报农产品地理标志，强化地理标志农产品

[①] 杨毅：《全域土地综合整治多元主体协同治理效果形成机理研究》，硕士学位论文，华中农业大学，2022。

[②] 《云南省农业农村厅 云南省市场监督管理局关于印发云南省地理标志农产品培育和保护行动方案的通知》，https://nync.yn.gov.cn/html/2021/zuixinwenjian_0929/385013.html。

培育措施，进而开展地理标志培育和保护工作。此外，云龙县政府还通过参与展销会、开展品牌座谈会等方式，促进企业相互交流，积极引导"云龙茶"相关品牌的发展，帮助企业扩大品牌的社会影响力。

多元主体之企业。对于企业而言，通常需要更多投入专业技术要素和资金，同时还能够起到联合农户与合作社两大主体的作用。佬倵茶厂为了降低多元主体各自所需承担风险，实现茶业发展利益最大化，企业免费为茶农提供优质茶苗，由企业技术人员适时开展技术指导，制定了收购保护价，确保农户不亏损，保证鲜叶收购与产品销售。同时大栗树茶厂作为云南省农业产业化重点龙头企业和云南省茶业生产先进企业，长期响应政府政策反哺农户。仅在 2018~2019 年就组织培训了茶农和工人 6134 人次，带动农户超过 2000户。茶厂会公开招收采茶工，公司招聘信息显示，茶厂工作时间在 3 月至 10月，根据采摘数量和鲜叶等级来计算工资，采摘工作日达 120 天及以上的，每天会奖励 10 元；全年单人采摘总数量达到 4000 公斤及以上的员工，每公斤奖励 0.2 元。公司设置了食堂，提供住宿，雨天休息会有补助，年底能报销来回车费，保障了农户的劳动收益。此外，茶厂有自身采收的标准，比如大栗树茶厂春茶收购标准分为一芽一叶、一芽二叶、一芽三叶，分级采摘，然后统一进行加工管理和销售，最后将获得的收入进行合理分配①。企业在为合作社和农户提供技术支持的同时，能够吸引更多农户加入企业用工队列中，作为"企业+合作社+农户"发展模式之首，在多元主体互动中处在无可替代的位置。

多元主体之合作社。合作社能够为农户提供一定的保障，是直接接触农户的主体。建立了佬倵茶厂的河南村原支部书记又建立了合作社，为了帮助绿色茶业更好的发展，专业合作社提供茶苗、资金支持等帮助，鼓励农户多施有机肥，只要专施有机肥的农户，就可以得到补助。

多元主体之农户。农户作为主要劳动力，能够为企业和合作社提供持续不断的人力资源，同时还能提供一定的土地资源支持，便于企业或者合作社整合流转土地，集体规划，实现规模经济。此外协助茶厂种植的农户

---

① 云龙县融媒体中心：《云龙宝丰乡：绿水青山蕴茶香 以茶致富促团结》，https://mp.weixin.qq.com/s/XPeCHqy_7v0PL5yUxh_cOQ。

社员也在家中饲养一定数量的家畜，以养殖户身份依据有机标准向茶园提供有机肥料。佬倵茶厂负责人介绍，他们向农户收取的肥料多为羊粪、牛粪，且需要的是放养的羊以及没有喂饲料的牛，因此规模养殖提供的肥料不符合有机标准，茶厂不会采取使用①。在农户获得收入的同时，实现了“绿色循环”的发展模式。

除此之外，还有专业院校和团队的辅助。如茶厂和高校专家共同开发研究了大栗树牌绿茶，和茶树种植基地进行了无性系茶树良种地膜覆盖栽培并获得成功②等。以上主体结合其他辅助主体，通过多元互动履行各自职责，达到协同发展的平衡状态，使得大栗树·河南村的茶业呈现欣欣向荣的态势。

三　打造绿色云龙茶地标品牌

人们对食品安全的关注、对健康和环境问题的认识水平的提升，在一定程度上会影响人们对高质量食品的需求，使人们有意向购买和消费更富安全和健康性的食品③。

因地制宜打造当地特色产品的品牌，需要经过多方考察，借鉴其他地区同产业的发展经验，结合当地优势。首先需要确定适合发展的特色产业和区域，充分考虑资源、地域等特点，确定农产品的“喜好”，海拔、湿度、温度等要求，在不触碰土地红线的情况下最大限度利用现有资源，打造区别于其他地区的地标品牌，实现“一村一品”，形成具有竞争力的农业品牌。“绿色”一直是云龙县大栗树·河南村茶业发展的底色，想要打造地标品牌，就要从当地的特色资源入手。云龙茶茶山一带海拔在 2500 米以上，属于高山茶区，茶叶在其系统发育过程中形成了喜暖怕寒的特性，茶园地处亚热带山区，气候温和湿润，日照短，日夜温差大，有利于茶树的光合物质的积累转化④。同

① 数据来源于团结乡河南村佬倵茶厂负责人。访谈时间：2023 年 2 月 7 日。访谈地点：佬倵茶厂会客室。

② 赵立山：《云龙县茶叶产业发展之我见》，《云南农业》2018 年第 1 期。

③ 徐文成：《有机食品消费行为研究》，博士学位论文，西北农林科技大学，2017。

④ 字善生、杨坤琳、李城亮等：《云龙茶种植气候条件分析》，《现代农业科技》2018 年第 10 期。

时由于多雾，土壤有机质非常丰富且排水通畅①，具备了制出好茶的鲜叶原料基础，这是河南村茶业发展关键的前提条件。茶厂将茶叶定位为"有机"，需要有相当高的标准，佬倵茶厂负责人向我们介绍了肥料方面的有机标准②，比如不能对茶树打农药，并需要施有机肥料。不能向有机肥料的来源家畜喂添加剂，放养的家畜是最佳肥料的来源，这些有机肥料大部分来源于专业合作社的农户，因此茶厂也对社员养殖提出了高标准要求。在绿色有机的严格标准下，茶厂售出的茶叶品质能够得到较好保障，加上气温、海拔、湿度等优势，茶叶口感好。大栗树·河南村气候、土壤等环境非常适宜茶叶种植，荒山荒地多，在荒山上种植茶树，能够改变荒山植被，改善生态环境。此外，通过增加有机肥料辅助种植，减少化学农药污染，大栗树·河南村真正实现了绿色茶叶种植。图6-10为调查小组自摄云龙县团结乡茶园。

要打造绿色地标品牌，除了要发挥当地优势外，还要关注产品质量。佬倵牌碧螺春茶上市以来，因其在生产加工过程中抓好成品茶叶筛选制度和产品质量检验制度，做到成品出厂一批必须合格一批，对不合格的产品降低等级销售或不进行上市销售，未发生消费者因质量问题退货的情况，在市场上始终保持良好的信誉度。此外，茶厂还坚持每月定期跟踪回访销售商，收集消费者和销售商反馈意见。

最后从品牌影响力与知晓度的角度来看，地理标志的溢价获取能力有赖于其知名度打造，知名地理标志能够为产品带来正向溢价，且与企业品牌存在显著互补效应。因此地标品牌化对于地标产品发展起着关键作用③。佬倵是彝族的一个支系，佬倵牌这一名称是对族系精神的一种纪念与传承，也让同族系人牢记"诚实做人、踏实做事、不欺不诈、公平交易"的族训。而大栗树牌则是直接使用大栗树村这一地名，其云龙绿茶鲜叶产于大栗树大山头，由于海拔高，温度、湿度适宜茶树生长，再加上科学的加工工艺，

---

① 王天玺：《茶·茶文化·茶产业——关于振兴云南茶叶产业的调查报告》，《求是》2002年第7期。
② 访谈时间：2023年2月7日。访谈地点：佬倵茶厂会客室。
③ 蒋玉、蒲雁嫔、丁玉莲等：《农产品地理标志与企业品牌的溢价及其协同效应——以绿茶茶叶产品为例》，《经济地理》2023年第9期。

图 6-10　云龙县团结乡茶园

资料来源：调查组自摄。

其成品茶有特殊的熟板栗香味，品质优良，深受消费者喜爱①。

四　联农带农促就业

通过实地调研发现，茶厂采茶的茶农都是附近的村民，在龙头企业的带动作用下，村民不需出远门离家打工便能够获得收入。这些村民到了一定季节时，不仅自己家里种植茶叶，也在茶厂务工。他们每年4月就来到茶厂采茶，一直工作到10月，在茶厂务工每月收入在3000～5000元②。大栗树茶厂有长期工人70多人，拥有5万多亩茶园基地，带动2000多户种植茶园，每年能够提供2000多个季节性用工岗位。佬倵茶厂同样每年会招收季节性工人和长期工人，厂里有长期工人28人，其余为季节性用工。茶厂通

---

① 赵立山：《云龙县茶叶产业发展之我见》，《云南农业》2018年第1期。
② 周丰、杨伟松、左东敏：《【大兴调查研究·记者走基层】云龙宝丰乡：春茶采摘季 满园茶飘香》，https：//mp.weixin.qq.com/s/khysBnCxN_V0812PNhJ6Ow。

过带动农户发展茶叶种植，解决大量农村剩余劳动力就业问题，让无产业、无门路的群众实现就近就业。同时，农户家中养殖的家畜肥料也能够让农户获得一定收入。农户的多渠道收入降低了单一发展种植或养殖业的风险。茶园大部分土地来自农户的土地流转，跟随大栗树茶厂种植的农户一共有200多户，一户每年最高利润能够达到11万元，茶叶的产量也能够达到80吨以上，整体净收益能够达到100万元左右。

五　绿色地标产品的多元主体互动成效

带动经济发展见成效。云龙茶以其独特优异的品质赢得了广大消费者的青睐，产生了良好的经济效益，使茶产业成为县域经济发展的优势产业之一。2022年云龙茶叶面积稳定在4.2万亩，采摘面积达3万亩。茶叶总产量为816吨，比上年有所增加。总产值为2.2万元左右。茶农纯收入约为4000万元，比上年增加9.9%。有机茶园面积为1.1万亩，绿色食品茶园为1020亩，此外有4家茶企授权使用"云龙茶"地理标志，用标产品14种，用标数量43.1万枚，用标产品质量54吨①。

推动绿色地标农业发展，打造民族品牌。团结乡河南村佬倵茶厂以"绿茶之乡、醉美团结"为形象定位，以"农旅融合示范镇、民族团结示范乡、乡村振兴示范园"为发展定位持续打好生态牌，深入实施茶园基地提升行动，强化茶园标准化管理，积极推进茶叶品牌建设，提升团结乡茶业知名度，做大做强有机茶产业，有效引领当地茶农走上增收致富路，擦亮以绿色为底色的有机茶品牌。佬倵茶厂现有高质量原料基地茶园7000余亩，其中已投产的茶园面积1700余亩，周边茶农的种植面积达4900余亩。大栗树茶厂始终以"绿色"为底色，贯穿整个茶业发展历程。2001年12月，其生产基地生产的大栗树牌云龙绿茶获得了云南省无公害农产品认证；2003年8月大栗树茶获准使用AA级绿色食品标志；2004年5月，其获得有机食品认证；2006年获得食品QS认证；2008年8月通过ISO 9001体系认证的

---

① 数据来源于《云龙茶产业发展报告——补充资料农业农村相关》，材料由云龙县农业农村局提供。

检查。此外，2017 年大栗树茶厂跟随云南省代表团参加内蒙古包头市第十八届中国绿色食品博览会，宣传、展示了云南省绿色食品产业新成果，提升了企业品牌形象，同时还向其他省市学习了绿色食品先进的管理经验。茶厂始终坚持按绿色有机食品生产技术规程种植管理茶园，获得了一张又一张绿色食品认证证书，以"绿色"为底色的茶业之路走得更加有底气。

在全国 2015 年第四次农产品地理标志登记专家评审会上，云龙县高原特色农产品"云龙茶"入围，顺利通过专家评审，同时成功申报入围"全国名特优新农产品名录"。这是云龙县继麦地湾梨、诺邓火腿、云龙矮脚鸡获地理标志认证后，第四个获得此项殊荣的农产品。

龙头企业日益壮大，带动茶业发展作用不断加强。绿色地标产品的多元主体互动模式是河南村·大栗树逐步探索出来的新模式。大栗树村的大栗树茶厂和河南村的佬倵茶厂分别作为省级龙头企业和州级龙头企业，均拥有云龙茶地标的使用权，对全县农业产业化发展起到了良好的示范带动作用。大栗树茶厂在 2013 年挂牌创建农业部茶业标准园；2015 年建设大栗树茶庄园项目；2017 年为了透明化管理茶园，让更多茶友随时随地参与了解茶园管理、采摘理念，在茶园基地安装了 24 小时实时监控；2023 年 3 月其高原茗珠茶荣获第十届国际名茶评比银奖。佬倵茶厂则荣获"全省民族团结进步模范集体"荣誉称号，被授予"云南省 A 级信用企业"，其产品还获得了云南省"十大优质农产品"奖，其党支部也多次被各级党委表彰为"先进基层党组织"。《大理州乡村振兴试点工作方案》确定河南村为州级乡村振兴试点村。2022 年佬倵茶厂成为云龙县第一批民族团结进步示范单位，2023 年 1 月成功进入云南省"十四五"期间民族贸易企业名单。"采好一叶茶"成为团结乡"五个一"产业发展思路的其中之一，受到地域限制，扩大佬倵茶种植面积不太现实，但是可以通过增产增销的方式，将地方特色品种做成带动村民增收的大产业。

绿色地标发展，有机反哺生态可持续发展。"绿色"底色已深入云龙县各产业中，绿色地标品牌的打造能够进一步加深多元主体的绿色理念，增强其可持续发展和环境保护意识。使用有机肥料、减少农药化肥进入土壤等绿色措施的引入，是云龙县发展有机农产品的必要基础，严格的有机标准认证能够确保云龙茶符合环境保护要求。绿色地标品牌的持续推广、知名度和竞争力的提升，能够使市场上的消费者提升对该绿色地标产品的认可度，稳定市场的绿色产品需求，间接促进市场绿色农产品的进一步发展。

六　小结

大栗树·河南村案例经验模式为绿色地标产品的多元主体互动模式。本节介绍了大栗树·河南村在发展茶业过程中各主体发挥的作用以及多元主体之间的互动关系，总结了打造绿色云龙茶地标品牌的关键要素，分析了大栗树·河南村茶产业联农带农的方式，展示了绿色地标产品的多元主体互动成效。

多元主体在绿色云龙茶产业发展过程中，党建引领结合政府政策和资金支持，助力企业扩大品牌影响力；企业通过技术支持等措施集中合作社与农户，并分担风险；合作社直接接触农户并提供保障；农户是主要劳动力，为其他主体提供土地和人力资源。上述主体通过联结互动，结合当地地理优势和文化资源，以"绿色"为底色发展"云龙茶"地标品牌，努力打造有机农产品（见图6-11）。通过多元主体互动，绿色地标云龙茶不断发展，有机农产品发展能够实现生态发展的反哺，并实现可持续的良性循环。

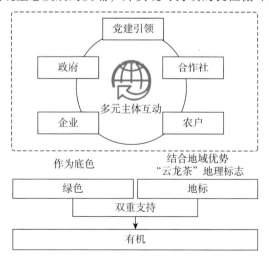

图6-11　大栗树·河南村绿色地标产品的多元主体互动模式

资料来源：调查小组根据本节撰写内容总结整理得到。

第三节　苗尾·功果桥

一　背景介绍

水电作为我国应用广泛的清洁能源，除了有利于生态环境保护作用之外，还能促进当地经济发展。云南是一个水能资源丰富的省份，其境内主要有澜沧江、金沙江、南盘江、红河、怒江和独龙江六大水系，得益于云南独特的气候条件和地貌特点，各河流的水量充沛且来水稳定①。早在 2007 年《云南省水利发展"十一五"规划》就提到了要立足于服务"三农"的宗旨，建立灵活规范的农村水电开发体系。云南省人民政府在 2023 年出台了《云南省绿色能源发展"十四五"规划》，指出要加快重大水电项目建设，着力打造绿色能源强省。

云龙县境内有澜沧江、怒江两大水系，有漕涧河、沘江、关坪河、检槽河等中小河流 153 条，常年水资源总量能达到每年 29.2 亿立方米。过境河道达 358.2 公里，划分为沘江口以上、沘江口以下、怒江勐古以上三个水资源三级区②。然而由于降雨时空分布差异，会出现雨季水余、旱季水乏的现象。水电站建设可以调节水量，控制下游水位和流量，还能够有效利用水资源使其转化为电能，推动当地经济发展。

功果桥和苗尾水电站位于云南省大理州云龙县。其中功果桥水电站（见图 6-12）位于功果桥镇，是澜沧江中下游河段"两库八级"开发方案中的第一级，是功果桥至勐松河段梯级开发的最上游电站，上接苗尾水电站，下邻小湾水电站。苗尾水电站（见图 6-13）位于苗尾傈僳族乡，澜沧江上游"一库七级"开发方案的第七级，是云南古水至苗尾河段的最下游电站，上接大华桥水电站，下邻功果桥水电站。2009 年，苗尾·功果桥水电工程建设管理局正式成立。2011 年 10 月，苗尾·功果桥电厂成立，结合"创一流"规划要求及水电行业发展面临的实际情况，采用"一厂两站"管

---

① 吴东平：《论云南水电的战略价值和地位》，《水力发电学报》2022 年第 4 期。
② 云龙县地方志编纂委员会办公室编《云龙年鉴》，云南民族出版社，2021。

图 6-12 苗尾·功果桥电厂的功果桥水电站
资料来源：调查小组自摄。

理模式。根据 2023 年 H 能源公司官网介绍，功果桥水电站于 2011 年 10 月完成首台机组运行，于 2012 年 6 月全部机组投产发电，电站总装机容量 90 万千瓦，电站年平均发电量 40.41 亿千瓦时。苗尾水电站于 2017 年 10 月完成首台机组运行，于 2018 年 6 月全部机组投产发电，电站总装机容量 140 万千瓦，电站年平均发电量 65.56 亿千瓦时。

苗尾·功果桥电厂水电建设因征地影响了较多居民。苗尾水电站建设征地影响涉及大理白族自治州云龙县和怒江傈僳族自治州兰坪县的 6 个乡镇（场）21 个行政村 86 个村民小组，涉及各类土地总面积 2005.84 公顷；功果桥水电站建设征地影响涉及大理白族自治州云龙县和永平县的 4 个乡（镇）14 个行政村，涉及各类土地总面积 1021.29 公顷。两个电厂建设规划

图 6-13　苗尾·功果桥电厂的苗尾水电站

资料来源：调查小组自摄。

搬迁安置人口 7130 人，生产安置人口 10527 人，涉及拆迁各类房屋
526157.8 平方米。淹没集镇 1 处，街场 2 处，工矿企业 22 家，涉及企事业
单位 27 家，四级公路 91.5 公里，桥梁 10 座，还有旧州水文站和沘江电站 2
个专项水利水电设施，以及地面文物古迹 4 处等①。

二　水电站有效建设的三大"功臣"

苗尾·功果桥水电站建设离不开三大"功臣"，分别是水资源综合利用
工程、文物迁移保护工程和移民搬迁安置工程。

---

① 鲜恩伟、刘洋：《大型水电站征地移民工作探索和创新——以苗尾、功果桥电站为例》，
《四川水利》2019 年第 5 期。

　　水资源综合利用工程。水资源是不可替代的重要的自然资源、战略资源和经济资源，是经济社会可持续发展的重要保障。其对人类所有活动的支撑作用以及防治水害和保护生态环境方面的需求，都表明水资源的规划、管理和开发利用与整个社会经济计划和发展紧密相连[1]。2012年苗尾水电站综合利用工程被列入西南五省（区、市）骨干水源规划项目之一。2020年云龙县政府工作报告中，将推进苗尾水电站水资源综合利用工程作为2020年下半年的重点工作。

　　云龙县苗尾水电站水资源综合利用工程。项目由输水工程区、场内道路区、施工临时设施区及弃渣场区组成，工程任务为"提供功果桥镇人畜饮水、工业用水和农灌用水"。面对复杂地质条件，项目全线90%以上运用14号工字钢支撑等先进施工工艺，成功突破施工瓶颈。同时，在建设过程中，项目部以"安全第一"为原则，秉承"抓质量、促工期、控成本、保安全"工作方针，合理配置施工资源，精心筹划施工组织，并制定多项安全管控措施，现场积极落实。苗尾水电站水资源综合利用工程接电站下游灌溉输水渠道，取水口位于澜沧江右岸山坡上。灌区耕地沿澜沧江右岸分布，区内支流发育，从北到南分布有鲁乂河、小邑村河、丹坞箐、只干箐、丹夏箐、北箐和西箐。苗尾水电站水资源综合利用工程全渠道流量分为12级，渠首设计流量为每秒1.43立方米。为满足灌溉要求沿干渠布设支渠，支渠总长为24.12公里，设计灌溉面积1.6945万亩[2]。2023年云龙县政府工作报告已将苗尾水电站水资源综合利用工程竣工验收作为工作重点之一[3]。

　　文物迁移保护工程。功果桥所在地功果旧时称公果，曾是云龙县境内澜沧江上一个渡口，位于澜沧江与其支流沘江的汇合处。1921年，宝丰人倡议筹资在此建成铁索桥，经多方集资后由宝丰人负责设计施工，并将其命名为"青云桥"，这时的桥仅可通过人马。1938年在铁索桥上游8米处，人们利用

　① 汪艳芳：《水库工程水资源论证方案研究》，硕士学位论文，西华大学，2014。
　② 何文明：《浅析大理州云龙县苗尾水电站水资源综合利用工程只干河倒虹吸工程施工技术》，《中文科技期刊数据库（全文版）工程技术》2022年第1期。
　③ 云龙县人民政府办公室：《2023年政府工作报告（县十八届人民政府）》，http://www.ylx.gov.cn/ylxrmzf/c102551/202302/b835121b8f994756bba6b822851d8f28.shtml。

青云桥护岸增建桥台，建成可通汽车的公路吊桥，始称"功果桥"，属于一座低荷载现代悬索桥。建成后，一桥可通车，一桥可行人。后来为适应战略运输的需要，1939 年在功果桥上游 700 米处又建成钢索吊桥一座，1940 年 11 月建成通车。1940 年至 1941 年，澜沧江流域受到 200 多架次飞机的轰炸，青云桥、功果桥及上游的昌涂桥均被炸断。后经不断抢修，三座桥梁陆续修复，被誉为"炸不断的滇缅公路"①。在迁移前此地仅剩西岸残缺不全的桥台、驳岸、石桥塔及被压埋的原货场。

功果桥老桥头所处地是功果桥水电站淹没影响区，为了配合水电站的建设，更好地保护好文物，需对功果桥老桥头文物古迹和实物遗存进行迁移保护②。迁移保护工程设计及工程实施主要包括以下几个部分：第一要进行全面仔细的勘察测绘并撰写报告，制定拆除及运输方案；第二要进行岩土工程勘察；第三要进行复原重建工程的施工图设计，如桥塔人工挖孔桩、人字格护坡等内容；第四要对功果桥老桥头进行保护性拆卸，如果经检测达到相关规范及设计要求的原构件可以继续使用，不能继续使用需按原状更换和补配；第五要对拆卸下来可用的已编号构件进行保护性搬迁运输，由原址经电站施工区便道转移至新址临时堆放点分类堆放，等待复原使用；第六要按迁移及复原重建施工图设计，全面复原功果桥老桥头（见图 6-14）③。

2007 年，因功果桥电站建设，功果桥所在地区属电站建设淹没区，功果老桥仅存的西岸桥头，上移至 101 米处的新址处作整体迁建。云龙县委、县政府按照"一座都不能少"的原则，争取项目资金，于 2011 年 3 月到 11 月在新址完成了功果桥老桥头整体复原重建工程，并在 2015 年 3 月通过了竣工验收。现澜沧江上新建的功果大桥投资达 2400 万元以上，功果大桥为钢混拱桥，双车道通行，设计荷载 30 吨，成为云龙县通往西部四个乡镇和

---

① 中国考古学会编《中国考古学年鉴 2008》，文物出版社，2009。
② 李炳南：《云龙功果老桥头的迁移保护》，https://mp.weixin.qq.com/s/3SEEbbT-AEF617En9jiF9A。
③ 云南考古：《云龙功果老桥头文物建筑迁移保护工程》，http://www.ynkgs.cn/view/ynkgMO/2/55/view/1784.html。

图 6-14　功果桥老桥头遗址

资料来源：调查小组自摄。

保山、德宏、怒江三州市的重要通道[①]。在整个迁移保护及复原过程中，各方严格遵循相关法规标准，最大限度使用了建筑物本体的原构件，功果桥老桥头文物建筑的原状风貌及特色得到了保持。

两个水电站建设使得百余公里澜沧江的桥梁全部淹没，云龙县委、县政府争取了数以亿计的资金，除了功果桥外还新修复建了如崇沧等其余 6 座澜沧江上的现代化大桥，创造了云龙桥梁史上的无数之最，苗尾傈僳族乡境内的解放大桥跨度超过 300 米，上松坪大桥桥面到江面的高度接近 90 米。这些桥梁群解决了群众过江难题，也为推动乡村振兴做出了贡献。

移民搬迁安置工程。当前，水电站建设技术已不再是困扰人们的难题，移民安置成了水电站建设的关键。2017 年国务院公布实施了修订版的《大中型水利水电工程建设征地补偿和移民安置条例》，该条例指出在移民安置

---

① 李少军：《【历史】滇缅战争史上最具历史意义的云龙功果桥今何在？》，https：//mp. weixin. qq. com/s/GjsVIg3cIHFyTQJryhTDqA。

工作中应当遵循以人为本、顾全大局、可持续发展等原则。移民安置的任务通常繁重且时间跨度长，需使用资金的项目错综复杂。因此在考虑群众"搬得出"的问题前，应该规划基础设施、交通、水利水电、通信以及文物古迹等内容，结合多部门专业人员力量制定移民安置总体规划方案。充分考虑移民安置工作的实际需求，运用系统思维，结合其他大型水电站实施经验，做好人员调度工作。在制定规划后，要严肃认真全面了解移民意愿，不能够轻易更换工作人员，要保证整个移民安置工作的延续和连贯。在移民安置工作中不能因压缩时间而忽视工作流程，必须规范且准确地按要求完成指派任务。此外，要改变"重工程、轻移民"的错误观念，移民也同样是工程中的一部分①。要在充分尊重移民意愿的基础上，根据功果桥水电站实际，采用以后靠安置为主，集中安置、分散安置和货币安置相结合的搬迁安置方式②。

云龙县政府紧紧围绕"搬得出，稳得住，会发展，能致富"的工作目标，不断统一思想，创新思路，破解难题，狠抓落实，全方位保障电站建设移民安置工作顺利推进。云龙县在水电站移民搬迁安置工作中，对苗尾傈僳族乡集镇规划实行整体搬迁，将新集镇迁入地确定在鲁羌，并把新集镇列为移民集镇。对鲁羌集镇移民的安置分两期来实施，一期搬迁安置施工区移民，二期安置库区移民。考虑到移民的承受能力，倡导按原规模、原标准建盖新房，移民在新村建设中发现了商机，纷纷建盖商住楼，建筑面积大多在三四百平方米，最大的超过 1000 平方米。移民搬迁安置工程运作靠的是"上下联动、左右协调"的沟通机制，充分发挥了移民安置规划的引领作用。县委、县政府始终把水电站建设作为头等大事来抓，把移民工作当作最大的群众工作来做，成立了云龙县大中型水电站建设协调领导组，下设征地移民安置指挥部、维稳工作组、督查督导组，把目标任务细化到天，把工作任务落实到人，不断强化协调服务，及时解决工作中存在

---

① 鲜恩伟、刘洋：《大型水电站征地移民工作探索和创新——以苗尾、功果桥电站为例》，《四川水利》2019 年第 5 期。
② 鲜恩伟、冯海军、张国栋：《大型水电站建设征地移民安置竣工验收的实践与思考——以澜沧江功果桥水电站为例》，《四川水利》2018 年第 6 期。

的困难和问题。云龙县还采取"县级领导挂村、县级部门包保的责任制",将移民搬迁安置任务落实到县级 63 个包保单位,为移民户提供一对一的搬迁安置服务,并落实好"包搬迁、包稳定、包拆除"三包责任制,确保工作有序推进。为增进各方的联系与互动,及时解决移民诉求,云龙县还综合运用召开移民大会、连续不断宣传、视察走访、干部进村入户等方式,确保工作有序推进①。苗尾·功果桥水电站,创新实施了支持社会主义新农村建设——澜沧江"百千万工程"云南行动计划(也称"百千万工程")。该工程聚焦电站周边及水电移民聚居区,着力解决群众最直接、最迫切、最关心的现实问题。此工程增进了政府与移民群众的沟通交流,为周边群众提供了教育、文化、卫生、医疗条件等保障,衔接了移民安置工作与后扶项目②。

三　后扶产业联结,务工得到保障

后扶项目对于帮助库区恢复发展,促进移民致富增收具有重要作用。后扶项目除了需要考虑基础设施建设之外,还需要考虑移民产业发展问题,除了需要通过发展清洁能源产业解决部分用工之外,还需要通过推动农业产业发展带动移民就业。2015 年云龙县下拨了移民后扶专项资金 900 万元,实施了冬桃种植、肉牛养殖、安全人饮、基础设施建设、劳动技能培训等20 个项目③。苗尾傈僳族乡党委政府也紧抓水电移民后扶政策机遇,以该乡地处澜沧江峡谷资源富集的优势,以农为本大力发展壮大特色农业产业。目前,仅苗尾就种植"红优 6 号""漾濞软米"等特色优质稻 2000 余亩,年产量可以达到 1400000 斤,村两委利用村集体经济租赁 100 多亩水田实验推广种植控糖大米等特色农业产业。苗尾·功果桥水电站是一个实行长效

---

①　马喆、温志平:《苗尾:水电移民的新生活》,https://mp.weixin.qq.com/s/BgrLObUuEW8v-eGwX9RV4sA。

②　鲜恩伟、刘洋:《大型水电站征地移民工作探索和创新——以苗尾、功果桥电站为例》,《四川水利》2019 年第 5 期。

③　张叶新:《我县加强功果桥水电站移民后期扶持项目专项资金投入》,http://www.ylx.gov.cn/ylxrmzf/c102529/201602/30435308f1284484b7d66f474d24ed98.shtml。

后期扶持安置的电站，扶持项目解决了道路、滴灌、微喷、苗木、农药化肥、技术指导等方面的难题。云龙县苗尾乡按照"搬得出、稳得住、逐步能致富"的目标，因地制宜大力发展火龙果、柑橘、枇杷、葡萄、毛驴、肉牛、生猪等后扶产业，贯彻落实好州委、州政府召开的"西部漾永云绿色主导"现场办公会工作安排部署①。根据功果桥水电站负责人的介绍，截至 2022 年，水电站后扶项目的枇杷种植基地已经达到 100 多亩，后扶资金达 6 亿多元。此外，功果桥水电站大坝建成以后，库区原有鱼类产卵场被淹没，造成鱼类繁殖条件的缺失，为了满足部分鱼类对繁殖基质的要求，在每年繁殖季节，相关部门会安排人员设置人工鱼巢，以弥补产卵场的不足。

云龙县"移民要致富，产业是关键"在苗尾水电站建设中得到了充分体现。云龙县充分整合移民产业扶持资金，先后投入 3300 多万元，实施 39个库区后期扶持项目，累计发放产业直补资金 1630 多万元，因地制宜大力发展后扶产业，进一步拓宽库区群众增收渠道，助力水电移民增收致富②。根据调研，后扶资金并非一次性发放，为了提高广大群众"造血"能力，后扶资金覆盖了部分产业项目和基础设施项目，通过"以奖代补"的方式发放到群众手中。除了带动产业发展外，水电站的成功建设还带动周边群众解决务工问题。电站的安保、绿化维修、库区维稳、道路清洁保通等相关工作均需当地人员的加入。电站负责人"电站不倒，后扶不倒"的说法也体现了苗尾·功果桥水电站后扶项目发展的决心。

四　绿色能源与生态环境协同发展

云龙县牢牢抓住国家实施清洁能源战略的有利时机，依托丰富的资源优势，始终坚持"既要金山银山，更要绿水青山"的发展理念，除了风力、光

---

① 杨伟松、杨志平、左东敏：《后扶产业助力云龙水电移民增收致富》，http：//www.dali.gov.cn/dlrmzf/c101533/202109/eff6553ac55d4499962691eea092d1e1.shtml。

② 杨伟松、杨志平、左东敏：《后扶产业助力云龙水电移民增收致富》，http：//www.dali.gov.cn/dlrmzf/c101533/202109/eff6553ac55d4499962691eea092d1e1.shtml。

伏发电外，更是充分发挥以水电为主的清洁能源资源富集优势，大力发展清洁能源产业。此外，将水电优势转化为经济优势和发展优势，打造"以大型水电为带动、分布式小水电发电应用为保障、高山风力发电为补充"的能源体系，努力把云龙县建成大理州的绿色清洁能源基地。

由于水库移民大部分为就地后靠安置，增加了水库周边地区的人口密度，并且在人均土地资源减少的情况下，必然出现毁林开荒情况。随着周边居民点增多，交通、水利设施建设项目会随之跟上，这将要以牺牲部分森林植被为代价。森林植被破坏后，一遇强降雨，山坡表土层就会被冲蚀，不及时采取补救措施会相继出现泥石流现象。因此需要建立适当的生态补偿机制，将生态环境保护作为每一位移民的责任。明确用地红线，鼓励移民发展生态农业，引导社会资本投向耕地生态保护修复、农业废弃物资源化利用、农业资源节约等领域①。苗尾·功果桥水电站项目将"保护一片环境"作为发展理念之一，大力发展绿色清洁能源，逐渐改善群众的居住环境，努力把生态宜居和乡村振兴结合起来进行建设。苗尾水电站开工之初就确立了"构建和谐电站、创建生态文明、打造绿色水电景观工程"的目标，在工程建设中严格落实水土保持"三同时"制度，认真执行国家水土保持工作政策方针，对施工过程中造成的地表扰动采取有针对性的补救措施，形成完善的水土保持措施体系。此外，通过移栽对国家二级保护植物红椿及施工区内的古树进行保护，开展尖叶木樨榄群落复建工作。在工程枢纽区、边坡、道路两侧将水土保持防治措施与环境美化相结合②，将水电工程融入自然环境中，实现绿色能源与生态环境和谐发展（见图6-15）。

五　苗尾·功果桥水电站建设成效

水电站移民搬迁再创佳绩。苗尾水电站征地移民安置工程累计完成征

---

① 刘利花、蔡英谦、刘向华：《习近平生态文明思想指引下的耕地生态补偿机制构建》，《中国农业资源与区划》2024年第3期。

② 《华能苗尾水电站国家水土保持示范工程》，http://www.swcc.org.cn/ztbd/gjstbcsf2022/sfgc1/2023-06-12/74617.html。

图 6-15 与绿色山脉融为一体的功果桥水电站
资料来源：调查小组自摄。

地移民安置投资 144085 万元，2020 年 1～12 月完成投资 5854 万元。完成的项目主要有鲁差三社基础设施、干沟坪场外道路、后片区服务中心、库底清理、土料场电力专项改复建等。搬迁移民人口正在履行变更程序，聘请了第三方开展苗尾水电站建设征地移民安置资金清理及财务审计，移民资金核销率到 2021 年前已累计达 92%[1]。图 6-16 为现苗尾傈僳族乡所在地风貌。

云龙县 2023 年政府工作报告指出，投资 5200 万元的苗尾水电站库周非搬迁村庄基础和公共服务设施建设项目稳步推进，苗尾水电站移民安置顺利通过省级终验，而早在 2017 年 12 月，功果桥水电站建设征地移民安置竣工验收已经在昆明通过省级终验。至此，云龙县成为全省首个完成两个大中型水电站征地移民安置验收的县，再创水电移民佳绩[2]。

---

① 云龙县地方志编纂委员会办公室编《云龙年鉴》，云南民族出版社，2021。
② 云龙县人民政府办公室：《2023 年政府工作报告（县十八届人民政府）》，http://www.ylx.gov.cn/ylxrmzf/c102551/202302/b835121b8f994756bba6b822851d8f28.shtml。

图 6-16　现苗尾傈僳族乡所在地风貌
资料来源：调查小组自摄。

水电站安全智能化建设加快推进。2017 年 6 月 30 日 11 时 10 分，功果桥电站正式启动"无人值班"运行管理，成为澜沧江流域首个实现"无人值班"的水电站。在该运行管理模式下，确保现场应急待命人员能实时接收到机组异常情况的报警信号，尤为重要。2021 年，功果桥电站工业电视系统与门禁系统完成智慧化改造，为后续"智慧运行、智慧维护、智慧检修、智慧安全"等多方面建设提供了实践思路与经验。

扶持项目效果显著。苗尾村对外交通要道投资总额达到 360 多万元，水沟、公路等基础设施投入使用后，受益群众达到 3000 多人。群众交通出行、贸易往来、农业生产都十分便利。移民后期扶持工作开展以来，在苗尾乡实施了涉及基础设施、农田水利、社会事业等方面的 41 个大项目，共计投入移民后期扶持专项资金 4221 万元。功果桥镇涉及移民后期扶持项目 86 个，共计投入移民后期扶持专项资金 14338 万元。在地方大力扶持的同时，苗尾·功果桥电厂牢固树立"建设一座电站，带动一方经济，保护一片环境，造福一方百姓，共建一方和谐"的理念，积极助力库区各项建设。电站的建设和生产运营不仅为当地财政提供了可观的税收，还助力了地方经济的发展。电站的运行为地方群众提供了长期就业岗位约 500 个。大力实施的"百千万工程"，在补齐民生短板弱项、为周边群众解决各类民生难题上有着积极推动作用[①]。澜沧江沿江公路（云龙段）与苗尾、功果桥两座水电站同步建设，顺江而上、倚山而建，全长约 120 公里，成为群众通向幸福富裕的道路。苗尾·功果桥电厂承担着沿江公路的日常维护管理工作，针对雨季边坡落石、塌方、泥石流等小型灾害，及时清理修复路面，常态化开展保通治理。云龙县委、县政府审时度势，提出了以澜沧江沿线的苗尾乡、功果桥镇移民安置区为重点，用移民后期扶持政策引领乡村振兴，打造乡村振兴增长极、农旅融合经济带的发展思路。云龙县委、县政府的不懈努力，最终得到省级政府部门的认可支持，明确 2023 年至 2025 年，在省级竞争立项资金当中每年给予云龙县不低于云龙县财政收入 1/3 的资金支持，并计划启动实施投资 1.5 亿元的项目，项目主要分布在苗尾乡和功果桥镇移民集中安置区。

绿色能源补偿生态示范。据水土保持生态环境建设网报道，苗尾水电站已成为 2022 年国家水土保持示范工程。该水电站扰动土地整治率达99.66%，水土流失总治理度达 99.47%，土壤流失控制比达 1.10，拦渣率达 98.11%，林草植被恢复率达 99.02%，林草覆盖率达 30.05%，各项指标均优于防治目标值。该水电站工程设计获得了中国水土保持学会优秀设计奖项，形成的多项专利可供复制推广，具有良好的示范作用。电站投产以来，累计发电量超 335.8 亿千瓦时，与燃煤发电相比，节约 1058.1 万吨标准煤，减少二氧化碳排放 2782.8 万吨。实现了水电开发与生态环境保护、地方经济发展、群众脱贫致富协调发展。

---

① 李继明、杨学禹、古丽娜：《【奋进新征程 建功新时代】云龙：群众富库区美 移民后扶显成效》，https://mp.weixin.qq.com/s/g1NKpOheB2JamA_9IWSkaA。

六　小结

本节介绍了苗尾·功果桥水电站建设的水资源综合利用工程、文物迁移保护工程和移民搬迁安置工程。水电资源建设对云龙县发展起到了关键作用，因征地出现的问题也随着三大工程的推进得到持续解决。水资源综合利用工程为灌溉输水、工业供水等提供了水资源保障；文物迁移保护工程在守住文化和历史根脉的同时也为今后旅游业蓬勃发展奠定了基础；移民搬迁安置工程保障了移民生活，带来了新的发展机遇（见图6-17）。云龙县通过后扶产业联结，优化原有产业结构，开展种植养殖、基础设施建设、劳动技能培训等一系列建设项目，将"电站不倒，后扶不倒"的理念落到实处，为当地群众增加了就业机会。在后扶产业经济发展过程中，也不忘守住用地红线，形成水土保持措施体系，将水电工程融入自然环境中，生态补偿效果可观。水电站建设为大力发展清洁能源提供了有力保障，并通过反哺生态环境，真正实现了经济和环境的可持续发展。

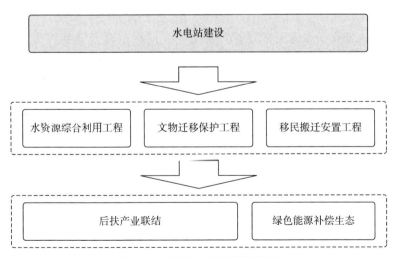

图6-17　苗尾·功果桥发展模式

资料来源：调查小组根据本节撰写内容总结整理得到。

第四节　诺邓火腿

——地标农产品品牌

一　背景

　　产业振兴是乡村振兴的基础，在推进乡村振兴的道路上发挥着不可或缺的作用。2019年，中共中央、国务院在《关于坚持农业农村优先发展做好"三农"工作的若干意见》中指出，要发展壮大乡村产业，拓宽农户增收渠道①。加快发展乡村特色产业，因地制宜发展多样性特色产业，倡导"一村一品""一县一业"。云南省政府也出台了《云南省人民政府关于创建"一县一业"示范县 加快打造世界一流"绿色食品牌"的指导意见》，来推进发展乡村特色产业。云龙县在各级党委、人大、政府的领导和支持下，围绕乡村振兴战略总体要求，以高质量推进农业绿色发展为主题，不断提升农业产业发展水平②。

　　诺邓火腿作为云龙县的地标产品之一，同样也是云龙县大力发展的农产品品牌。2015年，"诺邓黑猪"顺利通过了国家地理标志认证。诺邓火腿于2016年获国家级农产品地理标志示范样板荣誉称号，经中国品牌建设促进会评定品牌价值48.97亿元，入围"2018年中国地标农产品品牌价值百强榜"，诺邓火腿制作技艺还申报成为省级非遗项目。随着诺邓火腿地标产品的品牌化，云龙县陆续成立D食品厂、M火腿公司等与诺邓火腿加工相关的企业，同时黑猪养殖场也随着诺邓火腿、诺邓黑猪的地标认证逐渐发展起来，整个云龙县的生猪养殖业形成了一定的规模。本案例围绕火腿腌制工艺、诺邓黑猪原料养殖、多方助力品牌打造等内容对云龙县诺邓火腿这一地标品牌的发展进行分析介绍。

---

① 《中共中央 国务院关于坚持农业农村优先发展做好"三农"工作的若干意见》，http://www.gov.cn/zhengce/2019-02/19/content_5366917.htm。

② 资料来源于《云龙县高原特色农业产业发展情况》，材料由云龙县农业农村局提供。

二　盐文化底蕴与手工艺传承

"诺邓"为音译，来源于白语（laode）意思是"虎儿的山坡"，自唐代南诏时期，村邑名称历久未变，有"千年白族古村"的美誉[①]。云龙县是云南古代有记载的可寻的两个最早盐业生产地之一，其盐业早在汉代就有一定的发展[②]。诺邓火腿制作的技艺也随着诺邓古村的发展而传承。诺邓火腿一般取自当地饲养的健康黑猪后腿，修剪清理干净后冷凉12小时至24小时使火腿解僵，先喷洒上苞谷酒，再上盐搓揉，骨头和关节处要多次上盐和揉搓，上盐后将火腿放入石缸或木桶中腌制20天左右，取出悬挂，悬挂前还要在火腿表面均匀涂抹配制好的盐泥浆，至鲜腿变成紫青色为宜。之后取出火腿晾挂（见图6-18），挂在通风处半年以上，火腿表面出现一层墨绿色的细绒为佳，晾挂时间为2年至3年，此时味道最佳，其中2年以上的火腿可生吃。盐泥包裹是诺邓火腿的一大特色，并且盐泥包裹能起到保鲜、增香、防虫和防止火腿氧化变质等作用[③]。研究表明，肉香、腌制味和油脂香是诺邓火腿的特征香气，腌制味随着腌制年份逐年增加[④]。

D食品厂是第一家研究诺邓火腿民间制作的企业，经过20年的发展，目前已成为云南省农业产业省级龙头企业、云南省成长型中小企业、云南省科技型中小企业，拥有"诺邓火腿"等10多个商标和1个地理标志品牌。其法定代表人从小就跟随爷爷学习腌制火腿手艺，发现了传统腌制手艺制作的火腿容易氧化等弊端。通过了解消费者需求和建议，在咨询村里老一辈腌制经验并结合自身思考后，带领企业的5位县级诺邓火腿传统技艺腌制传承人和企业技术骨干在传统技艺方法上加大科研力度，发明了防止

---

① 董亚竹：《诺邓民族村文化变迁与旅游经济互动关系研究》，硕士学位论文，大理大学，2018。
② 林文勋：《诺邓村：一个盐井村落的历史文化解读》，《盐业史研究》2004年第4期。
③ 梁定年、薛桥丽、胡永金等：《云南干腌火腿加工工艺及其品质影响因素研究进展》，《肉类研究》2019年第4期。
④ 史巧、李聪、王桂瑛等：《不同加工年份诺邓火腿理化特性研究》，《食品研究与开发》2023年第8期。

图 6-18　晾挂的诺邓火腿

资料来源：调查小组自摄。

火腿脂肪氧化的"盐泥火腿"并获得了 2 项发明专利和 3 项外包装专利[①]。传承人 Y 于 2019 年被云南省人民政府公布为第六批省级非物质文化遗产代表性传承人，他充分发挥省级非物质文化遗产代表性传承人的作用，先后授徒上百名，培养了 10 余名县级非遗代表性传承人。他还会在腌制车间对合作社的社员进行火腿腌制技艺要领、流程规范、配料标准等的培训，其中一些人接受培训后也办起了自己的火腿厂，切实增加了家庭经济收入[②]。

　　"诺邓火腿"这一地标品牌不仅是商品标识，更是文化传承的载体。通过推广"诺邓火腿"，可以保护和传承当地的盐文化和火腿制作工艺等非物质文化遗产，推动文化创新发展。

---

① 《云南第一批省级非遗工坊正在公示，大理州云龙县诺邓火腿食品厂上榜》，https：//mp.
　　weixin. qq. com/s/BglDQhqXUt5XZi47V3CEGQ。
② 《大理云龙："一条火腿"带富一方人》，https：//www. dali. gov. cn/dlrmzf/c101709/202206/
　　37216d148f59432caf5c11f9008226b5. shtml。

三　"独一无二"的地标品牌

地标品牌通常与特定的地理区域相关联，一个产品多种地标的情况屡见不鲜，仅仅火腿一个产品，知名的就有金华火腿、宣威火腿、如皋火腿等。"诺邓火腿"区别于其他火腿的独特之处在于地域和原料选择。

诺邓火腿之地域选择。云龙县地处黑河到腾冲的湿润区与半湿润区分界线上，低纬度高海拔、气候特殊[①]，诺邓又恰好位于河谷中江水转弯的地方，雨量适中，气候温和，霜期较短，这种温润的气候不仅适合诺邓黑猪的生长发育，也最适合火腿的深度发酵[②]。

诺邓火腿之原料选择。诺邓火腿的原料为跑山猪，以黑猪腿为最佳，诺邓黑猪作为云龙县地理标志产品之一，是腌制诺邓火腿的物质基础。根据《云龙县志》[③]，云龙县在 1957 年起引进约克公猪，1979 年建立了果郎种猪场，20 世纪 80 年代初期先后引入外地良种公猪内江猪、巴克夏猪等 200 余头，以巴本杂交和内本杂交组合在全县推广，深受群众欢迎。90 年代中期，云龙县引进了长太二元杂母猪和大约克、长白公猪，推广三元杂交组合，使全县生猪产业快速发展。诺邓黑猪是云龙县本地猪的代表品种，遍布全县，具有体长膘厚、抗逆性强、耐粗饲、肉质细嫩、味道香美的特点，属肉脂兼用型黑猪品种。诺邓黑猪饲养 12～18 月，体重达到 70～90 公斤时可以出栏。黑猪肉质细腻，肌肉呈鲜红或深红色，大理石纹清晰，分布均匀，肌肉脂肪丰富，系水力、熟肉率高，肉的品质显著优于引进品种[④]。诺邓黑猪是云龙县人山深处生活了 1000 多年的地方品种。黑猪野性较大，喜欢四处跑动，和瘦肉型外来种猪杂交之后，生长速度加快，肥肉减少，养殖效益也得到了提高。散养的诺邓黑猪通常不喂饲料，在市场

---

① 数据来源于《云龙县诺邓火腿产业发展情况简介》，材料由云龙县农业农村局提供。
② 吴宝森、谷大海、徐志强等：《诺邓火腿产业化发展现状与对策》，《食品安全质量检测学报》2017 年第 11 期。
③ 云南省云龙县志编纂委员会编纂《云龙县志》，农业出版社，1992。
④ 段永昌、杨伯花：《云龙诺邓黑猪的发展现状与对策》，云南省老科协为"十三五"规划建言献策讨论会会议论文，昆明，2015。

上，仅两条后腿就能卖到 1000 多元。据云龙县农业农村局资料，全县黑猪存栏规模约 10 万头，已确定以诺邓火腿为支撑的生猪产业为"一县一业"主导产业。2022 年，全县出栏生猪 28.98 万头，火腿产量达 22 万支（约 2200 吨）①。

除了诺邓黑猪之外，诺邓盐也是制作火腿的物质基础和品质保障。云南的盐井可以分为三类，分别是陆上盐井、河中盐井和自然卤泉，其中诺邓井属于分布最多的陆上盐井。诺邓盐取自天然井泉中，富含多种天然矿物质，特别是钾，且在纯手工熬制下矿物质成分丢失较少②。用诺邓盐腌制可以起到保鲜、促进发酵和防虫的作用，并且经过诺邓盐腌制的火腿切片颜色呈现出嫩红色。

四　多方助力诺邓火腿发展

诺邓火腿产业的发展离不开多方助力。第一，诺邓火腿的发展离不开良好的政策和政府的支持。国务院、云南省人民政府先后出台了关于稳定生猪生产保障市场供应的政策措施，为培育壮大诺邓火腿产业原料基地提供了强有力的政策支持。云南省委、省政府还确立了全力打造世界一流的"三张牌"战略，把高起点发展高原特色现代农业作为今后一个时期内传统产业优化升级的战略重点，省、州陆续出台了《云南省人民政府关于创建"一县一业"示范县加快打造世界一流"绿色食品牌"的指导意见》和《关于打造世界一流"绿色食品牌"的实施意见》，推动高原特色农业产业高质量发展的政策和措施力度不断加大。尤其是州人民政府将云龙县作为生猪产业主产区进行布局，作为传统的山区农业大县，云龙县有立足资源争取扶持，促进诺邓火腿产业发展的良好机遇③。云龙县政府会定期组织火腿厂高管开展会议，给生产者传达既要赢利也要保证地方特色品牌的观念，

---

① 数据来源于《云龙县高原特色农业产业发展情况》，材料由云龙县农业农村局提供。
② 王海：《云南民间井盐传统技艺研究——以大理诺邓民间井盐传统技艺调查为例》，《中国民族博览》2017 年第 5 期。
③ 资料来源于《云龙县诺邓火腿产业发展》，材料由云龙县农业农村局提供。

同时还鼓励生产者相互合作，制定《诺邓火腿企业标准》，让生产者之间相互监督，维护诺邓品牌，保证火腿质量安全①。在政府的引导下，诺邓火腿企业积极参与大理州三月街民族节、南亚博览会、"云品入沪"、上海食博会等影响力较大的节会，部分企业与上海"云品中心"、光明食品集团等合作，产品远销北京、上海、深圳、广州等大中城市②。这提升了诺邓火腿的曝光度，让全国群众都能看到诺邓火腿，让大众认识诺邓火腿并产生购买的欲望。

第二，企业带动农户致富，助力诺邓火腿产业持续发展。作为发展规模较大的诺邓火腿生产加工企业，M 火腿公司在走访农户时，发现农户家里的废弃烤烟房所在的位置非常适合火腿晾制，只需适当改变通风条件即可。因此公司开办了培训班，教农户管理晾制优质的火腿。农户通过培训学习，将公司统一收购并腌制的猪腿置于家中晾制，一年之后公司会对合格产品以高于当地市场价的价格回收火腿。在调查过程中，公司负责人 X 说："每条腿上都会有一个锁死的追溯码，里面会有关于火腿的信息，比如每条腿有多少斤。"③ 这样的方式便于追溯送出去的火腿信息，提高管理效率，不仅节省了建厂成本，还带动了农户发展。农户除了赚"管理费"之外，还能在厂里务工获得收入。此外由于就近务工，诺邓火腿的腌制又具有季节性，农户还能自己在家进行养殖工作。这样当地农户能够在一个地方获得 3 份可观收入。

R 牧业公司因其扩繁场年内计划养殖诺邓黑猪商品猪 1.5 万头，加上广大农户养殖的诺邓黑猪，年需要饲料量十分庞大。所以该公司在积极协商争取后，决定采取"公司+党支部+基地+农户"的模式，由公司与党支部签订专用饲料玉米回收协议，党支部与农户签订专用饲料玉米种植协议，实现党支部发动宣传，农户种植专用饲料玉米，公司回收加工，成品饲料又

---

① 肖湘雄、温梁：《政府非正式参与农产品质量安全治理——基于云南诺邓火腿的案例研究》，《云南农业大学学报》（社会科学）2019 年第 3 期。

② 《【中国最美乡愁带】大理云龙："一条火腿"带富一方人》，https：//mp. weixin. qq. com/s/6dOrzwE7OizcWltw0iouQg。

③ 访谈时间：2023 年 2 月 6 日。访谈地点：M 火腿公司。

专供给养殖户养猪的循环。同时，为积极鼓励种植加养殖的发展模式，云龙县政府还向部分农户及种植户提供高原诺邓黑猪专用饲料玉米种子和地膜。另一种模式则是通过生猪"代养"，来降低风险。F牧业公司为充分调动贫困群众参与产业发展的主观能动性，在高原诺邓黑猪全产业链开发项目建设过程中，积极推行"生猪代养"养殖模式，由企业向群众统一提供猪苗和饲料，统一提供防疫和技术服务，7个月左右"代养"的生猪达到育肥标准后，公司回收，群众每养殖一头诺邓黑猪可获得代养费350元。此模式帮助群众解决了资金短缺、技术短板和产品难卖等问题，基本实现了生猪养殖"零风险"①。

第三，专家助力和科技的推动使得诺邓火腿的产品质量得到提升。2014年以来诺邓镇C加工厂多次邀请大理州质量技术监督综合检测中心对公司生产的多批次诺邓火腿进行检测。根据专家团队对诺邓火腿的化学成分、表面微生物多样性的测定和研究数据，以及对火腿宏基因组的分析结果，发酵三年的诺邓火腿氨基酸和致香物质含量最高。在弘扬传统技艺的基础上，传承人Y带领县级传承人和企业技术骨干发明防止火腿脂肪氧化的"盐泥火腿"腌制技艺，获得发明专利和外包装专利，使火腿的品质、口感和竞争力大幅提升②。

第四，沪滇合作给诺邓火腿的发展建立了坚实的基础。2017年，根据东西扶贫协作和对口支援工作需要，上海市浦东新区大团镇相关负责人D来到云龙县，分管沪滇扶贫协作、招商引资、人力资源和社会保障等工作③。2018年以来，按照上海市沪滇扶贫协作携手奔小康"双一百"村企结对精准扶贫行动的要求，围绕带人、带物、带产业，转观念和转村貌的"三带两转"目标，共有13家上海企业结对帮扶大理州云龙县24个村子，通过实地考察、调研座谈、征求意见、制定方案、签订协议、落实措施等

---

① 旷宏飞:《【云龙关注】云龙:"生猪代养"为贫困群众带来好"钱"景》，https://mp.weixin.qq.com/s/Q-CkSY0PtYzqWXrkLWS9xA。
② 段学兵:《诺邓火腿:多方发力香飘四海》，《致富天地》2022年第2期。
③ 资料来源于《云龙我能为你做点什么》，材料由云龙县乡村振兴局提供。

方式扎实开展帮扶①。

第五，平台助力诺邓火腿产业重新升级，解决原先生产加工标准化、规模化程度不足，销售渠道单一等问题。借助沪滇协作平台，2020年8月，某电商平台捐赠240万元，在M火腿公司建立助农车间，支持企业扩大生产规模，优化生产供应链，并开发衍生产品助力诺邓火腿产业升级。此外，还邀请专家和工作人员提供指导，对工厂改进包装、研发新品、为不同渠道提供定制化产品等提出很多建议。助农车间优先为当地农户提供就业机会，将贫困地区农户、供应链、产品创新性地连接在一起，探索出一套能够长期造血的产业帮扶机制。2021年，公司还以腌制诺邓火腿加工腊肉和肉肠为主，以生产午餐肉、红烧肉等为辅，以开发旅游食品、开展非遗传承人火腿腌制体验课教学等为补充，使产业链不断延伸。目前公司共开发出火腿产品5个系列15个单品，并带动600余户群众养殖诺邓黑猪、腌制诺邓火腿，年户均增收3200元以上。Q肉制品公司则通过多年努力，打通了销往怒江的渠道，签订了生猪销售协议，并充分利用电商网络信息平台，及时掌握市场供求信息，主动对接落实供销协议，及时向合作社社员发布销售信息，合理调配社员销售数量，确保供销持续稳定。

第六，借助媒体宣传热度，迎"风"而上。2003年，诺邓村党员Y筹资50万元，在诺邓古村老盐厂旧址建起D食品厂。为打造品牌，D食品厂于2004年注册登记"诺邓火腿"商标。但是诺邓火腿的品牌在国内并没有掀起浪花。直至2012年，中央电视台美食纪录片《舌尖上的中国》播出诺邓火腿独特的发酵工艺后，诺邓火腿才在国内名声大振。节目播出当晚，D食品厂就收到70份订单。2014年11月，农业部批准对"诺邓火腿"实施农产品地理标志登记保护。2015年8月，诺邓火腿被授予国家级农产品地理标志示范样板创建资格。2016年11月，经专家组实地考察、听取汇报、查看资料，一致同意诺邓火腿通过验收②。同年，诺邓火腿因再一次受到中

---

① 资料来源于《上海企业倾情帮扶 共战云龙脱贫攻坚》，材料由云龙县乡村振兴局提供。

② 段学兵：《诺邓火腿：多方发力香飘四海》，《致富天地》2022年第2期。

央电视台的关注，中央电视台《创响中国》栏目组先后深入云龙县诺邓古村、太极观景台、天池、大浪坝等地采访拍摄诺邓火腿的生产加工制作工艺①。

单打独斗是没办法持久发展的，云龙县农业的发展离不开多方支持。从参与主体角度，政府出台的《云南省人民政府关于创建"一县一业"示范县加快打造世界一流"绿色食品牌"的指导意见》《关于打造世界一流"绿色食品牌"的实施意见》等文件明确阶段性任务目标，形成考核指标等。企业则带动合作社和农户共同分担风险，使农户收入增加，诺邓火腿产业稳步发展。从技术人才角度，需要根据当地企业需求教育和培训对应人才。乡村振兴战略背景下，对人力资本的需求已不局限于传统的农业范畴，对人才的需求更加多元化，趋于宽领域、多层次、多类型化②。

五 打造诺邓火腿地标品牌成效

带动诺邓旅游业发展。位于云南大理白族自治州云龙县城以北的诺邓，有着上千年的历史。诺邓火腿在《舌尖上的中国》播出之后，很多人来此探访美食的秘密，开启原生态村寨小众美食之旅。云龙县委顺应旅游形势，提出"党建+全域文化旅游"的要求，结合当地丰富的文化旅游资源积极发展旅游业，大力开发特色休闲生态食品、旅游产品。2018年，大理州旅游市场供需两旺。特色的乡村旅游和春节民俗文化体验活动成为假日旅游新的增长点之一。诺邓村与大理古城、喜洲古镇、巍山古城等知名旅游目的地一同吸引了大批海内外游客到访，自助游接待量不断攀升。如今，诺邓已经成为云龙县乃至大理州的一张代表性乡村旅游文化名片③。

推动全县畜牧业发展。2022年，全县出栏生猪28.98万头，引进了6家

---

① 字松芳：《诺邓火腿又要火啦！央视〈创响中国〉栏目组到云龙拍摄采访诺邓火腿》，ht-tps://mp.weixin.qq.com/s/erYNFcAcNSVkAchDrph71g。

② 惠志丹：《乡村振兴战略背景下农业高校服务乡村人才振兴研究》，硕士学位论文，华中农业大学，2020。

③ 《【推荐】云南原生村寨小众美食之旅不可不去的地方——诺邓！》，https://mp.weixin.qq.com/s/ODl1msByHRQjuo9j9xW18w。

相关企业，框架协议投资 50.2 亿元，13 个生猪养殖在建项目竣工 5 个，累计完成投资 5.02 亿元，重点企业新建猪舍 7.4 万平方米。同时，农户新建猪舍 22.65 万平方米，全县生猪饲养量显著增加①。

推动云龙品质提升示范工程。云龙县坚持"产业生态化、农工一体化"发展格局，按照"大产业+新主体+新平台"发展模式，实施"诺邓火腿品质提升示范工程"。突出"原料品质提升、精制工艺提升、包装设计提升、品牌营销提升"等重点任务，立足区域实际，遴选产品质量高的"诺邓火腿"生产企业，选择市场反馈较好、独具特色的产品作为试点，对产品进行提档升级，鼓励企业参与实践创新，全力探索全新的产品生产经营规范流程和体系，为全面推广应用提供技术和模式支撑，力争 2025 年实现生猪产业综合产值 111 亿元以上，加工诺邓火腿 100 万支，附属肉制品 1 万吨，实现加工产值 23 亿元以上②。

六　小结

诺邓火腿依托悠久的盐文化历史以及手工技艺的创新传承，得天独厚的地域条件以及诺邓黑猪、诺邓盐的物质基础，借助政府、企业、媒体等多方助力打造了响亮的地标品牌。政府在火腿产业发展过程中出台了一系列扶持政策，定期组织火腿厂高管开展会议，传达特色地标理念；企业联合合作社与农户，为群众提供猪苗、饲料，农户为合作社和企业提供了劳动力；专家团队不断钻研更防氧化的腌制技艺，使得火腿品质更上一层楼；沪滇合作平台助力企业完善现代化生产供应链（见图6-19）。诺邓火腿这一云龙县地标产品火爆，不仅推动了诺邓甚至云龙县的旅游业发展，还带动了云龙县诺邓黑猪产业的发展，云龙县品质提升示范工程也随之持续推进，为因地制宜发展高原特色农业提供示范。

---

① 杨伟松、旷宏飞：《云龙县：生猪养殖引领"一县一业"发展》，https://mp.wei-xin.qq.com/s/5cFaoXQem5pQUjuxyuUoIw。

② 资料来源于《云龙县诺邓火腿产业发展》，材料由云龙县农业农村局提供。

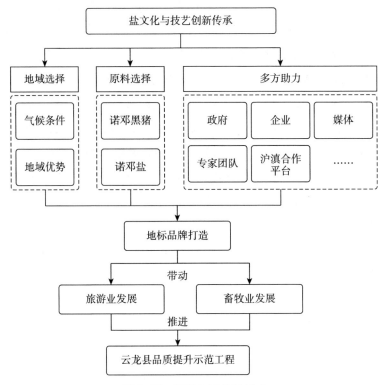

图 6-19 诺邓火腿发展模式

资料来源：调查小组根据本节撰写内容总结整理得到。

第五节 肉牛养殖的全产业链发展

一 背景

肉牛产业是云南省农业农村经济的支柱产业，在边疆少数民族脱贫致富、提高生活质量等方面发挥着重要作用。云南省具有丰富的饲草料资源，且政策支持力度大，肉牛产业规模持续快速发展[①]。云南省政府在 2020 年

[①] 陈进超、赵志军、金显栋等：《云南省肉牛产业发展现状及对策》，《云南畜牧兽医》2023 年第 1 期。

10月发布了《云南省支持肉牛产业加快发展若干措施》[①]，其中指出加快推进肉牛产业高质量发展，实现千亿级肉牛产业目标，持续深入打造世界一流"绿色食品牌"，还指出支持发展肉牛生产，支持优质育龄母牛扩群增量，做好肉牛养殖项目指导服务等。随着养殖环保政策的实施，云南省加大了对畜禽养殖污染的治理力度，严格落实城镇周围及水源保护地等地为禁养限养区，规模化肉牛养殖门槛进一步提高；同时豆粕、玉米价格上涨，养殖成本不断攀升[②]。近年来，各级政府部门高度重视肉牛产业发展，制定出台了一系列支持政策、措施。农业农村部出台的《推进肉牛肉羊生产发展五年行动方案》明确提出了几个指标，第一个是到2025年我国肉牛自给率需保持在85%左右，第二个是肉牛产量需稳定在650万吨左右，第三个是整体肉牛养殖规模比重需达到30%[③]。

2020年，云龙县畜牧业工作紧紧围绕全面建成小康社会和全面打赢脱贫攻坚战战略目标，以深化畜牧业供给侧结构性改革为主线，大力推进畜牧业转型升级，不断强化饲料、兽药和屠宰行业质量安全标准，稳步提高畜牧产品供应保障能力，持续提升畜牧业质量效益和竞争力[④]。自2022年以来，云龙县依托广阔的土地资源、丰富的饲草资源、天然的防疫屏障及群众养殖肉牛传统等优势，通过政府搭台、专家助力、人才引领，大力发展壮大肉牛养殖产业，助推群众收入三年倍增行动见实效[⑤]。

云龙县饲养的牛主要是黄牛和水牛，黄牛品种属西南山地型，具有行动灵活、体质健壮、适应性强、耐粗饲、能犁能驮的特点；水牛品种主要是山区沼泽型，具有骨骼粗壮、繁殖力强、性情温顺、抗病力和使役力强的特点。在各品种黄牛中，分布于天灯及其周边的"天灯黄牛"是大理白

[①] 《云南省人民政府办公厅关于印发云南省支持肉牛产业加快发展若干措施的通知》，https://www.yn.gov.cn/zwgk/zcwj/yzbh/202010/t20201012_211695.html。

[②] 陈进超、赵志军、金显栋等：《云南省肉牛产业发展现状及对策》，《云南畜牧兽医》2023年第1期。

[③] 资料来源于《云龙县肉牛产业发展典型材料》，由云龙县农业农村局提供。

[④] 云龙县地方志编纂委员会办公室编《云龙年鉴》，云南民族出版社，2021。

[⑤] 资料来源于《云龙县人才工作助力肉牛产业"牛气冲天"》，材料由云龙县委组织部提供。

族自治州的地方优良品种①。云龙县牛品种的改良在 20 世纪已经开始进行，对于黄牛的改良如 1957 年云龙县引入了苏联短角公牛 1 头，1977 年引入了广南公牛 2 头，实行本交改良地方品种。而后又引入广南牛、秦川牛、短角牛等进行改良，开展广本杂、秦本杂、短本杂等杂交改良。1979年开始引进西门塔尔、安格斯、辛地红、抗旱王、短角牛等品种的冻精产品，开展人工授精。冻配品种从以前的无规划、多品种的冻配到主要以西门塔尔冻精为主的有目的的改配，由以前的颗粒冻精发展到全部实行细管冻精技术，每年的冻配改良由起初的几百头增至 2005 年的 4396 头；年产杂交改良牛由起步时的每年几十头增至 2005 年的 2080 头，改良方向逐步由役用、役肉兼用转向肉用②。云龙县对水牛的改良主要采取冻精改良的方式，改良过程与黄牛改良同步。改良品种有么拉水牛和尼里水牛 2 个品种，以么拉牛为主。

二 政策指导与典型引路，实现持续增收

大理州结合"大理之问"大力推进肉牛产业发展，云龙县也出台了《云龙县肉牛产业发展三年行动方案（2022—2024 年）》，提出到 2024 年，全县肉牛产业"龙头企业+基地+村集体经济组织（专业合作社）+农户"的发展模式全面建立，成为群众稳定增收、乡村产业振兴的支撑产业；全县肉牛产业链条全面形成，成为绿色肉食品基地的支柱产业；全县肉牛产业效益全面提升，实现总投资 30 亿元以上，存栏 16 万头以上，年出栏 10万头以上，综合产值 30 亿元以上，成为百亿级高原特色农业产业的骨干产业③。《云龙县农业农村局 2023 年部门预算及"三公"经费预算情况公开说明》④ 的重点工作概述中提到，云龙县坚持绿色主导，发挥资源优势，紧紧

---

① 云龙县地方志编纂委员会编《云龙县志（1978~2005）》，云南人民出版社，2016。
② 云龙县地方志编纂委员会编《云龙县志（1978~2005）》，云南人民出版社，2016。
③ 资料来源于《云龙县肉牛产业发展典型材料》，由云龙县农业农村局提供。
④ 《云龙县农业农村局 2023 年部门预算及"三公"经费预算情况公开说明》，http://www.ylx.gov.cn/ylxrmzf/c106975/202302/501bf9950872481abab7b5e255497851.shtml。

围绕"一主六副四新五谷开花"。这里的"一主"指的就是要做强以肉牛养殖为支撑的"一县一业"主导产业。可见云龙县的农业发展中，肉牛养殖业的地位。云龙县将重点工作之一放在了强化典型引路上，通过示范带动，推进全县肉牛养殖发展。

2022年8月，诺邓镇象麓村以村集体经济入股的形式，为广大养殖户提供可靠的肉牛种源，与云龙县Y合作社签订能繁母牛养殖合作协议[①]。2022年10月Q肉制品公司的代养项目开始实施，由公司统一饲养（见图6-20），通过"党支部+公司+合作社+农户+代养"的运营模式，进一步拓宽群众增收渠道。到了2023年2月，诺邓镇24户群众通过抓阄选牛的方式从合作社领回88头母牛进行养殖。为了减少养牛前期资金投入，母牛的购买费用出自村集体经济，每头牛需花费2万元，所以从第一年开始每头牛需上缴村集体经济约牛价格的4.25%（1000多元），并出800元一年的保险费。直到第三年的时候，农户需在此基础上再还一半的本金。第四年同前两年的做法，第五年则同第三年的做法。通过这五年周期，农户可以养出约4头小牛，每头小牛可出售约1万元，上缴村集体后，农户还可以赚取约3万元的利润，最后对无法生崽的母牛农户可以按约2万元的价格出售。五年代养项目可为村集体增收20多万元，促进了肉牛产业的持续发展，并为全县提供了良好的示范[②]（见图6-21）。

三　规模化与个体户养殖互嵌

云龙县的典型引路示范主要有两种模式，分别是规模养殖示范基地建设和个体户养殖达人带头，两种模式互嵌共存，共同推动云龙县肉牛养殖持续发展。

规模养殖示范基地集中在云龙县诺邓、苗尾、关坪三个乡镇。诺邓镇诺邓村的肉牛养殖项目通过上海市提供对口帮扶及企业自筹两种方式获得

---

① 杨敏：《【乡村振兴】云龙县诺邓镇象麓村集体经济试点项目第二批母牛入住曙光肉牛养殖场》，https://mp.weixin.qq.com/s/hbmGZPwNSgZMGx7eAhWnUw。

② 访谈时间：2023年2月6日。访谈地点：Q肉制品公司养殖场内。

图 6-20 Q 肉制品公司养殖场母牛

资料来源：调查组自摄。

资金。根据项目介绍可知，项目建成了肉牛养殖基地约 50 亩，厂房 8000 平方米，可存栏 1000 头牛，年产值约 4600 万元。养殖项目将直接带动诺邓村574 户 2200 多人就业，每年村集体经济收益可以达 30 万元左右。苗尾傈僳族乡苗尾村肉牛养殖基地建设项目已在 2023 年 3 月发布了招标公告，预计建设内容为圈舍、青贮饲料加工厂、隔离圈等[①]。关坪乡 R 牧业公司千亩种植、千头肉牛种养循环生态牧场建设项目于 2022 年正式开工，项目计划总投资 3000 万元，主要内容为建设农作物和饲草基地、肉牛养殖场，最终实现年出栏优质肉牛 1000 头，饲草种植示范基地 1000 亩生态牧场的目标。该项目属于绿色农业项目，在运行过程中，养殖废污通过无害化集中处理，转化为有机肥料用于种植基地施肥，实现粪污资源循环利用、农牧生态循环。该项目作为乡村振兴项目，公司会在项目建设过程中充分利用当地劳动力资源，优先雇用当地群众参与项目建设。项目建成后，公司

[①] 云龙县医疗保障局：《苗尾傈僳族乡苗尾村肉牛养殖基地建设项目招标公告》，http://www.ylx.gov.cn/ylxrmzf/c107008/202304/24966735bb78406f93a5f6deba0cce0a.shtml。

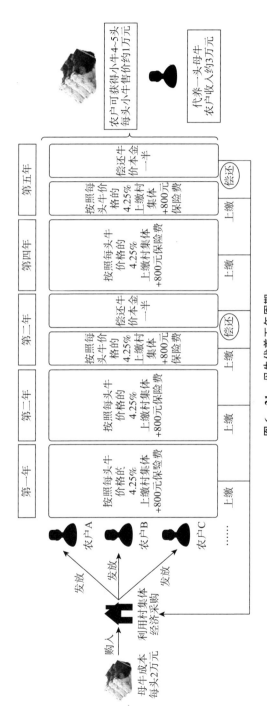

图6－21 母牛代养五年周期

资料来源：根据2022年云南大学中国乡村社会大调查（云南）访谈调查资料，由调查小组统计整理得到。

鼓励当地农户参与进来，由此带领当地群众共同致富，形成又一条联农带农之路。

云龙县于 2022 年共投入了 1600 多万元沪滇资金，在诺邓、苗尾、关坪三个乡镇建设了三个肉牛养殖示范基地。目前诺邓肉牛养殖示范基地已建成并投入使用，苗尾乡、关坪乡肉牛养殖示范基地建设正有力有序推进。全县肉牛养殖户达 17687 户，2022 年末肉牛存栏 10.98 万头[①]。肉牛规模养殖示范基地已初具成效，未来云龙县的肉牛养殖规模会继续扩大，带动周边农户实现共同富裕。

个体户养殖模式的代表则是功果桥镇的汤涧村。政府为了切实抓好功果桥水电站库区产业发展，确保移民"搬得出、稳得住、能发展，逐步能致富"，其中一个要求就是建设一个肉牛养殖示范区[②]。功果桥镇在水电移民之后，开始大力发展肉牛养殖产业。根据杨涧村村民的介绍，因村子临江，水电站修建导致房屋被淹，该村村民都是移民搬迁到新地点的，房屋全为新建。汤涧村里养牛的农户约高达 70%，少则 2 头至 3 头，多至 20 头至 30 头，总体算下来村里平均一户养殖 5 头左右。与规模养殖区别的是，个体户养殖通过种养结合的方式，最大化利用土地。根据养殖户介绍，饲料来源除了农户自身种植的作物之外，还可以向剩余 30% 左右的农户收购[③]。由于农户自身养殖牛的数量较少，无法大规模通过固定渠道进行销售，曾经的农户需要将牛装车后，运送到长新乡的牲畜交易市场统一进行交易。然而在售卖的过程中，运输隐患、牲畜市场过度接触致病等问题，给肉牛养殖户带来不小的风险和损失。现在已不需要肉牛养殖户冒风险到市场上售卖，而是购买肉牛的商户直接进到养殖地购买，当地人称之为"装车即数钱"。图 6-22 为调查组自摄养殖户家中的肉牛养殖基地。

由于是个体养殖户，转型养牛时缺乏经验，需要从零开始。养殖户需

① 旷宏飞、李继明：《我县投入沪滇资金 1600 多万元推进肉牛养殖示范基地建设》，http://ylx. gov. cn/ylxrmzf/c106990/202308/8191d5dc24104e24bbd5819a169cc3a4. shtml。

② 云龙县人民政府办公室：《政务信息普刊 2014 年第四期》，http://www.ylx.gov.cn/ylxrmzf/c102527/201405/f508da3b6f464e6883d9b35a9631f6ea. shtml。

③ 资料来源于功果桥镇汤涧村村民。访谈时间：2023 年 2 月 8 日。访谈地点：村民养殖场内。

图6-22　养殖户家中的肉牛养殖基地
资料来源：调查组自摄。

要钻研技术，包括母牛生产、保健防病、饲料喂养等内容。经过农户T的不懈努力，其现已经成为汤涧村"最了解肉牛养殖的人"，村子里农户遇到关于肉牛生病的问题，可以直接发图片或是打电话向该村民进行咨询。

四　积极促进绿色循环养殖链条发展

云龙县坚持科学规划，努力推动肉牛养殖的全产业链发展，合理整合资源，规划布局乡镇的肉牛养殖场、合作社、扩繁场、育肥场、综合屠宰场等，加大招商引资力度，完善饲草加工、养殖、冷链、加工、运输供应服务链。云龙县十分注重科学绿色养殖，立足肉牛养殖技术科研，引进了高校教授团队，突破产业瓶颈。此外，邀请大理州畜牧工作站相关研究员、畜牧师等专家开展牛场选址与建设、优质饲草栽培管理与加工利用技术等方面的专题讲座，参训人数达158人，覆盖云龙县肉牛办、农业农村局等各类人员[1]。在饲草与肉牛养殖上也持续践行云龙县的"绿色"理念，用有机种植的饲草来喂养肉牛，肉牛形成的粪便能够作为肥料促进饲草的生长，

---

[1] 《【我们的新时代】云龙：为肉牛养殖产业发展"充电蓄能"》，https://mp.wei-xin.qq.com/s/gnwbzyzOxFX8ztnbtb639w。

饲草继续转化为有机肥，形成一条绿色的闭环链，融入云龙县肉牛全产业
链发展中。

五　肉牛养殖的全产业链发展成效

落实政策真，措施推进细。自2021年以来，云龙县委、县政府把肉牛
产业作为全县群众稳定增收、乡村产业振兴的重点主导产业来培育，出台
了《云龙县肉牛产业发展三年行动方案（2022—2024年）》。云龙县真正
做到了把这一行动方案落实到位，从县到各乡，都努力探索肉牛养殖发展
道路，积极开展实地走访调查，每年召开肉牛产业发展工作推进会、说明
会等。这展示了云龙县大力发展肉牛产业的决心，也为下一步工作奠定了
基础。全县加强组织领导，下设指挥部和3个工作组，大力推广"龙头企
业+基地+村集体经济组织（专业合作社）+农户"发展模式。2022年云龙
县投入县级涉农整合资金和沪滇资金2000多万元来支持肉牛产业发展①。
云龙县政府发挥引领带头作用，细化工作推进措施，制定阶段发展计划，
建立扶持资金通道，做好养殖地块优选、建设养殖场、示范项目建设等一
系列工作②。

人才"软实力"跟进。云龙县要求各乡镇部门把发展肉牛养殖产业作
为"一把手"工程，健全与之配套的服务体系③。云龙县充分利用人社部
门、企业资源，在全县开展了肉牛养殖技术、饲料种植加工技术、疾病防
控工作等的培训。比如县农业农村局在州农业农村局支持下，在县城举办
了一期肉牛养殖技术培训④；县科协开展的"百名科技专家"下乡讲学活
动，邀请云南省"百名专家科技下乡"宣讲团成员、云南农业职业技术学

①　资料来源于《云龙县人才工作助力肉牛产业"牛气冲天"》，材料由云龙县委组织部提供。
②　杨志平、赵雪梅：《我县召开肉牛产业发展推进会》，http://www.ylx.gov.cn/ylxrmzf/c102
527/202204/dc6ed3246d76443d81704355e15808dc.shtml。
③　李维利、曹东：《云龙县召开2023年肉牛产业发展工作推进会议》，https://mp.wei-xin.qq.
com/s/-v5Ob8gRd3-df4ZeEj_9TQ。
④　杨玉宝：《我县举办2022年肉牛养殖技术培训》，http://www.ylx.gov.cn/ylxrmzf/c106990/
202211/724a7964ee114e8b8ec11528c71a4332.shtml。

院教授进行通俗易懂的讲解①。云龙县肉牛养殖重点工作还要求每个乡镇每年要开展 2 场以上培训，做到"每个养殖场至少有一个养殖能手"②。

肉牛产业致富能手带动农户发展肉牛养殖产业。为加快推进乡村人才振兴，云龙县根据实际情况，制定出台了《关于实施"天池金光"人才计划推进云龙高质量跨越式发展的意见》《云龙县"天池金光"人才评选培养实施办法》等政策文件，规划开展"天池金光"人才评选培养工作③。截至 2022 年，各地推荐"天池金光"肉牛养殖致富能手候选人达 10 余名，通过资格审查、会议审定等程序，4 人获"天池金光"肉牛养殖致富能手称号。在致富能手的带动下，不少群众开始积极发展肉牛养殖产业。

典型引路，群众纷至沓来。诺邓镇的象麓村以村级经济的形式与云龙县齐民农业科技有限公司合作，通过合作社联农带农，群众既减少了养牛前期资金投入，也在养牛中得到技术保障。合作社也吸引了象麓村、青松村、和平村、诺邓村肉牛养殖群众参与合作养殖，通过"党支部+公司+合作社+农户+代养"的模式，实现了群众通过肉牛养殖致富。

六 小结

肉牛产业作为当地农业农村经济一大支柱产业，受到云龙县政府高度重视。云龙县通过个体户和规模养殖，做到了点面兼具发展肉牛养殖产业。随着肉牛养殖规模的扩大，肉牛售卖方式也发生变化，养牛户承担风险降低。饲草种植加工持续践行绿色理念，融入云龙县肉牛全产业链发展过程中。云龙县肉牛养殖的全产业链发展还在持续推进过程中，通过政策的指导，结合规模化养殖和个体户养殖的示范带头作用吸引群众加入肉牛养殖产业发展中来（见图 6-22）。

---

① 云龙县科学技术协会：《云龙县科协以"六个一"开展全国科技工作者日活动》，https://mp.weixin.qq.com/s/Ct5OJAtFCM0EJ037_koZVQ。
② 资料来源于《云龙县肉牛产业发展典型材料》，由云龙县农业农村局提供。
③ 资料来源于《云龙县"天池金光"人才选培 加快推进乡村人才振兴》，由云龙县委组织部提供。

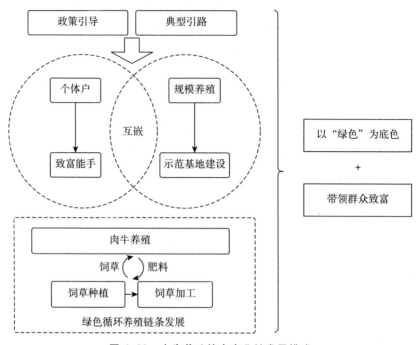

图 6-22　肉牛养殖的全产业链发展模式

资料来源：调查小组根据本节撰写内容总结整理得到。

结　语

云龙县充分认识到想要实现乡村振兴，就必须发挥生态资源优势。通过科学规划统筹发展，云龙县实现了依托优势开发特色地标产品，将生态资源与其他产业联结，留得住乡村文化、保得住绿水青山，在县域协同发展过程中团结组织、培育人才。云龙县生态资源多重赋能与县域协同发展提升路径已初具成效。云龙县将自身现有资源优势发挥到极致，科学规划政策引领产业自上而下发展，通过生态资源多重赋能，源源不断地正向作用于文化、生态、产业、组织和人才五大振兴。利用生态资源优势发展绿色能源产业、生态农业和生态旅游业，将生态保护和美丽乡村建设纳入绿色云龙建设的实践道路中，然后持续反馈到生态系统中，实现生态产业健康发展良性循环。将海拔跨度过大的劣势转化为自身优势，因地制宜发展高原立体生态农业，跨区域调配资源，实现种植、养殖、加工、旅游等多业态协同发展。利用特色文化资源，通过开展文化传承保护工作增进群众文化认同感，铸牢中华民族共同体意识，同时依靠情感纽带与利益纽带联通文旅产业，最终提高群众自觉保护意识，反哺文化保护传承。在发展清洁能源产业、高原特色农业和生态旅游业等产业过程中，云龙县积极加强基层党组织领导，通过采用多元主体结合的方式，通过典型引领、能人带头的方式，不断吸引潜在人才加入产业发展中，通过创造就业机会，源源不断带动群众就业，提升群众个人技能水平，实现人才振兴。

本书绪论从产业、生态、文化、人才和组织等方面对生态资源多重赋能内涵进行阐述，并介绍了云龙县生态资源多重赋能乡村振兴的传导机制。第一章介绍了云龙县历史发展的三个时期以及县行政框架情况，通过产业发展和产业结构分析得出云龙县始终坚持缓中求稳、稳中求变的县域经济发展策略的结论，县域经济发展呈现良好态势。第二章讲述了云龙县五大振兴现状，介绍了高原生态农业和绿色能源产业，与第一章生态资源多重赋能乡村振兴相呼应。在第三章中，主要介绍了绿色云龙建设的转型与重构，生态保护、绿色发展和美丽乡村建设之间存在紧密的协同关系，生态保护为绿色发展提供了必要的生态支撑，而绿色发展路径则可以实现经济发展与环境保护的良性循环。在此基础上，生态产业化可以进一步推动经济增长和就业机会的创造，推动美丽乡村建设，为人们提供更好的生活环境。这种协同赋能与持续发展的模式有助于实现云龙经济繁荣和生态文明的统一发展，为云龙县未来的发展提供了有力支撑。

　　第四章内容根据访谈数据、观察日志和云龙县提供的内部材料等，从云龙县的高原立体生态农业夯实产业振兴基础出发，探讨云龙县在推动绿色能源和农文旅产业发展、持续性助力农业产业发展的典型做法。探讨其如何在三种主体产业的共同作用下实现县域经济和个体农户经济的可持续性发展。第五章基于保护传承、民族工作和生态文旅产业之间的联结关系，阐述了官方介入、空间再造和主客回归三条保护文化传承发展的道路，并阐述了文化传承保护衔接铸牢中华民族共同体意识的意识活动、集体记忆、规范维护和文化认同四个环节，得出了实现民族工作和生态文旅产业交往交流路径为情感联结和利益联结的结论。第六章选择了云龙县最为突出的五个典型案例，从产业、文化、生态入手，内容包括农文旅融合发展的天池·诺邓、打造绿色地标产品多元主体互动发展茶产业的大栗树·河南村、发展清洁能源的功果桥·苗尾、全县知名地标产品品牌诺邓火腿，以及目前云龙县大力推广的肉牛养殖全产业链，结合人才发展与组织领导进行案例分析。云龙县产业发展始终坚持以"绿色"为底色，发挥自身自然资源优势，规划发展独属于云龙的自然风光旅游线路，通过采取绿色有机种植养殖的方式发展茶叶、肉牛等产业，发展风、光、水等清洁能源，实现自然与经济协同发展。守好古村文化等历史文化名片，创新开发利用旅游景区，做到在保护和传承文化的同时，带动当地经济的持续性发展，给旅客带来独属于云龙县的旅游体验。除了麦地湾梨、诺邓火腿、云龙茶、诺邓黑猪四个地标产品外，云龙矮脚鸡同样作为云龙县地标产品之一广受欢迎，通过综合发展农、文、旅、能源产业，云龙县成功探索出一条带领人民致富发展的道路。

尽管未来长效机制确保云龙县有效、可持续的发展目标的实现已不再遥不可及，但在其发展过程中所面临的一些问题同样需要引起重视。

第一，部分制度设计难以激发基层农民生产生活发展的内生动力。云龙县在脱贫攻坚过程中投入了大量的资源，高效地完成了国家、省及州的考核，但多数属于"输血"式的帮扶措施，这使得部分群众对于政府相关资源产生依赖，在生产生活过程中存在"等、靠、要"的思想。例如我们在调研过程中发现，某村总人口约 2000 人，其中 40 岁以上单身男性约有 300 人，其中一位村民说道："现在媳妇不好找，即便找到了，还要考虑养育子女，万一子女不成器，你还得负担他们，那我何必呢？我可以等到我的父母去世，60 岁以后就能申请五保户，每个月拿到的补助就能够让我生活得很好了，而且一直可以拿到我去世。"① 我们可以发现这部分人群基本都是具备生产劳作能力的人，但因为依赖相应的制度保障而过早进入生产生活的闲暇状态。此外，部分群众缺乏主动性，他们认为固成果促振兴是一种外生的政府活动，将自己置身于两大战略有效衔接工作之外②。政府需要认识到出现此类现象与当地教育环境欠缺、农村劳动力剩余、产业收益有待提升等情况是否挂钩，并针对不同地区的情况制定措施。先通过教育将"志"扶起来，改变"等、靠、要"人群的思想观念，让百姓看得到好处、有盼头。上述村民提到"子女不成器"的担忧也需要靠教育来逐步改变，要大力推进教育资源落地。而农村劳动力剩余、产业收益有待提升等问题，需要跟随产业振兴的实施一同解决，从而促进农户增收，让农户在家门口就能实现就业，解决因"产业相关问题"带来的内生动力不足问题。最后需要通过宣传让农户了解到推动实现共同富裕的目标应是每个人的使

---

① 访谈时间：2023 年 2 月 6 日。访谈地点：云龙县苗尾乡。
② 马姗：《脱贫攻坚与乡村振兴有效衔接中农民的主体性困境及其破解》，《理论导刊》2024 年第 3 期。

命，使其树立社会责任感，"扶勤不扶懒"①，发挥自主能动性解决自身就业问题。

第二，衔接乡村振兴制度体系仍沿用或套用脱贫攻坚时期的制度设计。从县一级和村一级的制度体系来看，目前全县范围内衔接乡村振兴工作的重心仍然是在巩固脱贫攻坚成果，多数部门的制度建设工作沿用或者套用原先脱贫攻坚时期的制度体系。目前全县"绿色云龙"生态资源多重赋能的尝试已初具成效，但是全面推进乡村振兴过程中还需要持续实现乡村振兴与巩固拓展脱贫攻坚成果的有效衔接。有学者通过测度发现在我国西部地区，产业衔接、生态衔接对家庭人均年收入呈现显著促进作用②，这一点也间接证明了云龙县的尝试并未偏离最终想要达到目的的道路。因而云龙县应持续落实为推进产业和生态振兴发展提出的措施，实现生态治理和生态价值持续转化。在五大振兴中，比起生态、产业、文化振兴，在相对薄弱的人才振兴和人才振兴衔接上需要继续下功夫，如加强对新乡贤的培养、激励、任用③，整合政府与社会组织，提高乡村基层党组织的号召力和领导力④等。

第三，产业布局抗风险能力和示范性不强，难以带动基层群众受益。目前云龙县的产业布局更多集中在生态农业和绿色能源，但由于全县缺乏连片开阔地域（全县多为倾斜度较高的山地并被怒江、澜沧江和沘江切割），规模性的产业难以发展起来，全县仅有漕涧镇具备该条件（目前云龙县漕涧镇万头奶牛牧场项目在持续推进），绝大多数产业靠分布在山坡之间各个农户相对零散的养殖业和种植业支撑。总体来看，这种相对分散的产业布局模式难以形成结构优化的全产业链链条，其自身的抗风险能力也相

① 刘旭雯：《乡村振兴推动共同富裕的挑战与政策转向》，《原生态民族文化学刊》2023年第4期。
② 黄明珠、王志章：《"巩固拓展""有效衔接"会扩大农户收入分配差距吗——基于西部地区10个省（自治区）1158份家庭微观调查数据分析》，《贵州财经大学学报》2023年第3期。
③ 吕浩然、郗思齐：《新乡贤在促进全面脱贫与乡村振兴有效衔接中的治村模式、优势和完善路径》，《农业经济》2023年第2期。
④ 雷焕贵：《中国式脱贫攻坚与乡村振兴有效衔接路径探索——基于"五个一批"与"五大振兴"衔接的视角》，《财会月刊》2023年第6期。

对不足，同时难以形成规模效应，带动农户切实增收。例如云龙县之前推广的泡核桃种植产业，由于其整体抗风险能力较弱，多数农户并未掌握核心规范的种植技术，导致核桃质量参差不齐，同时 2022 年的核桃市场价格波动较大，导致农户损失较为严重。因此，从地域分散的限制来看，云龙县很难通过土地整合来实现全产业链结构优化，需要从现有的多元主体互动入手，基于"龙头企业+基地+村集体经济组织（专业合作社）+农户"的发展模式，通过利益链接绑定来降低相对零散的种植养殖业风险。尤其对于农户来说，其是整个产业发展模式中的"基石"，企业、基地、合作社需要向农户提供技术指导、农业市场上的最新信息以及相应的金融服务（贷款、保险等）。最终形成外部分散（主要指地域），但内部绑定（主要指各主体）的抗风险产业发展模式。

第四，农村人口流失严重，结婚生育意愿降低，未来村寨"空壳化"风险较高。由于外出务工是当前全县增收最为重要的来源，留守农村的绝大多数为老年人和儿童，年轻人除了一些特殊缘由外基本上都已经外出务工。多数外出务工的农民会考虑到县城之外定居，其余的也会考虑到县城定居，部分年轻人会考虑在农村老家新建房屋，但很少有选择继续返回农村生活定居的。与此同时，随着外出打工的年轻人在城市接触到的新事物和新理念越来越多，他们的婚姻观和生育观也会受到一定的影响。在我们的调研中，很多年轻人表示他们不再像以往一样选择过早结婚，当中的一部分年轻人表示会推迟结婚，有些年轻人表示不太愿意结婚。在我们的调研中，还有一个非常引人关注的数据，有几所村小学的入学人数比起十年前，下降了十成，一部分原因是城镇化发展，另一部分则与生育观念的转变有关。因此，在未来的 5 年到 10 年，如果村小学入学人数持续下降，云龙县村寨的"空壳化"问题将逐渐凸显出来。在人口流失严重且高质量劳动力不足的情况下，各界通常会提出的一条建议是提升乡村教育水平，提高人口基本素质。然而教育水平提升不能仅靠学校教育，尤其是未来可能出现的入学人数降低、空壳化等问题。政府需要结合目前农村人才的职业特点，按照人才培养和成长规律建立人才激励机制和培养体系，加大对农户的科技培训力度，培养乡村能人或潜在人才，并通过宏观调控控制人才资源的流动分配①。此外，对本土高等教育人才来说，乡村的高质量发展是最重要的吸引力。通过结合产业振兴措施发展当地特色产业，优化公共基础服务设施，为人才提供更多就业机会和良好的生活环境，加大乡村吸引力，实现留才引才。

第五，多项非物质文化遗产涉及"抢救性保护"。根据我们的调研，云龙县于2021年获批国家级非遗项目吹吹腔，但目前对该项目的传承缺乏实质性的资金支持，目前很多传承人的年纪已经很大，新的传承人没有持续性补充，原先的服饰和道具现已破旧不堪，很难再用于表演。根据我们的估计，如果这种情况持续3~5年，包括吹吹腔在内的很多相关非遗项目，将得不到有效传承，甚至很多存在消失的风险。可以通过文旅融合产业等方式加强对文化传承中的资本和产业引导，以市场化运作的方式来带动非遗文化的传承和年轻传承人的培养。积极推进乡村采风工作，加强非遗文化服饰、道具、曲谱等元素的留档与保存，以保护非遗文化的基本样貌。积极创新吹吹腔表演内容与形式，充分利用线上线下平台，以充分展现吹吹腔的独特魅力。

---

① 徐姗姗、吴未：《乡村振兴背景下加快破解农村人才发展瓶颈问题的研究》，《农业经济》2024年第3期。

附　录

云龙县政府提供资料清单

类别	序号	资料名称	年份	提供部门	材料类型
县域基础信息	1	云龙县域年鉴	2018~2022	县人民政府、县方志办	纸质版
	2	云龙县志	2021	县人民政府、县方志办、县档案馆	纸质版
	3	县级情况	2022	县民宗局	电子版
	4	行政村基本情况	2023	县人民政府、各级乡政府、各级村委会	电子版
	5	县交通发展基本情况报告及相关规划	2023	县交通局	电子版
	6	乡政府工作报告	2021~2023	乡政府	电子版
	7	县、乡、村"十四五"发展规划及相关产业发展规划	2021	县人民政府	电子版
脱贫攻坚相关资料	1	县脱贫攻坚系列丛书	2020	县巩固脱贫攻坚推进乡村振兴领导小组	电了版
	2	县脱贫攻坚工作总结	2018~2021	县巩固脱贫攻坚推进乡村振兴领导小组	电子版
	3	巩固脱贫攻坚推进乡村振兴工作相关材料	2021	县巩固脱贫攻坚推进乡村振兴领导小组	电子版
	4	促进农民增收典型材料	2022	县巩固脱贫攻坚推进乡村振兴领导小组	电子版
	5	脱贫攻坚五年工作总结	2016~2020	县文旅局	电子版

续表

类别	序号	具体文件名称	年份	提供部门	材料类型
脱贫攻坚 相关资料	6	县脱贫人口持续增收三年行动方案	2022	县委办公室、县人民政府办公室	电子版
	7	农村居民持续增收三年行动方案	2022	县委办公室、县人民政府办公室	电子版
乡村振兴 相关资料	1	乡村振兴局年度总结报告	2021、2022	县乡村振兴局	电子版
	2	巩固拓展脱贫攻坚成果推进相关材料	2021、2022	县乡村振兴局、县巩固脱贫攻坚推进乡村振兴领导小组	电子版
	3	乡村振兴重点帮扶县巩固拓展脱贫攻坚成果同乡村振兴有效衔接实施方案	2022	县委办公室、县人民政府办公室	电子版
	4	产业到户项目实施方案	2019、2022、2023	各乡政府	电子版
	5	乡村振兴重点帮扶县实施方案编制情况及县域经济发展情况汇报	2022~2025	县巩固脱贫攻坚推进乡村振兴领导小组	电子版
	6	县、乡、村乡村振兴方案	2023	各级政府	电子版
	7	振兴乡村经验相关材料	2019	县乡村振兴局	电子版
	8	高原特色农业产业发展的经验典型相关材料	2021	县乡村振兴局	电子版
	9	防返贫监测帮扶集中排查工作报告	2022	县乡村振兴局	电子版
	10	县农业产业化发展的情况报告	2017	县乡村振兴局	电子版
	11	县特色产业发展情况报告	2022	县乡村振兴局	电子版
	12	云南省重点帮扶县"一县一业"示范创建县创建实施方案	2020	县乡村振兴局	电子版

类别	序号	具体文件名称	年份	提供部门	材料类型
乡村振兴相关资料	13	乡村治理典型材料	2023	县委组织部	电子版
	14	县外出务工人员激励机制典型材料	2023	县委组织部	电子版
	15	组织部年度工作总结	2021~2023	县委组织部	电子版
	16	县东西协作工作台账目录、工作自评报告	2019、2023	县人社局	电子版
	17	县关于做好脱贫人口小额信贷工作的通知	2021~2023	县乡村振兴局	电子版
生态环境相关材料	1	生态环境局年度总结报告	2021、2022	县生态环境局、县环境监测站	电子版
	2	生态护林员管理办法	2023	县林草局	电子版
自然资源相关材料	1	县自然资源局自然资源管理工作总结	2021、2022	县自然资源局	电子版
	2	县域全国国土调查主要数据公报	2022	县自然资源局	电子版
文化相关材料	1	文化和旅游局工作总结及工作计划	2021、2022	县文旅局	电子版
	2	县文化和旅游局"十三五"文化和旅游发展规划执行情况评估报告及"十四五"发展规划思路	2020、2021	县文旅局	电子版
	3	县文化和旅游局公共文化体系建设工作总结	2020	县文旅局	电子版
	4	文化馆工作总结	2022	县文旅局	电子版
	5	县、乡、镇公共文化服务工作总结	2021	县文旅局	电子版
	6	文化市场经营机构情况	2022	县文旅局	电子版
	7	县各级非物质文化遗产名录	2023	县文旅局	电子版
	8	县各级非物质文化遗产传承人名录	2023	县文旅局	电子版

类别	序号	具体文件名称	年份	提供部门	材料类型
文化相关材料	9	县乡镇博物馆、纪念馆名录	2023	县文旅局	电子版
	10	县乡镇图书馆名录	2020	县文旅局	电子版
民族宗教相关资料	1	铸牢中华民族共同体意识工作总结	2022	县民宗局	电子版
	2	县民族团结进步示范创建工作总结及工作要点	2022	县民宗局	电子版
	3	县建设民族团结进步示范区规划	2021~2025	县民宗局	电子版
	4	县持续推进创建全国民族团结进步示范县实施方案	2020	县民宗局	电子版
农业农村相关材料	1	云南省有机产品认证统计表	2023	县农业农村局	电子版
	2	县获得绿色食品认证产品名单	2023	县农业农村局	电子版
	3	县"三品一标"农产品认证基本情况	2023	县农业农村局	电子版
	4	县龙头企业名单	2023	县农业农村局	电子版
	5	县规模养殖场情况	2023	县农业农村局	电子版
	6	县各农业产业发展情况及报告	2021、2023	县茶特局、县农业农村局	电子版
	7	县特色农产品发展报告	2023	县茶特局、县农业农村局	电子版
	8	县农村人居环境整治项目实施方案及工作总结	2021、2022	县农业农村局、县农科局	电子版
民政相关材料	1	县社会组织花名册	2023	县民政局	电子版
	2	社会组织登记管理和社会工作业务开展情况总结	2023	县民政局	电子版
	3	典型示范性村规民约	2023	县民政局	电子版

类别	序号	具体文件名称	年份	提供部门	材料类型
民政相关材料	4	社会工作人才工作总结	2022	县民政局	电子版
	5	关于进一步推进移风易俗建设文明乡风总结报告	2023	县民政局	电子版
人社相关材料	1	县高校毕业生就业创业行动计划实施办法	2022	县人社局	电子版
	2	人社局职业培训文件	2021	县人社局	电子版
	3	县人社局工作总结及工作规划	2021~2023	县人社局	电子版
工信相关材料	1	电子商务进农村综合示范项目自检情况报告	2023	县工信局	电子版
发展和改革相关材料	1	县发展和改革局年度工作总结及工作计划	2021~2022	县发改局	电子版
	2	易地扶贫搬迁典型材料及工作总结	2016	县发改局	电子版
	3	"十三五"重大专项建设规划执行情况及"十四五"发展规划	2020~2021	县发改局	电子版

参考文献

一 期刊、报纸

巴宥雅：《乡村振兴背景下我国农业绿色发展路径探寻》，《农业经济》2022年第11期。

陈辉民：《生态资源贫瘠化：内涵、形成机制和政策的经济逻辑》，《贵州社会科学》2015年第5期。

关婷、薛澜、赵静：《技术赋能的治理创新：基于中国环境领域的实践案例》，《中国行政管理》2019年第4期。

郭爱君、毛锦凰：《新时代中国县域经济发展略论》，《兰州大学学报》（社会科学版）2018年第4期。

郭素芳：《城乡要素双向流动框架下乡村振兴的内在逻辑与保障机制》，《天津行政学院学报》2018年第3期。

韩长赋：《认真学习宣传贯彻党的十九大精神大力实施乡村振兴战略》，《中国农业会计》2017年第12期。

黄洪斌：《以产业振兴多维度撬动乡村振兴——以兴安县"十四五"产业振兴为例》，《广西农学报》2021年第6期。

鞠雷、李宇兵：《基于循环经济理论的我国县域经济协同发展研究》，《山东大学学报》（哲学社会科学版）2009年第4期。

雷明、于莎莎：《乡村振兴的多重路径选择——基于产业、人才、文化、生态、组织的分析》，《广西社会科学》2022年第9期。

李代红：《我国绿色能源产业发展的制度路径》，《科学管理研究》2011年第6期。

任静：《生态循环农业典型模式研究——以梁家河"'果—沼—畜'水肥一

体化"示范园为例》,《中国农业综合开发》2022 年第 8 期。

沈晓敏:《乡村振兴视角下生态文化旅游产业发展研究》,《环境工程》2021 年第 10 期。

史巧、李聪、王桂瑛等:《不同加工年份诺邓火腿理化特性研究》,《食品研究与开发》2023 年第 8 期。

宋路平:《乡村振兴战略下生态循环农业发展模式与实践分析》,《农业经济》2022 年第 11 期。

谭朋、罗武才、孙瑞达:《乡村振兴背景下湘桂边界省际民族团结示范村农文旅融合发展探索——以湖南江华瑶族自治县湖广同心村为例》,《现代农机》2023 年第 5 期

谭鑫:《云南高原特色现代农业发展模式研究》,《新丝路》(下旬)2016 年第 3 期。

陶自祥:《乡村振兴与特色村落的价值定位及发展类型——基于云南考察》,《中南民族大学学报》(人文社会科学版)2023 年第 4 期。

田静:《卢龙县产业结构现状、存在问题及对策建议》,《统计与管理》2018 年第 7 期

王海:《云南民间井盐传统技艺研究——以大理诺邓民间井盐传统技艺调查为例》,《中国民族博览》2017 年第 5 期。

王明珂:《历史事实、历史记忆与历史心性》,《历史研究》2001 年第 5 期。

王蓉、代美玲、欧阳红等:《文化资本介入下的乡村旅游地农户生计资本测度——婺源李坑村案例》,《旅游学刊》2021 年第 7 期。

王天玺:《茶·茶文化·茶产业——关于振兴云南茶叶产业的调查报告》,《求是》2002 年第 7 期。

王亚华、苏毅清:《乡村振兴——中国农村发展新战略》,《中央社会主义学院学报》2017 年第 6 期。

魏雯婧、罗久富、杨路培等:《农业光伏互补开发与盈利模式研究》,《太阳能学报》2023 年第 3 期。

吴宝森、谷大海、徐志强等:《诺邓火腿产业化发展现状与对策》,《食品安

全质量检测学报》2017 年第 11 期。

吴东平：《论云南水电的战略价值和地位》，《水力发电学报》2022 年第 4 期。

吴海峰：《乡村产业兴旺的基本特征与实现路径研究》，《中州学刊》2018
年第 12 期。

吴理财、解胜利：《文化治理视角下的乡村文化振兴：价值耦合与体系建
构》，《华中农业大学学报》（社会科学版）2019 年第 1 期。

吴其付：《民族旅游与文化认同：以羌族为个案》，《贵州民族研究》2009
年第 1 期。

吴正海、范建刚：《资源整合与利益共享的乡村旅游发展路径——以陕西袁
家村为例》，《西北农林科技大学学报》（社会科学版）2021 年第 2 期。

伍晓：《新媒体电商助力乡村振兴的策略研究》，《南方农机》2020 年第 20 期。

鲜恩伟、冯海军、张国栋：《大型水电站建设征地移民安置竣工验收的实践
与思考——以澜沧江功果桥水电站为例》，《四川水利》2018 年第 6 期。

鲜恩伟、刘洋：《大型水电站征地移民工作探索和创新——以苗尾、功果桥
电站为例》，《四川水利》2019 年第 5 期。

肖湘雄、温梁：《政府非正式参与农产品质量安全治理——基于云南诺邓火
腿的案例研究》，《云南农业大学学报》（社会科学）2019 年第 3 期。

肖远平、王伟杰：《非物质文化遗产助力乡村振兴的"西江模式"研究》，《文
化遗产》2019 年第 3 期。

熊海峰、祁吟墨：《基于共生理论的文化和旅游融合发展策略研究——以大运
河文化带建设为例》，《同济大学学报》（社会科学版）2020 年第 1 期。

徐望：《文化资本理论溯源述评》，《艺术百家》2017 年第 S1 期。

徐玉特：《嵌入与共生：民族传统节庆文化创造性转化的内生逻辑——基于
广西 DX 县陇峒节的考察》，《中南民族大学学报》（人文社会科学版）
2021 年第 12 期。

杨超杰、郭丹凤：《乡村全面振兴背景下西藏铸牢中华民族共同体意识的有
效路径探究》，《西藏研究》2022 年第 1 期。

杨国才：《白族千年古村"诺邓"的保护与发展研究》，《云南民族学院学

报》（哲学社会科学版）2002 年第 2 期。

杨坤琳、字善生、李城亮等：《云龙县"麦地湾梨"优质高产的气候条件分析》，《安徽农业科学》2018 年第 12 期。

杨文炯：《理解现代民族国家的中国范式——费孝通先生"多元一体"理论的现代价值》，《青海民族研究》2018 年第 2 期。

于法稳：《新时代农业绿色发展动因、核心及对策研究》，《中国农村经济》2018 年第 5 期。

张德全：《诺邓村旅游资源及其价值分析》，《现代商贸工业》2017 年第 22 期。

张盾：《农村绿色能源系统建设研究》，《节能》2019 年第 2 期。

张宏成、胡彬、黑荣光等：《云南高原特色设施农业发展现状及对策》，《现代农业科技》2021 年第 17 期。

张力文：《中华民族共同体意识表达中的多民族共享文化符号视角——基于黑龙江省街津口赫哲族乡的调查研究》，《民族学论丛》2022 年第 2 期。

张立平、张爱萍：《乡村振兴背景下社会主义核心价值观引领乡村习俗探究》，《学校党建与思想教育》2021 年第 11 期。

张兴旺、张昭、汪长进等：《云龙麦地湾梨调查》，《河北林果研究》1998 年第 1 期。

张玉敏：《地理标志的性质和保护模式选择》，《法学杂志》2007 年第 6 期。

赵立山：《云龙县茶叶产业发展之我见》，《云南农业》2018 年第 1 期。

赵艺繁：《电力新能源助力乡村振兴》，《农村电工》2022 年第 8 期。

郑宝华、晏铃：《以农业地标品牌建设推动高原特色现代农业快速发展》，《云南社会科学》2017 年第 3 期。

周萃：《以绿色能源助力乡村振兴》，《金融时报》2022 年 2 月 10 日。

周阳敏、桑乾坤：《乡村振兴战略背景下产业兴旺问题研究》，《河南工业大学学报》（社会科学版）2018 年第 6 期。

朱启臻：《乡村振兴背景下的乡村产业——产业兴旺的一种社会学解释》，《中国农业大学学报》（社会科学版）2018 年第 3 期。

朱月红：《乡村振兴背景下生态畜牧业绿色发展路径研究》，《中国饲料》2023

年第 16 期。

字善生、杨坤琳、李城亮等:《云龙茶种植气候条件分析》,《现代农业科技》2018 年第 10 期。

字善生、杨素娥、李城亮:《基于 GIS 技术的云龙县麦地湾梨气候适宜性区划》,《现代农业科技》2020 年第 20 期。

宗喀·漾正冈布、王振杰:《民族杂居地区乡村文化振兴与社会治理的耦合逻辑——基于文化资本视角的分析》,《西北农林科技大学学报》(社会科学版)2021 年第 5 期。

二 著作

涂尔干:《宗教生活的基本形式》,渠东、汲喆译,上海人民出版社,1999。

殷群:《诺邓古村历史文化与景区化发展研究》,中央民族大学出版社,2019。

云龙县地方志编纂委员会编《云龙县志(1978~2005)》,云南人民出版社,2016。

云龙县地方志编纂委员会办公室编《云龙年鉴》,云南民族出版社,2021。

中国考古学会编《中国考古学年鉴 2008》,文物出版社,2009。

三 学位论文

金雨:《辽宁省县域经济发展现状、问题及对策研究》,硕士学位论文,辽宁大学,2012。

石伟:《自然保护区非大众型旅游开发研究——以云龙天池国家级自然保护区为例》,硕士学位论文,云南大学,2017。

滕睿颖:《乡村振兴背景下麻阳柑桔品牌化发展研究》,硕士学位论文,中南林业科技大学,2021。

童碧莹:《村落家族文化认同重塑研究——以前童元宵行会为个案》,硕士学位论文,南京师范大学,2021。

汪艳芳:《水库工程水资源论证方案研究》,硕士学位论文,西华大学,2014。

王敏:《乡村旅游对云南少数民族贫困地区农户生计的影响研究——以大理诺邓村为例》,硕士学位论文,云南大学,2018。

王睿妮:《作为媒介的盐:村落历史记忆的建构与呈现——基于诺邓古村的田

野调查》，硕士学位论文，云南大学，2021。

王施施：《碰撞、反抗与糅合：西部乡村文化发展研究——以贵阳市镇山村为
　　例》，硕士学位论文，贵州大学，2021。

徐文成：《有机食品消费行为研究》，博士学位论文，西北农林科技大学，2017。

杨毅：《全域土地综合整治多元主体协同治理效果形成机理研究》，硕士学
　　位论文，华中农业大学，2022。

智星：《现代传播与少数民族区域的文化变迁——基于巴彦托海的族群互
　　嵌研究个案》，硕士学位论文，吉林大学，2021。

四　会议论文

段永昌、杨伯花：《云龙诺邓黑猪的发展现状与对策》，云南省老科协为
　　"十三五"规划建言献策讨论会会议论文，昆明，2015。

付伟、赵俊权、杜国祯：《云南山区立体生态农业的发展模式》，第十五届
　　中国科协年会第24分会场：贵州发展战略性新兴产业中的生态环境保
　　护研讨会会议论文，贵阳，2013。

图书在版编目（CIP）数据

生态资源多重赋能与县域协同发展：基于云南云龙
县乡村振兴实践调研 / 朱明等著 . --北京：社会科学
文献出版社，2024.12. -- （民族地区中国式现代化调查
研究丛书）. -- ISBN 978-7-5228-4358-2

Ⅰ. F327.744

中国国家版本馆 CIP 数据核字第 2024RP6981 号

民族地区中国式现代化调查研究丛书
生态资源多重赋能与县域协同发展
————基于云南云龙县乡村振兴实践调研

著　　者／朱　明　飞　扬　苏　晗　等

出 版 人／冀祥德
责任编辑／孙海龙　　庄士龙
文稿编辑／尚莉丽
责任印制／王京美

出　　　版／社会科学文献出版社·群学分社（010）59367002
　　　　　　地址：北京市北三环中路甲 29 号院华龙大厦　邮编：100029
　　　　　　网址：www.ssap.com.cn
发　　　行／社会科学文献出版社（010）59367028
印　　　装／三河市龙林印务有限公司

规　　　格／开本：787mm×1092mm　1/16
　　　　　　印张：16.25　字数：241 千字
版　　　次／2024 年 12 月第 1 版　2024 年 12 月第 1 次印刷
书　　　号／ISBN 978-7-5228-4358-2
审 图 号／云 S（2024）12 号
定　　　价／118.00 元

读者服务电话：4008918866